언어와 인간문화

한영 비교 연구

언어와 인간 문화

이선묵 지음

한영 비교 연구

한국문화사

이 저서는 2019년 대한민국 교육부와 한국연구재단의 지원을 받아 수행된 연구임
(NRF-2019S1A5B5A07105510).

　'사회 · 문화적인 능력'은 1970년대 D. Hymes의 '의사소통적인 능력'이라는 개념이 도입되면서 사용되기 시작하였는데 여기서 의사소통이란 말은 '서로의 감정과 생각을 성공적으로 이해하는 것'을 의미한다. 의사소통의 수단은 말과 글이다. 이러한 의사소통 능력을 개발하기 위해 Hymes는 언어 사용 방법뿐만 아니라 사회 · 문화적 지식을 가지고 사회생활을 수행하는 방법을 또한 강조하고 있다. 즉, 의사소통 능력을 기르기 위해서 언어를 문화와 함께 교육하는 중요성을 역설하고 있다. 언어가 담고 있는 문화적 배경을 충분히 이해해야 실생활에서 사용된 언어의 의미를 제대로 이해할 수 있다. 그런데 다른 한편으로 언어에는 다양한 유형의 표현이 있으며 이러한 언어적 표현을 제대로 이해하는 것은 그 나라의 문화를 이해하는 좋은 방법이 될 수 있다. 이는 언어 유형마다 사고방식과 관점이 다르기 때문이며 서로 다른 유형의 언어적 표현에 대한 이해를 통해 문화와 생활방식을 전반적으로 이해할 수 있다. 대표적인 언어 유형은 이를테면 계층, 성별, 연령, 지역, 공손, 비속/금기(완곡), 비유/상징 및 속담과 같은 사회 · 문화적 요소와 관련이 있는데 이러한 다양한 언어 유형을 분석하는 것은 '언어와 문화'라는 주제에 대한 포괄적인 접근을 가능하게 한다는 점에 있어서 중요한 의미를 지닌다.

따라서 본 저서는 이들 8개 언어 유형에 나타나는 언어적 표현과 그 속성을 분석자료/대상으로 삼아 이 안에 담긴 문화적 요소를 살펴보는 데 목적이 있으며 이러한 점에 언어를 통한 문화 교육의 입문서로서 가치를 지니는 것으로 이해될 수 있다. 한국어와 영어의 8개 분야의 개별언어 유형들의 문화적 상관관계를 밝히기 위해 Hofstede et al, Hall, Jung이 제안한 12가지 문화적 차원(개인주의 문화-집단주의 문화, 평등 문화-불평등 문화, 불확실성 수용 문화-불확실성 회피 문화, 여성적 문화-남성적 문화, 단기지향 문화-장기지향 문화, 자적 문화-자제 문화, 저맥락 문화-고맥락 문화, 모노크로닉한 문화-폴리크로닉한 문화, 이성주의 문화-감성주의 문화, 실용주의 문화-형식주의 문화, 기독교 문화-유교 문화, 유목·상업 문화-농경문화)을 채택하여 분석 도구로 적용하였다. 이러한 문화 차원은 가장 일반적이고 문화의 비교 연구에 가장 적합한 것으로 간주하고 있다. 제Ⅱ장에서 우선 12개 문화 차원에 대해서, 그 내용을 소개하고 이어서 해당하는 8개 분야의 각 개별적인 언어 유형들이 반영하고 있는 문화적 상관관계를 다룬다. 이때 분석을 종합·요약한 결과가 먼저 제시되고 그다음에 이와 관련하여 상세하게 각자 한국어와 영어에 담겨 있는 문화가 구체적인 예시를 통해 다루어진다.

요약하면, 본서는 언어와 문화의 상관관계를 밝혀냄으로써 문화에 대한 이해를 돕고, 그 언어를 사용하는 사람들의 사고방식과 생활양식에 대한 객관적이고 체계적인 이해를 가능하게 한다. 또한 한국어와 영어의 비교 분석을 통해 한국문화와 영미 문화의 유사점과 차이점을 인식하여 양 문화권 간의 성공적인 '상호 커뮤니케이션'이라는 최종 목표를 달성하는 것을 목표로 한다. 이제 여기에서 다루어진 한국어와 영어의 각 개별영역에서 나타나는 언어와 문화의 관계를 더 많은 다양한 자료를 바탕으로 상세히 분석하는 문제와 위에 언급한 8개 이외의 언어영역에 있어서 언어와 문화의 관계에 대한 분석, 또한 이들 각자에 대한 한국어(문화)와 영어(문화) 나아가서 유럽어(문화)와의 비교·분석 그리고 본 저서에서 다루지 않은 다른 학자들의 문화 차원(F. Trompenaars, S. H. Schwartz, P. B. Smith, Chinese Culture Connection)을 활용한 연구 등이 이루어지기를 바란다.

| 차례 |

Ⅱ-2 언어와 문화(연구 결과)

part I

선행연구 및 연구과제(의의)

언어와 문화에 관련된 선행연구 논문들을 살펴보면 속담 연구를 포함한 일부 분야[1]를 제외하고는 주로 언어(유형)의 특성에 대한 분석에 치중하여, '언어와 문화의 상관관계 분석을 통한 언어를 사용하는 사람들의 사고방식과 삶의 방식에 대한 객관적이고 체계적인 이해'를 위한 언어문화연구는 많지 않다. 특히 Edward T. Hall과 G. Hofstede의 국가 문화 차원을 통한 문화 분석, 여러 다양한 언어 유형에 대한 문화 분석 그리고 여러 국가 언어별 비교 연구 등과 관련하여 그러한 사정이다.

따라서 본 저서는 한국어와 영어의 8개 분야의 개별언어유형들(계층, 성별, 연령, 지역, 공손, 금기/비속, 비유/상징, 속담)에 대한 '국가 문화 차원을 통한 사회문화적인 비교 연구'로서 국가별 언어 유형들이 내포하고 있는 문화 특성, 지향하는 가치와 사용자의 문화 특성과 문화 가치관을 도출하여 언어의 사회문화적 의미생산과 영향에 대해 살펴보고 이를 통해 국가별 문화의 특성을 파악함으로써 지속적인 문화 콘텐츠 교류를 기하고 국가 사이의 상

---

1 김성곤(2005), 김영덕(2008), 류춘희(2000), 백두현 외(2019), 정혜진(2010), 천소영(2000), 최영승(2008), 한국국학진흥원(2012), 황병순(2019) 등.

호이해를 높이고자 하였다. 언어와 문화의 전반적인 관계를 이해함으로써 특정 언어공동체의 특징뿐만 아니라 인류 언어공동체의 보편성에 대한 이해를 도모할 수 있기 때문이다. 8개 분야의 개별언어 유형을 매개로 한 한국어와 영어가 반영하고 있는 문화 차원 연구를 위한 방법, 연구 결과(비교) 및 활용방안은 다음과 같다.

part Ⅱ

언어와 문화(연구 방법 및 연구 결과)

Ⅱ-1 연구 방법
(분석 대상 및 분석 도구: 문화 차원)

개별 언어영역은 여러 가지 문화 형태로 분류되겠지만 본 저서에서는 Hall, Hofstedt, 정혜진의 문헌을 참고하여 개인주의 문화-집단주의 문화, 평등 문화-불평등 문화, 불확실성 수용 문화-불확실성 회피 문화, 여성적 문화-남성적 문화, 단기지향 문화-장기지향 문화, 자적 문화-자제 문화, 저맥락 문화-고맥락 문화, 모노크로닉한 문화-폴리크로닉한 문화, 이성주의 문화-감성주의 문화, 실용주의 문화-형식주의 문화, 기독교 문화-유교 문화, 유목·상업 문화-농경문화로 분류하였다. 즉 한국어와 영어의 8개 분야의 개별언어 유형들을 분석 대상으로 하고 그 문화적 상관관계를 분석하기 위하여 상기 언급한 12개의 문화 차원들을 분석 도구로 한다. 분석 대상의 자료들은 8개 분야에 걸친 선행논문들에서 추출하였는데 김성곤(2005), 김영덕(2008), 류춘희(2000), 백두현 외(2019), 정혜진(2010), 천소영(2000), 최영승(2008), 한국국학진흥원(2012), 황병순(2019) 등의 논문들을 포함한 선행논문들(참고문헌 참조)의 언어, 문화와 관련된 내용을 분석하고 홀과 홉스테드, 정혜진의 문화 차원들을 중심으로 분류된다. 분석 항목이 많아 이들의 개별적인 분석을 위해 수집한 자료들에 대한 상세한 결과(예문)를 모두 담지는 못하였다. 12개 문화 차원들의 내용은 다음과 같다.

1. 개인주의 문화 – 집단주의 문화[1]

모든 사람은 자기의 직계가족과 자기 자신만을 돌보는 것이 당연시되며 "개인 간의 유대가 느슨한 사회"를 Hofstede et al(597)은 개인주의 문화로 분류하고 있다. 세계인의 소수(핵가족)에 해당하는 개인의 이익을 딴 것에 앞서 우선시하는 사회로서 자립이 교육의 목적이며 개인 자신을 '나'라고 생각한다. 개인 간의 구속력이 느슨한 사회이며 자유, 개인의 시간, 도전을 중요시하고 조직으로부터 근로자의 독립을 강조한다. Trompenaars(1993)가 제시하는 보편주의(universalism)는 특수한 상황이나 친소관계보다 일반적인 규칙이나 법률을 우선으로 고려하며 법적 계약과 같은 원칙을 절대적으로 중요시하기 때문에 그 결과 일관성 있고 합리적인 기준을 선호한다. 이것은 Hofstede et al(140, 152)에 의해 개인주의 문화의 하위문화로 분류되는데 모든 고객이 동일한 대우를 받으며 모든 사람에게 동일한 가치 기준을 적용한다.

이에 반해 "사람들이 태어날 때부터 줄곧 강력하고 응집력이 있는 내집단 ('우리' 집단)에 통합되어 있으면서 일생 동안 계속해서 집단의 보호를 받는 대가로 절대적인 충성을 바치게 되어 있는 사회"를 이어서 집단주의 문화로 분류하고 있다. 세계인의 절대다수(확대가족)에 해당하는 집단의 이익을 우선시하는 사회를 말하며 개인 자신을 가치관과 행동 양식이 비슷한 내집단 ('우리')의 일부로 간주한다. 내집단에 통합되어 충성하는 대가로 보호받으며 물리적 작업환경, 연수, 기술의 활용을 중요시하고 이것들은 조직이 제공해

1　개인주의 문화-집단주의 문화, 평등 문화-불평등 문화, 불확실성 수용 문화-불확실성 회피 문화, 여성적 문화-남성적 문화, 단기지향 문화-장기지향 문화, 자적 문화-자제 문화의 분류에 대하여 Hofstede et al(2010/2018) 참조.

주는 것으로 조직에 대한 근로자의 의존성을 나타낸다. Trompenaars(1993)가 제시하는 특수주의(particularism)는 보편적인 법률이나 규칙보다 특수한 상황이나 친소관계를 중요시하고 여기에 초점을 맞추어서 그 결과 관계에 대한 의무와 특수한 상황이 중요한 고려 사항이 된다. 이것은 Hofstede et al(140, 152)에 의해 배타주의와 함께 집단주의 문화의 하위문화로 분류되는데 내집단 고객들은 더 좋은 대우를 받으며, 가치 기준이 외집단이냐 내집단이냐에 따라 달라진다.

2. 평등 문화 - 불평등 문화

Hofstede et al(2010/2018)은 권력거리, 즉 "한 국가의 제도나 조직의 힘없는 구성원들이 권력의 불평등한 분포를 기대하고 수용하는 정도"가 작은 사회를 평등 문화로, 나아가 큰 사회를 불평등 문화로 정의를 내리고 있다. 평등 문화에서는 부하직원과 상사 간에 협의를 특별히 선호하며 부하직원이 상사에게 의존하는 정도가 약하다(상호의존관계). 성공을 위해서는 융통성을 지니는 것의 중요성이 특히 강조된다. 약자와 강자는 상호 의존적인 관계 속에 있으며 불평등은 최소화되고 부하직원과 학생은 상사와 교사를 동등한 존재로 대한다. Trompenaars(1993)는 이러한 문화를 한정주의(specific) 문화라고 하였는데 직장의 상하관계가 직장 내에 한정되는 것을 말하고 있다. 한정주의 문화의 사람들은 단도직입적이면서 동시에 솔직하며 상호관계에서 목적성이 강한 모습을 보인다). Trompenaars(1993)가 제시하는 성취주의(achievement)는 후천적 지위를 중요시하여 개인의 업적이나 능력에 의해 사회적 평가가 이루어지며 문자 그대로 개인의 성취를 근거로 하여 그에 합당한 지위가 부여된다. 이것은 Hofstede et al(108)에 따르면 모든 사람의 권력은 공식적 지위, 전문성 그리고 보상을 줄 능력에 기반을 두며 모든 사람이 동등한 권력을 지니는 평등 문화로 분류된다.

이에 반해 불평등 문화에서는 상사에 대한 부하직원의 의존 정도가 높으며 부하직원은 그러한 의존관계를 거부하거나 선호한다. 청렴성을 중시하며 사리사욕을 버리고 또한 자신의 신분이나 지위를 넘어선 포부를 가지지 말아야 한다고 생각한다. 불평등은 당연하고 바람직하다고 여기며 약자(부하직원, 학생)는 의존적 관계 속에 직장과 학교 밖에서도 상사와 교사를 존경심으로 대해야 한다. Trompenaars(1993)는 이러한 문화를 확산주의(diffuse) 문화라고 하였는데 직장의 상하관계가 사생활에까지 침투하는 것을 말하고 있다. 확산주의 문화의 사람들은 불분명하고 모호한 태도를 보이며 상대에게 맞추려는 경향이 강하다. Trompenaars(1993)는 사회적 평가와 관련하여 귀속주의(ascription)를 제시하고 있는데 연령, 집안 내력, 성별, 인맥, 학력 그리고 직업 등과 같은 신분이나 잠재력에 의해 사회적 평가가 이루어지고 따라서 선천적 지위를 중시한다. 이것은 Hofstede et al(108)에 따르면 권력을 가진 자가 특권을 누리며 그의 권력은 친구와 가족, 힘의 사용 능력 그리고 카리스마에 기반을 두는 불평등 문화로 분류된다.

3. 불확실성 수용 문화 - 불확실성 회피 문화

불확실하거나 알 수 없는 상황에 놓이게 됐을 때 한 문화의 구성원들이 직면하는 위협을 느끼는 정도가 약한 사회를 Hofstede et al(600)은 불확실성 수용 문화로 분류하고 있다. 새로운 상표의 수가 많으며 짧은 근무시간과 고용주의 잦은 교체를 특징으로 한다. 성취에 동기화되며 기업가는 규칙에서 상대적으로 자유롭다. 불확실성을 그대로 받아들이며 생활의 일상적인 일로 보고 있기에 따라서 불안감과 스트레스가 적다. 다른 것에 호기심을 갖고 있으며 낯선 모험과 애매한 상황 앞에 편안히 지낸다. 학생들은 개방적인 학습 상황을 편안하게 느끼며 좋은 토론에 관심이 많고 돈과 건강에 대한 걱정이 적다. 이동전화, 인터넷 및 이메일과 같은 신제품과 기술을 빨리 수용하고 쇼핑할 때 편리함을 추구한다. 시민의 반항은 있을 수 있으며 적은 법률, 불문율과 일반법이 존재한다. 시민이 공무원, 정치인, 사법 체계를 신뢰하며 정치에 관심을 기울인다. 극단적 사상일지라도 포용력을 가지며 자유주의적이다. 외국인에 대해 중립적이거나 긍정적이며 다른 민족에 대한 포용력이 있다. 정치적, 종교적, 이데올로기적인 포용 정책을 쓰며 망명자들을 받아들이고 인권을 존중한다.

이에 비해 "한 문화의 구성원들이 불확실하거나 알 수 없는 상황에 처했을 때 위협을 느끼는 정도"가 강한 사회를 Hofstede et al(600)은 불확실성 회피 문화로 분류하고 있다. 불안감과 스트레스가 높으며 생활 속 내재하는 불확실성은 극복되어야 하는 지속적인 위험 요소이다. 다른 것은 위험시하고 익숙하지 않은 모험과 애매한 상황을 두려워한다. 생활과 일의 균형을 맞추기가 어려우며 긴 근무시간과 고용주 교체가 적다. 자존감과 안정 또는 소속을 위해 행동을 하게 되며 새로운 상표의 수가 적고 기업가는 기존 규칙에 속박 당한다. 학생들은 정답을 찾는데 관심을 쏟으며 구조화된 학습상황을 편하게 느낀다. 돈과 건강에 대한 걱정이 많으며 쇼핑할 때 위생과 청결을 추구하며 새로운 기술과 신제품에 대해 망설인다. 시민의 반항은 억압되어야 하며 많은 법률, 불문율과 정밀법률이 존재한다. 시민이 공무원, 정치인, 사법 체계를 부정적으로 생각하며 정치에 관심을 쏟지 않는다. 질서와 법을 존중하며 보수주의적이다. 외국인에 대한 혐오증과 다른 민족에 대한 편견이 심하다. 정치적, 종교적, 이데올로기적인 원리주의를 따르며 부족한 포용력으로 이민 자들은 송환되어야 한다. 보수주의적 성향이 강한 사회와 자유주의적 경향의 사회를 Hofstede et al(253)은 각자 불확실성 회피 문화와 불확실성 수용 문화로 분류하고 있다.

4. 여성적 문화 - 남성적 문화

"사회적 성 역할이 중첩"하며 남녀 모두가 부드럽고 겸손하고 "생활의 질을 중요시"하는 사회를 Hofstede et al(600)은 여성적 문화로 분류하고 있다. 즉 여성적 문화는 삶의 질과 관계를 중시하며 어머니와 아버지가 가정에서 모두 감정과 사실을 함께 다룬다. 또한 신부와 신랑 모두에게 서로 동일한 단일기준이 적용된다. 여자와 남자 모두 단호하며 책임감 있고 야심적이고 온화하고 남을 도와주거나 보살펴 주려는 마음이 있어야 한다. 여자와 남자가 직장과 집에서 모두 동등한 몫을 차지하는 것이 진정한 의미의 여성해방이며 한 가지의 잣대로 여자와 남자가 모두 주체이다. 협상과 화해를 통해 갈등과 대립을 해소하며 합의적이고 직관적인 가사로서의 경영관리체제를 지닌다. 살기 위해 일하며 균등(equality)을 토대로 하여 보상한다. 약한 학생을 칭찬해주고 평균 수준의 학생이 규범이 되는 여성적 문화의 아이들은 공격적 행동을 하지 않도록 사회화된다. 인터넷은 관계를 형성하기 위해 쓰이고 가정적인 제품이 더 많이 팔린다. 부족한 사람이 도움을 받아야 하며 복지가 사회의 이상이다. 작은 것이 아름다우며 경제는 보호되어야 한다. 기독교가 한층 더 세속화되고 이웃에 대한 사랑을 강조하며 정치는 공손한 예의와 연합을 기반으로 한다. Trompenaars(1993)는 자연과 관련하여 한 가지의 척도를 제시하여 내적 통제의 문화와 외적 통제의 문화를 말하고 있는데 외적 통제의 문화에서는 자신을 자연의 한 부분으로 여기는 까닭에 자신의 인생도 또한 타인의 힘에 의한 영향을 받는다는 관점이다. 그 결과 유연성 있는 태도를 보이면서 타자와 기꺼이 타협하려 하며 동시에 평화를 유지하려 노력하는 경향이 있다. 환경을 통제하려는 호전적인 태도를 통해서가 아니라 환경과의 자연스러운 조화를 통해서 오히려 만족감과 편안함을 느낀다.

이에 비해 "사회적 성 역할이 뚜렷하게 구분"되어 남성은 말이나 행동이 거칠고 공격적이며 물질적인 성공을 중요하게 여기는 데 반하여 여성은 부드럽고 겸손하며 삶의 질에 관심을 보이는 것으로 간주하는 사회를 Hofstede et al(598)은 남성적 문화로 분류하고 있다. 즉 남성적 문화는 도전, 승진, 소득, 표창을 중요시하며 남자는 자기주장이 강하고 거칠며 야심적이어야 하고 반면에 여자는 부드러우며 인간관계를 돌보아야 한다. 가정에서 어머니는 감정을 다루고 아버지는 사실을 다룬다. 남성이 성공하도록 길을 열어 주는 것이 여성의 커다란 희망이며 이중 잣대를 사용하여 여성들은 객체이고 남성들은 주체이다. 승자를 가려 갈등과 대립을 해결하며 공격적이고 단호한 조런으로서의 경영관리체제를 지닌다. 일하기 위해 사는 남성적 문화는 형평(equity)에 기반을 두어 보상한다. 우수한 학생을 높이 칭찬하며 뛰어난 학생이 규범이 되는 남성적 문화의 아이들은 공격하는 것이 용납되며 신분 상징적 제품이 더 많이 팔린다. 성취가 사회의 이상인 남성적 문화에서는 강한 사람이 지지받는다. 큰 것이 아름다우며 경제는 계속 성장해야 한다. 투쟁이나 힘의 과시로 국제적 갈등을 해결하려 한다. 강인한 종교를 표방하며 정치적 게임은 비방이 잦고 적대적이다. 이러한 남성적 문화에 해당하는 Trompenaars(1993)의 내적 통제의 문화에서는 자신이 자연을 통제할 수 있다고 여기며 또한 마찬가지로 자신의 인생 역시 통제할 수 있다고 생각하기 때문에 환경에 대해 일반적으로 호전적인 태도를 보이는 경향이 지배적이고, 따라서 환경과의 자연스러운 조화로움이 아닌 통제와 지배를 통해 편안함을 추구하기에 환경이 불안정하게 보이거나 통제에서 벗어난 것처럼 보이면 불안해하는 경향이 있다.

5. 단기지향 문화 - 장기지향 문화

전통 존중과 체면 유지, 사회적 의무 이행과 개인적 안정이란 미덕을 수양하는 일을 추구하며 과거지향과 현재 지향의 문화를 Hofstede et al(2010/2018)은 단기지향 문화로 분류하고 있다. 악한 것과 선한 것을 구별하는 보편적 지침이 있으며 인지적 일관성에 대한 욕구가 있고 향후 10년이 아닌 금년도의 이익을 중요시한다. IMF와 세계화를 주도한 미국의 경우처럼 단기해결책에 치중하여 성장과 시장 원리주의에 토대를 둔다. 경제성장의 가치를 정부 수준과 개인적 수준에서 둘 다 절약이 아닌 소비에 둔다.

이에 비해 "미래에 올 보상, 특히 인내와 절제와 같은 미덕을 장려하는" 사회를 Hofstede et al(602)은 장기지향 문화로 분류하고 있다. 인내, 느린 결과를 위한 꾸준한 노력, 자원 아끼기와 절약, 그리고 어떤 목적을 위한 자기 희생정신을 중요시한다. 향후 10년의 이익을 중요시하며 주요 업무 가치에는 정직, 학습, 적응성, 자기 절제 및 책임이 포함된다. 상식에 무게를 두고 인맥에 평생 투자하는 장기지향 문화에서는 불일치(비일관성)를 그리 나쁜 것으로 생각하지 않는다. 장기적 목표인 부동산에 더 많이 투자하며 경제성장의 가치를 절약과 함께 끈질김에 둔다. 미래지향적 문화로서 화목한 사회관계의 유지, 환경오염과의 싸움이 정부의 중요한 소관 업무이며 경제에서의 역할로 자유 시장주의가 아닌 정부개입의 강력한 정부를 지지한다.

6. 자적 문화 - 자제 문화

"재밌게 지내고 삶을 즐기는 것과 관련된 인간의 기본적이고 자연적 욕망을 비교적 자유롭게 충족하도록 허용하는 사회"를 Hofstede et al(601)은 자적 문화로 분류하고 있는데 마음대로 돈을 쓰고 행동하며 재미있고 여유로운 행위에 탐닉할 수 있다는 의식을 특징으로 한다. 매우 행복한 사람들의 비율이 높은 자적 문화는 개인 삶에 대한 통제력을 지각한다. 건강하다고 느끼는 사람들의 비율이 높으며 긍정적인 감정을 회상할 가능성이 농후하다. 스포츠 활동에 열중하며 외국 영화 및 음악의 인가 정도가 높다. 부유한 국가에서 성 규범은 엄격하지 않으며 남녀 역할 구분이 약하다. 표현의 자유는 웃는 것이 규범인 자적 문화에서 상대적으로 중요한 것으로 간주한다.

이에 비해 "엄격한 사회적 규범으로 욕구의 충족을 규제하고 억압하는 사회"를 Hofstede et al(601-602)은 자제 문화로 분류하고 있다. 돈 사용, 여가 활동, 도락 행위를 다소 잘못된 것이라 여기는 의식이 있으며 많은 금지와 사회규범에 구속되는 행위를 특징으로 한다. 스포츠 활동에 거의 열중하지 않으며 외국 영화 및 음악을 인정하여 허락하는 정도가 낮다. 부유한 국가에서 성 규범은 엄격하며 남녀 역할 구분이 강하다. 웃는 것은 이상한 것이다. 도덕적으로 절제 있는 생활을 하며 매우 행복한 사람들의 비율이 낮다. 건강하다고 느끼는 사람의 비율이 낮으며 긍정적인 감정을 회상할 가능성이 희박하다.

7. 저맥락 문화 – 고맥락 문화[2]

맥락에 담겨 있는 정보의 양이 적은 저맥락 문화의 커뮤니케이션은 컴퓨터와 상호작용하는 경우와 유사하여 프로그램이 엉성하거나 정보가 명확하게 기술되지 않으면 의미가 왜곡된다. 서구세계에서는 법률의 맥락도가 비공식적인 성질의 일상적인 교류에 비해 낮은 편이다. 저맥락 문화의 커뮤니케이션은 명백히 외재해 있는 코드에 정보의 다수가 실려 있다. 이 문화의 사람들은 행동 연쇄를 완결하는 강한 행동에 대한 책임감과 의무감을 지닌다. 맥락도와 요구를 살펴보면 저맥락 지향적 체계에서는 변화와 적응에 대한 요구로

---

2 저맥락 문화-고맥락 문화, 모노크로닉한 문화-폴리크로닉한 문화의 분류에 대하여 Hall(1976/2017: 37-38, 133, 1983/2000: 327-329) 참조.

적응력은 뛰어나지만 저맥락 지향으로 인하여 현대세계는 인류역사상 일찍이 유례가 없는 불안정성을 띠고 있다. 스칸디나비아 국가들과 독일의 맥락도는 최저수준이며 비교적 저맥락 문화권에는 미국이 속한다.

이에 비해 맥락에 담겨 있는 정보의 양이 많은 고맥락 문화의 커뮤니케이션은 전달되는 메시지 그 자체에는 의미가 거의 없고 대개 그 맥락에 의미가 담겨 있다. 고맥락 문화의 커뮤니케이션에서는 개인이나 신체적 맥락에 대부분 정보가 내재해 있으며 전달된 코드화 되고 외재적인 메시지에는 극히 적은 정보가 존재한다. 고맥락 지향적 체계는 맥락도와 요구를 살펴볼 때 안정에 대한 요구의 양식을 지니고 있으나 변화에 대해서는 취약한 적응력을 지닌다. 이러한 의미 전달과 파악이 느린 메시지를 중시하는 사회를 Hall(1983/2000: 106-108)은 고맥락 문화로 분류하고 있다. 고맥락의 커뮤니케이션을 사용하는 사람들은 대부분 오랜 기간에 걸쳐 서로 잘 아는 사람들이며 비교적 행동 연쇄를 완결하는 행동에 대한 책임감과 의무감이 미약한 편에 속한다.

8. 모노크로닉한 문화 - 폴리크로닉한 문화

모노크로닉한 문화는 "서구에 아주 친숙한 선형적인 형식을 따라 한 번에 한 가지씩 하는" 시간 체계를 갖고 있다. 모노크로닉한 문화의 사람들은 일을 한 번에 하나씩 해 나가는 편인데 그러기 위해 일종의 스케줄(시간표)이 요구되며 동시에 신속성과 분절화를 강조한다. (서구세계) 모노크로닉한 사람들의 생활은 시간표를 짜고 시간을 쪼개는 등 철저하게 시간에 지배되어 있으며, 한 번에 한 가지 일에 집중하기에 전체적인 맥락을 따라가기 힘들다. 일은 사건의 중요도에 따라 뒤로 돌려지거나 생략되며 우선순위에 따른 시간을 할애한다. 시간과 사건의 수의 관계는 선형적이고 고정적이며 순차적이다. 정해진 활동 장소로 인해 자리를 떠나 일하는 것이 좀처럼 허용되지 않으며 시간을 잘 다루기 위해 집행부가 책임을 배분하게 된다. 모노크로닉한 시간은 직선과 선형적 띠, 길로 간주하는 경향이 있으며 미국인이나 북유럽인은 이러한 모노크로닉한 시간 체계에서 성장한 사람들이라 할 수 있다.

이에 비해 폴리크로닉한 문화는 다원적인, 즉 "한 번에 여러 가지를 하는" 시간 체계이다. 폴리크로닉한 문화의 스케줄은 "사실 스케줄이 있는지 없는지조차 판단하기 힘든 경우"도 있으며 이러한 시간 체계는 이베리아 식민지 문화와 지중해 문화에 일반적이다. 폴리크로닉한 시간 체계의 특징은 몇 가지 일이 동시에 발생하는 비선형적 시간 체계라는 점이다. 일 처리 과정에서의 성취도나 사람끼리 이루어지는 관계에 역점을 두며 약속 그 자체도 무게감 없이 끊임없이 변전된다. 중동이나 라틴아메리카 같은 곳에서 폴리크로닉한 시간 체계와 대면하게 되는데 지중해국가의 상점이나 시장에서 물건을 사려고 하면 차례 없는 아수라장이 되고 만다. 정부 관료의 대부분 업무도 집무실이 아닌 개방된 장소에서 처리된다. 터키인이나 아랍인과 같은 폴리크로닉한 사람들은 서로 간섭하며 한꺼번에 여러 사람과 교제한다. 이들이 시간표에 맞춰 산다는 것은 힘든 일이다. 이러한 체계는 천박하고 단순한 구조를 특징으로 하며 이에 따라 강력한 통제의 집중화가 요구된다. 일의 성사를 위해서는 연줄이 필수적이며 관료기구는 특히 배타성을 지니고 있기에 외국인은 지중해국가 관료기구에 의한 마이동풍의 업무처리를 경험하게 된다.

9. 이성주의 문화 - 감성주의 문화[3]

이성주의 문화는 서양의 아리스토텔레스의 직선적인 논리에 바탕을 둔 논리주의, 도구 지향적 의사소통 양식을 발달시켜 온 영미인의 사고방식으로 비교적 감정을 배제하고 사실을 중시하며 주로 관련된 정보를 교류한다. 이에 비해 감성주의 문화는 비논리적, 감정적 의사소통 양식을 발전시켜온 한국인의 사고방식으로 감성에 호소하여 상대방의 기분을 움직일 수 있으며 반대로 상대방이 태도와 감정을 인정하지 않으면 더 이상 말하지 않는 경향이 있다.

10. 실용주의 문화 - 형식주의 문화

실용주의 문화는 실리 추구의 실용주의적 가치를 우선시하며 항상 미래와 결과를 지향하고 일의 능률화를 기하는 데 목적을 두는 데 비해 외형에 비중을 두는 형식주의 문화는 매사에 형식을 갖추는 것을 좋아하여 체면, 인간관계의 조화, 형식에 얽매여 외형과 격식을 중요시한다.

---

3 이성주의 문화 - 감성주의 문화, 실용주의 문화 - 형식주의 문화, 기독교 문화 - 유교 문화, 유목 · 상업 문화 - 농경문화의 분류에 대하여 정혜진(2010: 46-80) 참조.

11. 기독교 문화 – 유교 문화(불교/도교/민간신앙)

자유, 평등주의를 바탕으로 하는 기독교 문화는 일상의 모든 잘되고 못됨을 신(God)과 연관된 내용으로 표현하며 게으름이나 나태함은 악마(devil) 또는 악으로 간주한다. 이에 비해 유교 문화는 대가족제도(효 사상), 처첩과 고부 관계, 조상숭배 문화를 바탕으로 하여 사회 도덕의 기강을 중요시하며 조상에 대한 숭앙과 추모의 뜻을 신성시한다. 우리나라의 신선 사상은 크게 우리나라 고유의 선도(仙道)와 신라 시대 당나라 유학생들이 도입한 수련(修練) 도교로 나누어 볼 수 있다. 선인(仙人)이란, 글자 그대로 산에 사는 사람으로 산악숭배와 밀접한 관련이 있으며, 우리나라에서는 이 신선 사상이 무속과 함께 원시 고유 신앙의 바탕을 이루고 있다. 건국 신화의 원형인 단군 신화를 비롯하여 우리나라의 거의 모든 설화 및 신화가 이 신선 사상과 밀접한 관련이 있으며, 동학 이후 우리나라의 신흥 종교들에서도 핵심적인 구성 요소가 되어 있다. 정령신앙은 우리 문화에 가장 오랫동안 뿌리내린 대표적인 민간신앙이다. 원시사회에서는 인간의 나약함과 무지로 자연을 두려워하며 자연에 생명이 있다고 생각하였기에 인간은 두려운 자연을 신성시하고 자연에 거슬리는 행위를 하는 것을 금기시하였다. 우리 속언에 나타나는 금기담은 이러한 정령신앙에서 비롯된 것이다. 한국무속은 민중의 생활 종교이자 생활현상으로 원시 형태의 주술적 자연 신앙에 속한다. 이러한 민간신앙의 하나로 무당을 중심으로 하여 전승되는 무속신앙, 불교 문화 그리고 도교 문화는 구체적인 문제들을 중심으로 해당 항목에서 직접 살펴본다.

12. 유목·상업 문화 - 농경문화

유목 또는 상업 문화를 기반으로 발전해온 영미문화가 유목 · 상업 문화에 해당하는데 'sheep, horse'(유목 문화) 등의 낱말과 'trade, money'(상업 문화) 등의 낱말이 속담, 격언 그리고 관용어 등에 많이 나타나고 있음이 이를 반영한다. 이에 비해 예로부터 농경사회였던 한국문화는 농경문화에 해당하는데 '소, 개'(가축) 등의 낱말과 '물, 불, 돌, 바람, 비'(자연/날씨) 등의 농사와 관련된 낱말이 속담, 격언 그리고 관용어 등에 많이 나타나고 있음이 이를 반영한다. 이러한 문화 차원들은 Hofstede et al(2010/2018)에 따르면 사람들이 주변의 생태학적 환경에 적응하는 방식의 차이에 따라 다르게 형성되는 데 이들 문화 간에는 서로 연관성이 존재한다. 예를 들어 농사와 관련하여 집단의 이익이 우선시되는 농경사회에서는 집단주의 문화가 발달하게 되고 집단에서의 질서유지를 위해 위계질서를 중요시하는 소위 큰 권력거리를 지니는 불평등 문화가 형성된다. 또한 규범을 중요시하는 집단주의 문화에서는 경직성이 큰, 구속적인 문화인 자제 문화가 발달하게 된다. 이는 나아가 넓은 범위의 타 집단을 받아들이지 못하고 좁은 범위의 내집단을 이루어 낯선 사람이나 낯선 지역을 두려워하는 불확실성 회피 문화의 특성을 갖게 된다. 의사소통 방식과 관련하여 보면, 집단에서의 잦은 접촉으로 인하여 상황 또는 맥락에 더 많이 의존하는 의사소통 방식을 사용하는 집단주의 문화에서는 언어로 표현된 내용 이외에 상황 속에 숨겨져 있는 뜻이 많은 의사소통 방식의 소위 고맥락 문화가 발달한다.

Ⅱ-2 언어와 문화(연구 결과)

1. 계층과 문화

계층을 매개로 한 한국어와 영어가 반영하고 있는 문화 차원은 개인주의 문화/집단주의 문화와 남성적 문화/여성적 문화와 관련하여서는 큰 차이를 보이지 않는다. 가장 큰 차이가 나타나는 경우는 평등 문화/불평등 문화와 관련된 문화에서다. Hofstede et al(2010/2018: 84)에 따르면 한국 사회는 권력거리가 큰 집단에 속하고 영/미 사회는 권력거리가 작은 집단에 속한다. 이와 유사하게 한국어는 많은 경우에 불평등 문화를, 영어는 평등 문화를 나타내는 특성을 보인다. 영어에 나타나는 평등 문화는 '중산계층의 장기적/추상적 사고와 기술 양식, 중산계층가정의 언어적인 의사전달(촉진), 유동적인 사회계층(언어 유형에 따른 계층별 분포), 일상 언어생활 속의 스포츠('sportsmanship, 국가적인 통합언어')'를 통해 반영되고 있다. 위에 기술한 '유동적인 사회계층(언어 유형에 따른 계층별 분포)'을 통해 영어에 평등 문화가 반영되어 있다는 말은 사회계층이 고정되어 있지 않아 계층 간 이동이 자유로운 경우로서 언어 사용 또한 계층마다 다른 어형을 사용하는 것이 아니고 모든 계층에서 사용하여 단지 통계상 어떤 어형이 어느 계층에서 더 많이 쓰이고 어느 계층에서 덜 쓰이는 언어 유형에 따른 평등한 계층별 분포 상황을 보이는 것을 의미한다.

한편 큰 차이는 아니지만, 예상대로 한국어에는 고맥락 문화, 감성주의 문화, 형식주의 문화 그리고 유교 문화와 상관관계를 보이고 있으며 반면에 영어는 단기지향 문화의 경향을 보인다. 특이한 점은 Hofstede et al(2010/2018: 223, 319)은 한국을 높은 불확실성 회피 집단에 그리고 자적 순위가 낮은 집단에 속하는 국가로 분류하고 있는데 이와 다르게 한국어에 불확실성 수용 문화와 자적 문화의 면모가 상당히 나타나고 있는 점이다. 계층과 관련해서 한국어에 나타나는 불확실성 수용 문화는 '중류 계층과 상류계층의 높은 외국어 사용, 하중류 계층의 외래어 사용'을 통해, 그리고 자적 문화는 '노동 계층의 언어표현양식(제한된 어법), 하류 계층에 의한 격조사 오용, 연결어미를 잘못 사용한 비문법적인 문장, 하하류 계층의 관련성의 격률 위반, 하중류 계층에 의한 발화의 연속 규칙위반, 아리랑(하층인 민간의 전통 놀이문화/예술/음악: 민요)'을 통해 표현되고 있다. 계층을 매개로 한 한국어와 영어에 담겨 있는 문화를 구체적인 예시와 함께 살펴보면 다음과 같다.

1.1 한국어(계층)와 문화

• 노동 계층 아동의 구체적 기술 양식/비논리적 언어구성

  – 감성주의 문화('비논리적, 감정적 의사소통 양식')

  노동 계층 아동의 사회화과정은 "감각우위 모형의 방식"으로 기술 양식이 구체적이며 규제원리가 결과 위주이고 억제된 호기심, 즉각적인 충동성의 표현, 물리적인 상벌, 비합리성 그리고 단기적인 목표제시가 특징으로 나타난다.

• 중산계층 아동의 추상적 기술 양식/논리적 언어구성

　– 이성주의 문화('논리주의/도구 지향적 의사소통 양식')

　중산계층 아동의 사회화과정은 "사고 중개 모형의 방식"으로 기술 양식이 추상적이며 규제원리가 의도 위주이고 호기심 조장, 유예적인 충동성의 표현, 심리적인 상벌, 합리성 그리고 장기적인 목표제시가 특징으로 나타난다.

• 노동 계층의 언어표현양식(제한된 어법)

　– 감성주의 문화('비논리적 의사소통 양식')/고맥락 문화('느린 메시지')

　　자적 문화('느슨한 사회')

　노동 계층 아동의 작문은 짧고 길어질수록 공적 표현에서 벗어나 회화체에 가까워지고 맥락이 없어지는 경향도 볼 수 있다. 단문과 중문을 더 많이 쓰며 복문을 사용하는 비율이 매우 낮다. 특히 이유를 나타내는 종속절의 사용이 극히 적은 까닭은 문장을 논리적으로 구성하지 못하는, 즉 논리적 사고능력의 결핍 현상을 말해준다. 상기한 언어표현양식(제한된 어법)은 노동 계층에서 사용하는 전형적이고도 지배적인 언어표현양식이라고 할 수 있다. 즉, 노동 계층에서는 제한된 어법만을 사용하며 문장조직의 가능성이 제한되어 있기에 이들의 구문이나 문장구조를 어렵지 않게 예측할 수 있다. 제한된 어법은 추상적인 덕목이나 규범에 관한 사고를 하기에는 적합하지 못하다.

• 중산계층의 언어표현양식(제한된 어법과 세련된 어법)

　– 이성주의 문화('논리주의')/저맥락 문화('빠른 메시지')/자제 문화('빠듯한 사회')

　중산계층 아동의 작문은 노동 계층 아동의 작문에 비하여 양적으로 현저하게 길고 복문을 많이 사용하여 문장의 의미를 분명하게 하고 형용사를 많이 사용하여 수식 능력이 우수함을 알 수 있다. 추상화, 일반화, 글의 일관성에 있어 월등하여 주제가 추상적이고 자신에 대한 언급이 적으며 글의 앞뒤 논리가 맞고, 계획적이다. 상기한 언어표현양식(제한된 어법과 세련된 어법)은 중산계층에서 사용하는 전형적이고도 지배적인 언어표현양식이라고 할 수 있다. 즉, 중산계층에서는 필요에 따라 제한된 어법과 세련된 어법을 모두 사용하며 문장조직의 여러 형식을 갖추고 필요에 따라 선택하기에 이들의 구문이나 문장구조를 예언하기가 어렵다. 세련된 어법은 사물 사이의 논리적 관련이나 추상적 사고를 하는 데 적합하다.

• 엄격한 사회계층(고유어/한자어/문장)
  − 불평등 문화('권력의 불평등한 분포', '계층주의')
  '궁중어: 마리(머리), 장고방(장독간), 용안(왕의 얼굴), 수라(밥, 진지), 마
        리 아뢰다(머리 빗으시다), 그렇지 아니하오니이다(그렇지 않습
        니다)'
  조선 시대 계급방언과 계층에 따라 다른 말(밥: 수라, 진지, 입시, 메)

  한국의 과거 왕권사회에서 왕족의 말인 궁중어로 궁중에서만 통용되던 계층 방언이다. 당시에 왕족, 양반, 중인, 상민 그리고 천민의 계층으로 나뉘었고 언어는 각 계층의 특징을 반영하였다. 이와 같은 엄격한 사회계층은 사회계층이 고정되어 있어 계층 간 이동이 어려운, 각 사회계층마다 고유한 언어적 특징을 가진 경우로서 사회계층이 엄격히 구분되어 있어 사회계층이 다르면 완전히 다른 어형을 사용한다(인도의 카스트 방언). 친족어에 나타나는 엄격한 사회계층의 모습은 다음과 같다.

경북 안동, 영주:	반촌 호칭어	민촌 호칭어
아버지	아배	아부지
어머니	어매	어무이
할아버지	큰아배	할배/할아부지
할머니	큰어매	할매/할머니

조선 시대에는 양반계급, 상민계급, 천민 계급의 구별이 있어 계급 간 신분의 이동이 불가능하였고 이에 따른 언어 차이가 존재하였다. 위에 예로 든 궁중에서만 통용되던 궁중어는 전형적인 계급방언의 예라 할 수 있다. 더 나아가 한국의 전통 식생활을 보면 중요한 먹을거리인 밥의 명칭이 다양하다. 즉 임금이 먹는 밥은 수라, 윗사람이나 양반이 먹는 밥은 진지, 종이나 하인이 먹은 밥은 입시 그리고 귀신이 먹는 밥은 메라고 불렀다. 이것은 사회적 요인(계층)에 따라 불평등하게 언어가 사용되었음을 보여준다.

- 한국 사회 움라우트 실현("너 어느 핵교에 댕기니?") 유동적인 사회계층
  - 평등 문화('수평적 동등한 관계')

통계적으로 어떠한 어형이 어느 계층에서 더 많이 쓰이고 어느 계층에서 덜 쓰이는 경향을 나타내는 경우 이를 유동적인 사회계층이라 부르는데 학력, 직업, 재산을 기준으로 7등급의 사회계층을 구분해서 움라우트 실현 비율을 살펴볼 때 상류계층에서 하류 계층으로 내려갈수록 높게 나타나고 하하류 계층에서 가장 높은 58.9%를 보인다. 이와 관련하여 기본적으로 우리나라도 유동적인 사회계층이라 할 수 있다.

- 노동 계층이 지향하는 횡선주의적 가치(collateralism)
  - 집단주의 문화('내집단에 통합', '조화')

사회적 유동성이 낮고 내부 지향적 사회관계이어서 인지적 빈곤(cognitive poverty)을 초래하는 노동 계층의 횡선주의적 가치(collateralism)는 지역사회 중심적인 행동 특성을 나타내며 전통 지향적이고 귀속적 가치(ascribed value)가 지배적이다. 이러한 집단주의 문화의 언어표현은 한국어에서 1 대 1의 정상적인 대화보다 직접 맞서기를 회피하는 우회적 간접화법('길을 막고 물어봅시다, 누가 옳은가?')의 형태로 나타난다.

- 중산층이 지향하는 개인주의적 가치(individualism)
  - 개인주의 문화('자유, 도전을 중요시')

중산층에서는 전통적인 역할은 사라지고 성취주의적 가치(achieved value)가 지배적이며 개인주의적 가치(individualism)가 강조된다.

- 중류 계층의 높은 외국어 사용 정도
  - 불확실성 수용 문화('성취에 동기화', '포용력')

중류 계층 화자의 언어 사용을 살펴보면 외국어를 사용하는 정도가 다른 계층보다 높은 것으로 나타나는데 이것은 사회적 지위를 상승시키고자 하는 강한 욕구에서 비롯되는 것으로 볼 수 있다.

- 노동 계층의 시간적인 차원 – 단기지향 문화('현재 지향의 문화')
- 중산층의 시간적인 차원 – 장기지향 문화('미래지향적 문화')

현재 지향적 가치의 노동 계층의 사고나 기술 양식은 단기적이고 구체적인 방향으로 발달하는 반면에 미래지향적 가치를 지니는 중산층의 사고나 기술 양식은 장기적이며 추상적으로 발달한다.

- 노동 계층의 가족구조(독립적 역할 관계)
  - 남성적 문화('성 역할의 뚜렷한 구분')
- 중산층의 가족구조(협조적 역할 관계)
  - 여성적 문화('성 역할의 중첩')

  노동 계층은 남편과 아내의 역할이 완전하게 분리되는 경향이 있어서 부부는 자신들의 과업을 독립적으로 해결하는 경향이 있는 반면에 중산층은 협조적 역할 관계에 근거하는 경향이 있어서 부부는 반려자로서 책임과 의무를 함께한다.

- 노동 계층의 억압적 사회화(repressive socialization)
  - 남성적 문화('공격의 허용')/감성주의 문화('감성에 호소')/불평등 문화('복종과 존경')

  노동 계층의 가정에서 많이 볼 수 있는 사회화 유형의 억압적 사회화는 상벌의 유형이 물리적이고 직접적인 경향이 있으며 감각우위(sensory dominance)의 사회화 방식으로 인지의 대상이 주로 구체적인 사물이다.

- 중산층 가정의 참여적 사회화(participatory socialization)
  - 여성적 문화('비공격적 사회화')/이성주의 문화('감정 배제, 사실 중시')/평등 문화('동등')

  중산층의 가정에서 흔히 볼 수 있는 사회화 유형의 참여적 사회화 방식은 물리적이 아닌 심리적이고 언어적인 방법으로 상벌이 주어지는 것이 특징이다. 따라서 더욱 언어적인 의사전달이 촉진되며 행위의 결과보다는 의도가 중시되고 있다.

- 중상류층의 표준어/문법적인 말 – 여성적 문화('타협과 협상')
- 하류층의 비문법적이고 저속한 말 – 남성적 문화('힘의 과시와 투쟁')

  (1) "바깥 날씨가 조금 궂지요?" (교수)

  (2) "저놈의 염병할 비 좀 보소!" (트럭 운전기사)

  학력, 직업, 지위에 의한 서로 다른 사회계층에서 나타나는 언어 사례인데 표준어와 문법적인 말을 사용하는 중상류층과 비문법적이고 저속한 말을 사용하는 하류층 간의 언어 차이를 보인다.

- 한국 사회 계층별 음운상 특성/어휘상 특성/문장상 특성/담화상 특성

  (1) 쫌[좀], 쫍따[좁따], 쌩물[생물]

  (2) 갈려고/갈려구[가려고], 배불르다[배부르다], 몰르지[모르지]

  (3) 꼬시[꼬치], 끄슬[끄틀], 부어게[부어케]

  (4) 손재비[손자비], 괴기[고기], 메기다[머기다]

  (5) 벌거지(벌레), 인저(인제), 때려 부려(때려 버려)

  (6) 레저(leisure) ← 여가, 룰(rule) ← 규칙,

     리더(leader) ← 지도자, 아이엠에프(IMF) ← 국제 통화 기금

  (7) 어, 저, 뭐, 그냥, 글쎄, 거시기

  (8) (미친, 나쁜, 빌어먹을) 놈, 처먹다, 지랄하다

  (9) 원래 쎄일이 일월달 하구 십이월달 이렇게 했어요.

  (10) 사회 전체도 힘들지만 남편이 사업을 해서 우리도 힘들어요.

  (11) 동문서답

  (12) 화맥에 따라 청자 대우의 화계가 동요

(1) 어두 평음을 경음으로 발음하는 어두 경음화현상으로 주도 사회계층은 하중류 계층과 20대 이하 세대이다. 모든 사회계층에 걸쳐 보편화되어가고 있으며 강세를 보이는 것은 학교 국어 발음 교육을 소홀히 하고 다른 한편으로 한국 사회가 그만큼 삭막해졌다고 볼 수 있다. - 남성적 문화('공격적이고 단호한 조련')

(2) 'ㄹ'음을 첨가하여 발음하는 현상인 'ㄹ'음 첨가 현상은 한국 사회계층 중에서 하중류 계층에서 가장 많이 실현된다. 국어 음운 규칙에 벗어나는 것이지만 언어 변화의 추이를 살펴서 볼 때 보편적인 현상으로 굳어질 가능성이 크다. - 남성적 문화('공격적이고 단호한 조련')

(3) 연음법칙에 어긋나게 발음하는 연음법칙 위반 현상은 하중류 계층에서 가장 많이 나타난다. 모든 사회계층에 걸쳐 분포하는 요인은 학교에서 교육할 때 언어생활과 연관하여서 철저히 실시하지 않고 또한 정확히 발음하려는 의식이 결여한 상태에서 되도록 쉽게 발음하고자 하는 데 있다. - 여성적 문화('부드럽고 겸손')

(4) 움라우트 현상에 따른 발음은 하하류 계층에서 가장 많이 발견되는데 이러한 현상은 하류 계층에 이를수록 많이 나타난다. 따라서 움라우트 현상은 화자의 사회적 지위를 드러나게 해주는 사회 표지(social marker)가 된다(표현 효과). - 남성적 문화('힘의 과시')

(5) 비표준어(경상도, 제주도, 강원도/충남/전라도)의 예로서 상류계층에서 하류 계층으로 갈수록 비표준어를 사용하는 비율이 높으나 사회계층 간에 큰 차이가 없다, 이는 표준어 교육을 철저히 하지 못하고 표준어의 중요성을 인식하지 못하고 있음을 말해준다. 의사소통을 통한 국가발전의 의미에서 볼 때 심각하다고 할 수 있다. - 남성적 문화('힘의 과시')/형식주의 문화('비실용성')

(6) 하중류 계층에서 한자어나 고유어와 공존하는 외래어를 가장 많이 사용하는 경향이 있다. 이것은 상대방이 자신을 실제보다 높은 사회계층에 속하는 사람으로 인식해 주길 바라는 욕구에서 비롯된 언어습관이라 볼 수 있다. 주체성이 없는 언어생활과 대중매체의 위력을 나타내는 사례라고 볼 수 있다. 상하류 계층에서 상류계층으로 갈수록 위세적인 동기에서 외국어를 사용하는 사람이 많다. 이는 민족 언어문화발전의 걸림돌이 될 뿐만 아니라 의사소통에도 장애 요인이 될 수 있다. - 불확실성 수용 문화('성취에 동기화', '포용력')/형식주의 문화('체면과 외형')

(7) 담화의 구성 요소들을 연결하거나 쉼, 또는 멈칫거림을 회피하기 위하여 사용하는 채움말(filler)/군소리/군말/머뭇거림꼴(hesitation form)은 상위계층에서 하류 계층으로 갈수록 사용하는 비율이 높다. 담화의 생산을 매우 쉽게 하는 채움말은 다른 한편으로 불안과 허위 그리고 의심을 나타내는 표지가 되기도 한다. - 형식주의 문화('외형과 격식')/고맥락 문화('의미 전달과 파악이 느린 메시지')

(8) 하하류 계층이 비속어를 사용하는 사람이 가장 많은 사회계층이며 또한 하류 계층으로 갈수록 저속한 언어를 구사하는 이가 많다. 하류 계층의 사람들은 이와 같은 상황을 고려하지 않고 꾸밈없이 말하는 경향이 있다. - 감성주의 문화('감성에 호소/기분 중시)' 반면에 상위계층의 사람들은 상황을 고려하여 감정을 억제하고 말하는 경향이 있다. - 이성주의 문화('감정 배제/사실 중시')

이것은 감성주의와 이성주의로 분류할 수 있는데 이성주의는 아리스토텔레스의 직선적인 논리에 바탕을 둔 논리적이며 도구 지향적인 의사소통 양식으로 감정을 배제하고 사실과 진실을 중시한다. 반면에 감성주의는 감정적이며 비논리적인 의사소통 양식으로 감성에 호소하여 상대방의 기분을 움직일 수 있다. Trompenaars (1993)는 이러한 문화 간의 차이를 감정 표현의 정도를 기준으로 하여 중립주의(neutral)와 표현주의(affective)로 분류하고 있는데 표현주의는 다양한 표현을 통해서 자신의 감정을 직접 표출하는 데 비하여 중립주의는 자신의 감정을 이성적으로 억제하고 통제하여 그 결과 그대로 드러나게 하지 않는다.

(9) 격조사를 잘못 사용하여 비문법적인 문장이 된 사례이다.
 - 자적 문화('느슨한 사회')/고맥락 문화('의미가 거의 없는 메시지')

(10) 연결어미를 잘못 사용하여 비문법적인 문장이 된 예문으로 하류 계층으로 갈수록 비문법적인 문장을 구사하는 비율이 높다. 하하류 계층의 사람들은 종결어미 대신 연결어미로 문장을 마무리하여 끝내기도 한다('모든 것을 다 아끼는 상황에서 학생들이 더 앞장서서 그런 걸 아껴 줘야 되는데.'). - 자적 문화('느슨한 사회')/고맥락 문화('의미가 거의 없는 메시지')

(11) 관련성의 격률 위반은 하하류 계층의 사람들에게서 가장 많이 나타난
다. 이 계층은 조사자의 질문에 응답을 가장 많이 꺼리는 사회계층이기
도 하다. – 자적 문화('느슨한 사회')/고맥락 문화('의미가 거의 없는 메시지')

(12) 발화의 연속 규칙위반은 하중류 계층에 가장 많이 나타나는데 이 계
층의 화자들은 화맥에 따라 청자 대우의 화계가 중요한다. 이에 반하
여 하하류 계층의 화자들은 화맥의 영향이 없이 대화를 시작하기 전
에 이미 정한 화계에 따라 말하기에 발화의 연속규칙에 맞게 말한다.
– 자적 문화('느슨한 사회')/고맥락 문화('의미가 거의 없는 메시지')

이러한 언어에서의 문법에 해당하는 사회규범과 국가의 질서유지를 우선
가치로 여기지 않는 사회를 Hofstede et al(332)은 자적 문화로 분류하고 있다.

• 내집단과 외집단(긴밀한 유대관계/배타성) – 집단주의 문화('우리 집단')
한국인은 혈연, 지연, 학연을 바탕으로 한 "뿌리 의식(우리 의식/끼리끼리
의식)"이 있어 자식과 조상을 소중히 여기며 이웃과는 이웃사촌이라 하여 또
한 긴밀한 유대관계를 유지한다. 하지만 다른 한편으로 외집단의 외부인에게
는 강한 배타성을 보이는 경향이 있다.

• 사농공상(직업에 따른 신분 문화) – 불평등 문화('권력의 불평등한 분포')
조선사회의 직업은 신분에 따라 달랐다. 양반은 관료나 지주로 신분적 특
권을 국가의 법적 제도에 의하여 보장받은 선비였으며 노비와 양인은 생산업
인 농공상에 종사하였다.

• 선비정신(부권 중심의 문화/인종 무차별의 보편성/책임 의식)

　– 유교 문화(불평등 문화/평등 문화/자제 문화: '엄격한 규범과 절제')

　독서, 도덕, 실천의 전통을 삶의 신조로 하며 부권 중심의 문화를 지닌 조선 시대에는 가부장이 리더 역할을 하여 남성 중심적 한계를 보였다. 그러나 선비정신은 민족이나, 인종, 종족을 차별하지 않는 보편적인 개념이다. 예를 근본으로 하는 선비정신은 단순한 유교적 교양이 아닌 끊임없는 인격도야를 추구하며 또한 불의에 굴하지 않는 정신이다.

• 한국어의 위상화(지식층의 서구어 〉 귀족들의 한자어 〉 서민들의 고유어)

　– 불평등 문화('권력의 불평등한 분포')

　지식층의 서구어가 우리 고유어와 한자어보다 높은 위상의 말로 사용되고 있는 현실은 귀족들의 한자어가 높은 격식과 품위를 지닌 말로 쓰였던 반면에 서민들의 고유어는 낮은 격식과 품위의 말로 여겨졌던 과거 신분 사회에서 비롯된다. 한국어의 위상화가 신분제도로 인해 이루어졌음을 알 수 있다.

• 유생교육의 성균관과 향교(조선 시대 교육기관: 지식인 중시 문화)

　– 유교 문화('유학')/불평등 문화('권력의 불평등한 분포')

　성균관은 중앙관청에서, 향교는 지방관청에서 운영하는 조선 시대 교육기관이었는데 모두 사대부의 자제인 유생을 교육하였다. 선비를 중시하는 사회가 지식인을 중시하는 사회로 이어진 것인데 이러한 지식인 중시 문화는 유교 사상에 따른 권위주의 사회에서 형성된 문화이다.

- 군대언어(청유: '그렇게 돌리지 말고 말입니다.', 서술: '그거 지금 안 해 줄 건데 말입니다.')
  - 여성적 문화('부드러우며 인간관계에 관심')/형식주의 문화('외형과 격식')

  특수층 언어인 군대 언어를 살펴보면 하급자가 상급자에게 청유/권유할 때 전략적으로 "군대 특유의 격식체 종결어미" '-말입니다'라는 어휘를 사용하는데 이것은 전형적인 격식의 합쇼체 종결어미보다 자신 의지의 강도를 완화하는 효과를 지닌다. 다른 한편으로 서술문의 경우에 비격식체의 종결어미 '-요' 대신 사용한 것과 관련하여서는 "계급 위주의 규범과 군대 내에서 정당화되는 격식을 고려한 것"으로 보인다.

- 하층인 민간의 아리랑(전통 놀이문화/예술/음악: 민요)
  - 자적 문화('웃는 것이 규범이다.')

  민요는 농악과 판소리와 더불어 하층인 민간에서 향유를 하던 민속악에 속한다. 민요와 농악은 직접 부르며 즐기고 판소리는 전문 소리꾼을 통해 즐겼다. 대표적인 민요인 아리랑에는 호남지역의 '진도아리랑', 영남지역의 '밀양아리랑' 그리고 강원도의 '정선아리랑'이 널리 알려져 있다.

1.2 영어(계층)와 문화

- 노동 계층: 단기적/구체적 사고와 기술 양식
  - 집단주의 문화/단기지향 문화/불평등 문화('귀속주의')

  노동 계층의 사고와 기술 양식은 단기적이며 구체적인 방향으로 발달하였는데 이에 대한 원인으로 노동 계층 가정의 지역사회 중심적인 행동 특성,

전통 지향적이며 귀속주의적인 가치관, 낮은 사회적 유동성과 내부 지향적인 사회관계, 강한 외부인에 대한 배타심의 횡선주의적 가치관, 이를 통한 탐구심이나 호기심의 결여 그리고 장기간의 계획과 미래를 위한, 현재의 욕구충족의 유예를 어렵게 하는 현재 "이곳"을 중시하는 경향 등이 주장되고 있다. 이러한 전통 존중과 개인적 안정에 대한 요구가 강한 사회를 Hofstede et al(2010/2018: 273)은 단기지향 문화로 분류하고 있다.

• 중산계층의 장기적/추상적 사고와 기술 양식
 – 개인주의 문화/장기지향 문화/평등 문화('성취주의')
 중산계층의 사고와 기술 양식은 장기적이며 추상적인 방향으로 발달하였는데, 이것은 중산계층의 개인주의적인 가치관, 전통적인 역할의 수정, 성취주의적 가치관, 장기간의 계획 수립과 미래를 위해 현재의 욕구 충족을 유예하는 경향 등에서 원인을 찾을 수 있다.

• 노동 계층 가정의 물리적인 의사전달(억압)
 – 남성적 문화('공격의 허용')/감성주의 문화('감성에 호소')/불평등 문화('복종과 존경')
 "억압적 사회화(repressive socialization)의 유형"인 노동 계층 가정에서의 사회화과정은 중심인물이 부모이어서 자녀의 호기심과 욕구는 억제되고 직접적이고 물리적인 상벌의 유형으로 처벌이 강조된다. 따라서 일방적이고 명령적인 부모와 자녀와의 관계가 유지되며 언어적인 의사전달이 촉진되지 못하는 한편 직접적인 복종 그리고 과정보다 결과가 중요시된다.

- 중산계층가정의 언어적인 의사전달(촉진)
  - 여성적 문화('비공격적 사회화')/이성주의 문화('감정 배제, 사실 중시')/평등 문화('동등')

"참여적 사회화(participatory socialization)의 유형"인 중산계층가정에서의 사회화과정은 중심인물이 자녀이어서 자녀의 호기심과 욕구는 충족되고 언어적이고 심리적인 상벌의 유형으로 언어적인 의사전달이 촉진되고 결과보다 자녀 행위의 의도가 중요시된다. Bernstein(1971), Broom/Selznick(1970), Klein 1965, 이홍우, 오만석(1973) 등에 의한 사회계층에 따른 아동의 사회화 방식의 차이에 관한 연구를 살펴보면 상호 유사한 계층별 사회화 방식의 특징을 보이는데 이들을 종합하여 볼 때 한국과 영미권에 있어서 아동의 계층별 사회화 방식의 특징은 대체로 다음과 같이 비슷한 양상을 보인다.

- 노동 계층 아동의 비논리적 언어구성
  - 감성주의 문화('비논리적, 감정적 의사소통 양식')
- 중산계층 아동의 논리적 언어구성
  - 이성주의 문화('논리주의/도구 지향적 의사소통 양식')

노동 계층 아동은 언어(구문)구성이 비논리적이며 사물 간의 필연적 관계를 보는 능력이 부족한데 이들의 인지의 대상이 주로 구체적인 사물이며 이것이 추상화되지 않기 때문이다. 반면에 중산계층 아동은 언어(구문)구성이 논리적인 경향이 있는데 사물 간의 합리적 질서를 찾고 인지의 대상을 추상화하도록 격려되는 환경에 있기 때문이다.

- 노동 계층이 지향하는 횡선주의적 가치(collateralism)
  - 집단주의 문화('내집단에 통합', '조화')

  사회적 유동성이 낮고 내부 지향적 사회관계이어서 인지적 빈곤(cognitive poverty)을 초래하는 노동 계층의 횡선주의적 가치(collateralism)는 지역사회 중심적인 행동 특성을 보이며 전통 지향적이고 귀속적 가치(ascribed value)가 지배적이다.

- 중산층이 지향하는 개인주의적 가치(individualism)
  - 개인주의 문화('자유, 도전을 중요시')

  중산층에서는 전통적인 역할은 사라지고 성취주의적 가치(achieved value)가 지배적이며 개인주의적 가치(individualism)가 강조된다.

- 노동 계층의 시간적인 차원 – 단기지향 문화('현재 지향의 문화')
- 중산층의 시간적인 차원 – 장기지향 문화('미래지향적 문화')

  현재 지향적 가치의 노동 계층의 사고나 기술 양식은 단기적이고 구체적인 방향으로 발달하는 반면에 미래지향적 가치를 지니는 중산층의 사고나 기술 양식은 장기적이며 추상적으로 발달한다.

- 노동 계층의 가족구조(독립적 역할 관계)
  - 남성적 문화('성 역할의 뚜렷한 구분')
- 중산층의 가족구조(협조적 역할 관계)
  - 여성적 문화('성 역할의 중첩')

  노동 계층은 남편과 아내의 역할이 완전하게 분리되는 경향이 있어서 부부는 자신들의 과업을 독립적으로 해결하는 경향이 있는 반면에 중산층은 협조적 역할 관계에 근거하는 경향이 있어서 부부는 반려자로서 책임과 의무를 함께한다.

• 노동 계층의 언어표현양식(제한된 어법)
　– 감성주의 문화('비논리적 의사소통 양식')/고맥락 문화('느린 메시지')
　　자적 문화('느슨한 사회')
　짧고 단순한 구성 형식과 미완결 문장, 반복적인 단순 접속사 사용(so, then, because), 드문 종속절 사용, 일관성 없는 형식상의 주어(it) 사용, 제한적인 형용사, 부사의 사용, 조건절 또는 문장에서 비 인칭 주어(one)의 드문 사용, 빈번한 "동조기대적 순환어"(right) 사용, 문장구조에 대한 높은 예언 가능성

　노동 계층의 전형적이며 지배적인 언어표현양식은 상기와 같은 "제한된 어법"의 양식으로, 제한된 문장조직의 가능성 때문에 그 구문과 문장구조를 예언할 가능성이 크며 이를 통해 추상적인 규범이나 덕목에 대한 사고를 할 수 있기에는 적합하지 못하다. 이러한 언어에서의 문법에 해당하는 사회규범과 국가의 질서유지를 우선 가치로 여기지 않는 사회를 Hofstede et al(2010/2018: 332)은 자적 문화로 분류하고 있다.

• 노동 계층의 언어표현양식(제한된 어법)
　– 자적 문화('느슨한 사회')/고맥락 문화('느린 메시지')
　(1) "Where's toity-toid street?"
　(2) "We has a little fire, keeps us warm."
　(3) "It's just not convenient cause the office be closed on weekends."

예문(1)의 문장은 전형적인 뉴욕 하층민들의 방언으로 th 마찰음 [θ]를 [t]로 발음하고 모음을 (thirty-third에서 ir로 쓰인 부분) [3r]를 [oy]로 발음한다. 예문(2)에서는 영국 하층민들의 방언으로 복수형 동사로 표준형인 have 대신에 has를 사용하고 있다. 예문(3)은 아프리카 미국인들의 일상 영어 (African American Vernacular English, or AAVE)에서 흔히 볼 수 있는 현상으로 be 동사를 활용 변화하지 않고 사용하고 있는데 습관적인 행위나 상태를 나타낼 때 이처럼 불변의 be(invariant be)를 사용한다.

- 중산계층의 언어표현양식(제한된 어법과 세련된 어법)
  - 이성주의 문화('논리주의')/저맥락 문화('빠른 메시지')/자제 문화('빠듯한 사회') 정확한 문법적 구문, 다양한 접속사와 종속절의 복합문, 논리적 관계를 나타내는 전치사의 빈번한 사용, 비인칭 주어(it, one)의 빈번한 사용, 많은 형용사, 부사의 선택적 사용, 문장구조에 대한 낮은 예언 가능성

중산계층의 전형적이며 지배적인 언어표현양식은 상기와 같은 "제한된 어법과 세련된 어법"의 양식으로, 필요에 따라 두 어법과 문장조직의 여러 형식을 사용하기 때문에 그 구문과 문장구조를 예언할 가능성이 희박하며, 따라서 이를 통해 사물 간의 논리적 관련성을 부여하거나 추상적 사고를 하는 데 적합하다. 이러한 언어에서의 문법에 해당하는 사회규범과 국가의 질서유지를 우선 가치로 여기는 사회를 Hofstede et al(2010/2018: 332)은 자제 문화로 분류하고 있다.

- 엄격한 사회계층(어휘)
  - 불평등 문화('권력의 불평등한 분포', '계층주의')

영국 1950년대 거실/화장실
  (1) 상류계층: sitting room/lavatory
  (2) 비상류계층: lounge/toilet

영국 1970년대
  (1) 상류계층: bag, sofa, relations
  (2) 비상류계층: handbag, settee, relatives

엄격한 사회계층은 사회계층이 고정되어 있어 계층 간 이동이 어려운, 개별적인 사회계층마다 고유한 언어적 특징을 가진 경우로서 사회계층이 엄격히 구분되어 있어 사회계층이 다르면 완전히 다른 어형을 사용한다(인도의 카스트 방언).

- 유동적인 사회계층(언어 유형에 따른 계층별 분포)
  - 평등 문화('수평적 동등한 관계')

통계상 어떤 어형이 어느 계층에서 더 많이 쓰이고 어느 계층에서 덜 쓰이는 경향을 보이는 경우 유동적 사회계층이라 불린다. 다음의 미국, 영국 그리고 호주의 여러 도시에 나타나는 언어 유형에 따른 계층별 분포 상황을 볼 때 이들 사회는 유동적 사회계층을 이루고 있다고 할 수 있다.

1) 영국의 레딩(Reading)과 뉴욕 사회집단에서 모음 뒤의 'r' 발음('fourth floor')

뉴욕에서 'r'을 발음하면 권위(위세)가 있는 것으로 상위계층에서 발음되지만, 영국의 레딩(Reading)에서는 그렇지 않아 상위층의 표준의 권위 있는 방언 화자들은 발음하지 않는다.

2) 디트로이트 흑인영어의 3인칭 단수 현재시제 [z] 탈락

울프램(Wolfram 1969)에서는 계층을 네 개의 계층으로 나누고 이들을 대상으로 3인칭 단수 현재시제 [z] 탈락 비율을 조사하였는데 노동 계층과 중류 계층 사이에 뚜렷한 차이가 나타났다: 상위 중류 계층(Upper middle: 1.4), 하위 중류 계층(Lower middle: 9.7), 상위 노동 계층(Upper working: 56.9), 하위 노동 계층(Lower working: 71.4) (Bonvillain 1993/2002 참조).

3) 영국 노리치(Norwich)와 웨스트요크셔(West Yorkshire) 사회집단의 'h' 탈락('house')

홈스(Holmes 2008)는 영국의 노리치와 웨스트요크셔에서 다섯 계층의 사회집단에 나타나는 'h' 탈락 현상을 비교하였는데 가장 높은 사회집단(상위 중류 계층: UMC)에서 가장 적게 'h'를 탈락시키고 가장 낮은 사회집단(하류 또는 노동자 계층)에서 가장 많이 탈락시킨다. 또한 노리치 점수에 비해 웨스트요크셔의 점수가 일관되게 높은 지역적인 차이가 있다(가장 낮은 계층의 탈락 비율 각각 61%, 96%).

4) 영국, 미국, 호주지역에서 변수(ing)의 비표준 발음 [In]의 사용 ('sleeping/swimming') 변수(ing)의 변이형 [Iŋ]과 [In]의 발음도 'h' 음 탈락과 마찬가지로 비표준 발음 [In]의 사용 비율이 하류층으로 갈수록 높아 지역적인 변이는 있지만 언어변수와 사회계층 사이에 체계적인 상 관관계가 있다. 즉 가장 낮은 하위 노동 계층에서 노리치(100%), 웨스 트요크셔(83%), 뉴욕(75%), 브리즈번(63%)의 사용 비율을 보인다.

5) 뉴욕시

(1) 모음 /oh/ (off, caught, chocolate)와 모음 /eh/(pass, dance) 발음

미국 표준영어 발음에서부터 낙인이 찍힌(stigmatized) 전형적인 뉴욕 방 언의 발음까지 폭넓게 변동한다. Labov (1972: 130)에서 상류층으로 갈수록 비표준형 /oh/에 대한 부정적인 반응이 높아지나 두 번째 계급(LMC)이 최 고 상위계급(UMC)보다 더 높은 유형을 보인다(하위계급: 24%, 노동계급: 61%, 하위 중류계급: 79%, 상위 중류계급: 59%). 비 표준형 /eh/에 대한 부 정적인 반응도 유사한 계급적 분화 유형을 보인다(하위계급: 63%, 노동계급: 81%, 하위 중류계급: 86%, 상위 중류계급: 67%).

(2) /th/와 /dh/의 발음-('thing/this'): 표준영어(/θ/와 /ð/)와 낙인찍힌 폐 쇄음 /t/와 /d/ /th/와 /dh/의 발음은 표준영어에서 /θ/와 /ð/로 소리가 나는 데 이와 다르게 tirty(thirty), dese(these)처럼 낙인찍힌 폐쇄음 /t/와 /d/도 사 용된다. Labov(1972: 131)에서 비표준적인 /t/에 대한 부정적인 평가는 상류 층으로 갈수록 강하게 나타나 하위계급: 58%, 노동계급: 76%, 하위 중류계 급: 81%, 상위 중류계급: 92%의 계급 분화를 보인다.

6) 영국의 노리치

(1) /t/: /t/를 성문폐쇄음 / ? /로 대치("butter/bet"를 bu ? er/be ? 로 발음)

Trudgill(1974: 47)은 다섯 계층에서 /t/를 성문폐쇄음 / ? /로 대치하는 비표준형 사용 빈도를 조사하여 사회계층과 언어와의 상호관련성을 연구하였는데 상위계급의 화자들은 비표준형을 덜 사용하고 하위계급의 화자들에서는 낙인이 찍히는 발음을 발견하였다: 하위 노동계급(LWC) 92%, 중위 노동계급(MWC) 94%, 상위 노동계급(UWC) 89%, 하위 중류계급(LMC) 62%, 중위 중류계급(MMC) 41%.

(2) 3인칭 단수 현재시제 [z] ('She/He/It moves.') 탈락

Trudgill(1974: 44)은 주어의 3인칭 단수 현재시제를 나타내는 어미 /-s/를 사용하지 않은 동사의 비율을 다음과 같이 계층별로 밝히고 있다: 하위 노동계급(LWC) 97%, 중위 노동계급(MWC) 87%, 상위노동계급(UWC) 70%, 하위 중류계급(LMC) 2%, 중위 중류계급(MMC) 0%. 이것은 노동계급들과 중류계급 간의 현저한 차이가 있음을 보여주며 최상위층 화자들은 표준인 /-s/를 항상 사용하고 있지만 최하위층에서는 3%의 화자들만이 사용하고 있다는 사실을 말해준다.

• 낮은 사회계급의 촘촘한 연계망 – 집단주의 문화('유대/응집력')

사회적으로 촘촘한 연계망은 낮은 사회계급의 특성으로 구성원들이 일터와 가족 간 유대 등을 공동으로 소유하며 지리적으로 가까운 데 함께 거주함으로써 집단의 규범을 준수하도록 강한 압박을 받는다.

- 중류계급의 느슨한 사회적 연계망 – 개인주의 문화('느슨한 유대')

  사회적으로 느슨한 연계망은 중류계급의 특성으로 지리적 이동성이 높고 친족 관계가 약하며 교제 범위가 넓다.

- 일상 언어생활 속의 스포츠('sportsmanship, 국가적인 통합언어')
  – 평등 문화('공정: 동등한 존재')/실용주의 문화('의사소통: 실리/능률')

  "경기를 벌이다"(to play the game)라는 표현은 "공정하게 하다"(to be fair)라는 의미를 나타내며 "그것은 크리켓이 아니야"(That's not cricket)라는 표현도 "그건 공정하지 못해"(That's not fair)라는 의미를 지닌다. 특히 미국 스포츠는 일종의 국가적인 통합언어로서 하위문화의 소수집단이 다른 배경의 사람들과 우호적으로 의사소통하는데 기여하는 바 크다.

2. 성과 문화

성별을 매개로 한 한국어와 영어가 반영하고 있는 문화 차원은 개인주의 문화/집단주의 문화와 남성적 문화/여성적 문화 그리고 단기지향 문화/장기 지향 문화, 모노크로닉한 문화/폴리크로닉한 문화와 관련하여서는 큰 차이를 보이지 않는다. 가장 큰 차이가 나타나는 경우는 평등 문화/불평등 문화와 관련된 문화에서다. Hofstede et al(2010/2018: 84)에 따르면 한국 사회는 권력 거리가 큰 집단에 속하고 영/미 사회는 권력거리가 작은 집단에 속한다. 이와 유사하게 한국어는 많은 경우에 불평등 문화를 나타내는 특성을 보이고 있으며 '한복(여성용 하의), 택호(여성 무명의 시대), 여성 인명(남자아이를 바라

는 마음: "고만", "영자"), 더 많은 고유어 이름 사용(돌림자를 쓰지 않는 여성), 항렬에 따른 돌림자(형제/사촌 관계). 남녀 차별언어(표현 측면: 통칭어, 어순), 사전의 뜻풀이 미망(未亡), 친족 호칭어(부계 중심의 가족관계: 친가/외가, 아주버님/처형), 여성 상징어(도구 비유법: 결여), 명사로 나타나는 사회적 성차별, 총칭의 자식/형제, 시집가기/장가가기(결혼이라는 문화 코드), 관례(관례와 계례를 포괄: 성차별문화), 보살/거사, 울음의 문화화 요소(여성 울음의 성 차별화)' 등을 통해 언어에 반영되어 있다. '친족호칭어(부계 중심의 가족관계: 친가/외가, 아주버님/처형)'를 통해 불평등 문화가 나타나는 것을 살펴보면 '친가(가까운 관계)/외가(바깥 세계, 가족 밖의 존재)'라 하는 불평등한 호칭어를 사용하고 있으며 결혼 후 배우자의 동기를 남성은 '처형'이라 부르고 여성은 '아주버님'과 같이 '-님'을 붙여 부르는 등, 성별 비대칭성에 의한 여성 차별적인 경향을 보인다.

한편 큰 차이는 아니지만, 예상대로 한국어에는 불확실성 회피 문화, 장기 지향 문화, 농경문화 그리고 유교 문화와 상관관계를 보이고 있으며 반면에 영어는 기독교 문화의 경향('미국의 청교도 정신과 전통적 가정 가치관: 엄격한 성도덕/성적 금욕, 순결 서약 운동')을 보인다. 특이한 점은 Hofstede et al(2010/2018: 319)은 한국을 자적 순위가 낮은 집단에 속하는 국가로 분류하고 있는데 이와 다르게 한국어에 자적 문화의 면모가 자제 문화 못지않게 나타나고 있는 점이다. 성과 관련해서 한국어에 나타나는 자적 문화는 '영등할 미날의 울음 울기(울음은 퍼포먼스다.), 영등신 카니발(풍요와 바람의 여신), 호미씻이, 물구꾼/말의 곡예꾼'을 통해 표현되고 있다. 성별을 매개로 한 한국어와 영어에 담겨 있는 문화를 구체적인 예시와 함께 살펴보면 다음과 같다.

2.1 한국어(성)와 문화

- 남성의 언어적 특징(방언형/비표준형)
  - 남성적 문화('힘의 과시')/형식주의 문화('체면')
- 여성의 언어적 특성(표준어 사용 경향)
  - 여성적 문화('화해')/실용주의 문화('일의 능률화')

여성의 전형적인 말투를 남자들이 쓰면 강한 거부감을 느끼게 하고 여자들이 쓰면 자연스러운 것으로 받아들여진다. 이것은 '여자처럼 말한다. 남자처럼 말한다.'라는 말에서 보듯이 성별에 따른 언어 차이가 있다는 말이다. 남성은 비표준형을 남자다운 표현으로 인식하는 경향이 있는데 이로 말미암아 비교적 지역의 방언형이나 비표준어형을 자주 사용한다. 반면에 여성은 불안정한 사회적 위치에서 사회적 지위를 상승시키려는 욕구로 인해 비교적 표준어를 사용하는 경향이 더 강하다. 이외에도 여성의 언어에는 다음과 같은 특성이 있다: 여성은 말을 많이 한다./여성은 협동적인 대화를 한다./여성은 망설이고 자신이 없는 애매한 어법을 많이 사용한다./여성은 칭찬을 많이 한다./여성은 공손한 청유 표현을 많이 사용한다.

- 여성 한복(전통 의생활: 여성의 많은 속옷: 제약)
  - 불평등 문화('불평등성')

옷차림(전통의상)이 보여주는 언어문화를 생각할 때 여성은 겉치마를 제외하고도 속치마와 다섯 가지 바지를 입고 생활하였다(다리속곳, 속속곳, 고쟁이/바지 속곳, 단속곳, 너른 바지. 무지기, 겉치마). 주로 속담을 통해 말해져 온 여성들에게 가해진 사회적 제약을 전통사회의 옷차림 또한 반영하고 있다. 여성의 하의는 여성에게 지워진 많은 제약에서 오는 불평등성과 다른 한편으로 풍성한 하체를 보여주는 아름다움(균형미)을 갖추고 있다.

• 택호(여성 무명의 시대) – 불평등 문화('권력의 불평등한 분포')

여성은 태어나면서부터 임시로 부르는 젖먹이 이름(아명: 곱단이, 언년이, 자근년)으로 호칭이 되다가 시집을 가면 그 대신 친정의 지명 또는 남편과 자식의 이름에 '-댁'이라는 접미사를 덧붙인 소위 택호라는 호칭법을 통해 불리게 된다(친정 택호: '과천댁', 남편 택호: '돌쇠댁', 자식 택호: '개똥이 엄마'). 즉 혼인은 여성에게 '남편의 인권적 · 법률적 단위로의 종속'을 의미하며 한평생을 이름 없이 보내는 것이다.

• 여성 인명(남자아이를 바라는 마음: "고만", "영자")
• 일본 여성의 인명('영자/정자': 일제강점기 시대 문화)
  – 불평등 문화('남아선호사상')/불확실성 수용 문화('포용력')

한국인의 이름을 보면 19세기에는, 딸은 그만 낳으라는 의미의 '고만'과 같은 남자아이를 바라는 마음에서 지은 이름들이 많았다('분해', '섭섭이'). 현대 한국인의 이름에도 영자와 같은 '자(子)'를 사용한 경우가 많은데, '아들'의 의미를 통해 아들을 가지고 싶은 마음을 나타내는 남아선호사상에 편승한 것이다. '자'를 사용한 또 다른 이유는 일본의 영향으로 특히 상류층 부인들이 이름에 사용하였기 때문이다. 즉 '영자, 정자'의 이름은 시대의 특징을 반영하는 이름으로 성별이나 세대를 짐작하게 한다. '자' 자를 근거로 이 사람이 50, 60세 이상의 여자임을 알 수 있다. 일제강점기에 상류층 부인들이 일본의 영향으로 이름에 '자'를 사용하기 시작한 역사적 사실에 기인하기 때문이다.

- 고유어 인명: '돌쇠, 마당쇠, 개똥'(천명위복: 무속신앙의 복을 비는 사상)
  - 불확실성 회피 문화('알 수 없는 상황에 두려움')/실용주의 문화('능률')

　19세기의 한국인 이름에는 '말똥, 개똥'과 같은 이름이 많았는데 천한 이름을 통해서 복을 비는 사상이 있었기 때문이다. 또한 옛 이름 중에는 인명 접미어 '쇠'를 결합해 만든 '돌쇠, 마당쇠' 외에 '도리 · 돌'을 사용한 신라 고허촌장인 소벌도리와 지증왕의 본 이름인 지도리, 그리고 '꾀돌이, 호돌이, 꿈돌이' 등이 있다. 이 또한 예로부터 천명위복(賤名爲福)이라 하여 천한 이름이 오히려 복이 된다고 하여 가장 흔했던 이름들이다. 이러한 고유어 인명은 부르기 좋고 기억하기 쉬우며 이름을 가진 사람의 개성과 용모를 잘 드러낸다.

- 현모양처, 가정주부 – 불평등 문화('성의 구별')
- 직장여성, 훌륭한 여자 변호사 – 평등 문화('동등한 존재')

　은유를 통해 형성된 말의 의미에는 사회나 문화의 특성이 반영되어 있다. 그리고 문화가 바뀌면 새로운 은유 의미를 드러내는 말이 창조된다. 여자라는 말에 '현모양처'나 '가정주부'의 '현, 양, 가정'이라는 말과 같이 '집안일을 보면서 아이 키우고 남편을 섬김'이란 함축의미가 있을 때의 사회문화의 특성과 '직장여성'이나 '훌륭한 여자 변호사'의 '직장, 훌륭한, 변호사'와 같이 '여자'에 '남자와 같이 일선 사회에서 훌륭하게 일을 함'이란 함축의미가 있을 때의 사회문화의 특성은 다르다. 성의 구별이 있는 문화와 능력이 중시되는 문화의 차이이다. 문화가 바뀌면 은유 표현도 바뀌어 나타난다.

- 더 많은 고유어 이름 사용(돌림자를 쓰지 않는 여성)
  - 불평등 문화('성에 의한 상하 구분')/개인주의 문화('개성')

　한국인의 이름에서 여자의 경우 돌림자를 쓰지 않는 등의 제약이 적어서 고유어로 자유로이 이름을 지을 수 있다. 따라서 여성이 더 많은 고유어 이름을 사용하고 있는데 이것은 성씨를 중심으로 한 집안에 대한 개념이 약화되고 개성이 드러나는 이름을 짓는 경향을 말해준다.

- '우리 마누라'('우리'의 관계)
  - 집단주의 문화('나'라는 말의 사용을 삼간다.)

　'우리'는 '울(타리)+이'에서 파생된 말로 일정한 테두리 속의 집단 또는 집단 속의 사람들을 의미한다. 대가족제도를 배경으로 한 공유적 표현으로 '나'를 감추고 '우리'로 바꿔야 편한 민족인 한국 민족의 인간관계를 나타내는 말이다. 이는 한국어의 남다른 대명사 체계('우리')로 우리 아버지, 우리나라, 우리 아내, 우리 남편 같은 표현에 사용하는 대명사 '우리'의 용법인데 국가나 가족을 개인 차원이 아닌 다른 사회 구성원과 공유하는 것으로 생각하는 사고방식에서 비롯된 것이다. 즉 한국어(대명사 체계)에 대가족시대의 생활 문화가 반영된 결과이다.

- 광범위한 친족어(호칭어) 사용(친밀감)
  - 집단주의 문화('화합과 합의가 목표')

　아버지에 대한 유아어인 '아빠'는 한국어에서 여성이 남편을 가리키는 말이 될 수 있으며 '아버님'과 '어머님'이란 호칭어는 자신의 부모님이 아닌 타인의 부모님에 대해서도 사용된다. 더 나아가 한국의 호칭어에서, 친족어의 호칭어인 '형', '누나', '오빠', '언니', '이모', '삼촌', '제수씨' 등이 친밀감을 표현하기 위하여 사회에서 확대되어 사용되고 있다.

- 항렬에 따른 돌림자(형제/사촌 관계)
  - 집단주의 문화('우리' 집단)/불평등 문화('혈연에 의한 상하 구분')

　한국인 이름의 특징으로 특히 남자의 경우 돌림자에 따라 이름을 지어서 항렬을 나타내는 경우가 있는데 같은 돌림자를 쓰면 형제 또는 사촌 간의 관계를 의미한다. 이로써 성씨를 중심으로 한 집안에 대한 개념이 강화된다.

- 남녀 차별언어(표현 측면: 통칭어, 어순)
  - 불평등 문화('남성 본위')

　한국어에는 남녀 차별의 사회상을 반영하는 단어가 있다. '년'과 '놈'의 비속어를 살펴보면 '년'의 비속의 정도가 훨씬 크다. 또한 통칭어 '者'는 남성 지칭의 '놈'으로 훈을 달아 남성 본위의 태도를 반영하고 있다. 어순에도 아들을 더 중시하는 모습이 투영되어 '아들딸'이라고 말한다. 그러나 욕을 할 때는 '연놈'이라 하여 여자를 앞세우는 남성우위의 태도를 보인다.

　이정복(2007: 257-258)은 "한국어 사전에 나타난 성차별 언어연구"에서 "국어 화자들의 언어생활에 큰 영향을 주는 한국어 사전(국어사전)을 분석 대상으로 삼아 성차별 언어의 실태를 자세하게 분석하고, 성차별의 발생 원인과 배경을 사회언어학적 관점에서 해석"하였는데 내용 측면에서 본 남녀 차별언어의 경우는 다음과 같다.

• 국어사전의 표제어: '여비서'와 '여장군'
  - 불평등 문화('남성 중심 사회')

국어사전의 올림말에서 나타나는 성차별의 예로서 여성을 표기하는 '여'(女)를 '장군'과 '비서'에 붙여서 형성한 말로, 여기에는 '여사(女士), 여교사, 여교수, 여의사, 여대생, 여장부' 등의 많은 예를 찾아볼 수 있는데 이에 상응하는 어휘화된 남성형 짝이 없다. 즉 남성형으로 기본형 '장군'과 '비서'가 사용되거나 아니면 '남자 비서'와 같은 아직 어휘화되지 않은 구가 대신 사용되기도 한다. 이러한 맥락에서 '여류 시인'과 '여류 작가'도 이해될 수 있는 말들인데. 이러한 성차별 표현의 발생 원인을 살펴볼 때, 모두 여성의 존재를 배제한 남성 중심 사회에서 남자만을 지칭하던 말을 기준으로 하여 여성형을 유표적으로 파생시켜 사용하고 있는 이러한 말들은 사회구조적 현실이 성차별 표현의 근본적인 원인이며 따라서 남성 중심의 한국 사회에서 여성이 언어적으로도 차별받는 상황에 놓여 있음을 여실히 보여주고 있다.

• '노총각', '노처녀'(사전의 뜻풀이)
  - 불평등 문화('능동/피동')

뜻풀이에서 나타나는 성차별의 예로서 '노총각'의 뜻풀이는 "장가를 가지 않은"으로 하여 해당하는 주체의 의지와 능동성이 분명하게 표현되고 있는 반면에 '노처녀'에서는 "결혼할 나이가 지난"이라고 풀이하여 해당하는 주체의 의지와 상관없는, 피동적 결과로서 나타나는 신분의 여성을 표현하고 있다.

- 사전 용례에 나타나는 주체로서의 여성과 남성
  - 불평등 문화('긍정/부정')
  '변심하다' '홀리다' '바느질' '바들바들' '정조' ↔ '박사' '벼슬자리' '청빈(淸貧)하다'

　국어사전의 용례에서 나타나는 성차별의 예로서 사회적으로 선호되거나 좋은 평가의 대상이 되는 행위나 가치 그리고 상태와 관련된 말들은 모두 남성이 주체로 나타난다. 이를 통해 남성과 여성에 대한 현실사회의 차별적인 인식을 알 수 있으며, 다른 한편으로 더 나아가서 이러한 사전의 내용은 여성에 대한 부정적 태도를 강화하고 내면화하여 사전을 이용하는 독자들을 통해 현실 세계에 직접적이며 지속적인 영향을 끼친다.

- 내용 측면의 성차별(용례 '애국심' '판사' '몸담다' '유유하다')
  - 불평등 문화('여성 배제')
  여성을 소외시키거나 배제하는 남성들의 의식을 근본으로 하여 형성된 성차별 언어의 보기로서 용례에서 나타나고 있다. '판사'와 '몸담다'의 보기처럼 전문직 또는 사회적 지위가 높거나, 가업 계승 그리고 긍정적인 의미의 낱말과 관련하여서 남성 위주로 여성이 배제된 채 사전에 묘사되고 있으며 역사적 사실과 사회구조를 반영한다는 점에서 성차별 표현의 원인을 사전 편찬자의 책임에서 찾기는 어렵다. 그러나 '애국심'과 '유유하다'와 같은 말들의 경우는 사전의 용례에서 남성하고만 배타적으로 관련지어 성차별 표현의 내용 중 '여성을 배제하기'에 해당하지만, 성별 관련성이 아주 낮음을 고려할 때 사전기술자 또는 사전 편찬자의 의식적이고 무의식적인 성차별 관행과 더불어 성차별 현상에 대한 명확한 인식의 부족이 이러한 성차별 표현의 근본 원인이라 볼 수 있다.

- 뜻풀이 미망(未亡)("남편은 죽었으나 따라 죽지 못하고 홀로 남아 있음")
  - 불평등 문화('종속')

뜻풀이에서 성차별이 표현된 보기인데 남편이 죽으면 마땅히 따라 죽어야 하는 종속적이며 비자립적인 존재(미망)로 아내를 그리고 있다. 아내를 남편에 종속시킴으로써 만들어진 여성 성차별적인 말이다.

- 사전 용례 '목욕물'("그녀는 데운 목욕물로 아이를 씻겼다.") / '다듬다'("아버지가 정원의 나무를 보기 좋게 다듬고 계셨다."). ("어머니는 배추를 다듬고 언니는 파를 다듬었다."). ("할아버지는 이미 다 만들어진 방망이를 한동안 다시 다듬었다."). ("시집을 가서도 물론 많은 옷감을 다듬었지만. 독수공방의 다듬이질은 한결 처량하기만 했다.")
  - 불평등 문화('차별')/남성적 문화('뚜렷한 성 역할 구분')

여성은 용례에서 주로 빨래하고 밥하면서 아이를 낳아 기르고 다른 한편으로는 남편에게 봉사하는 등 집안의 살림살이를 맡아 꾸려가는 아내와 주부 역할의 주체로 등장한다. '다듬다'의 보기에서 특히 '할아버지'와 '아버지'는 물건이나 정원의 나무를 다듬고, '어머니'와 '언니' 등은 배추나 파 그리고 옷감을 다듬는 용례를 통하여 남성과 여성의 역할이 절대적으로 분리된 채 철저히 차별적으로 묘사되고 있다. 이와 같은 여성을 집안 살림만 하는 존재로 한정시켜서 기술하는 표현들은 성차별 표현의 여러 내용 중에서 여성을 아내나 주부 등의 성 역할에 묶어둠으로써 만들어진 여성 성차별적인 말에 해당한다.

- 뜻풀이 '도락': "술, 여자, 도박 따위의 못된 일에 흥미를 느껴 빠지는 일"
  - 불평등 문화('여성의 품위 훼손')

뜻풀이와 관련된 여성 차별의 보기인데 여성을 술과 도박같이 남성을 타락시키는 못된 일이나 물건으로 함께 취급하고 있다. 이와 같은 여성에 대한 부정적 인식을 불러일으켜서 여성의 품위를 크게 훼손시키는 언어 사용은 성차별 표현의 여러 내용 중에서 '여성의 품위를 떨어뜨리기'에 해당한다.

- 뜻풀이 아녀자(兒女子) - 불평등 문화('남성의 하위자')
  ① '여자'를 낮잡아 이르는 말.
  ② 어린이와 여자를 아울러 이르는 말.

'아녀자'의 뜻풀이를 살펴보면 여성은 어른과 대비되는 '어린이/아이'와 동급이 되어 나란히 하나의 어휘로 사용되면서 동시에 낮잡아 불리고 있다. 즉 여성은 남성과 대등한 지위를 지니지 못하고 남성에게 종속된 존재로 나타나는데 이러한 예들은 성차별 표현의 여러 내용 중에서 여성을 남성의 하위자로 다룸으로써 만들어진 여성 성차별적인 말에 해당한다.

• 울음의 문화화 요소(여성 울음의 성 차별화) – 불평등 문화('성차별')

울음은 성차별이라는 조건에 의해서 문화화 되어 있다. 즉 여성의 울음은 성차를 보이고 있으며 부정적인 의미로 문화화 하여 여자들이 울면 재수 없다거나 청승궂다고 했으며 또한 '질질 짠다.'라고 했다. 그리고 가슴을 치고 우는 일을 여성 특유의 동작으로 한정 짓고 있다.

• 친족호칭어(부계 중심의 가족관계: 친가/외가, 아주버님/처형)
  – 불평등 문화('여성 차별')

호칭어를 통한 인간관계를 볼 때 한국은 부계 중심으로 이루어진 가족관계라는 것을 알 수 있다. 아버지 계열은 친가라고 하여 가까운 거리의 사람으로('친할아버지'), 어머니 계열은 외가라고 하여 가족 밖의 존재임을 표시하는 접두사 '외(外)–'를 덧붙여 바깥 세계의 사람으로('외할아버지') 인식되는데 또 다른 불평등한 호칭어 사용의 예라 하겠다. 또한 아버지와 남편 계열의 어휘('아주버님, 서방님, 도련님')는 풍부한 데 비해 어머니와 아내 계열의 어휘('처남댁, 아무개 어머니')는 미약하고 임의적인 성격이 강하다. 더 나아가 결혼 후 배우자의 동기를 남성은 '처형'이라 부르고 여성은 '아주버님'과 같이 '–님'을 붙여 불러야 하는 한국의 친족호칭어 사용에는 여성 차별과 성별 비대칭성에 따른 불평등의 문제가 나타난다.

• 세분된 친족어 – 집단주의 문화('질서유지')/불평등 문화('서열 의식')
  'uncle' –〉 백부, 숙부, 친삼촌, 외삼촌, 고모부, 이모부
  'aunt' –〉 백모, 숙모, 고모, 이모

친족이나 혈족 관계를 나타내는 친족어를 살펴보면 한국어는 영어에 비해 훨씬 구체적이고 또한 세분되어 있다. 즉 영어의 'uncle'은 한국어에서 혈연관계와 나이를 고려하여 백부, 숙부, 친삼촌, 외삼촌, 고모부 그리고 이모부로 구체화되고 동시에 세분되어 있으며 영어의 'aunt' 역시 백모, 숙모, 고모 그리고 이모로 구분되어 있다. 이와 같은 방식으로 한국어의 친족어 한 마디 한 마디는 나이와 혈연관계 그리고 상하관계를 상기시켜줌으로써 집단 내에서의 인간관계에 중요한 서열 의식을 높이며 이를 통해 또한 질서를 유지하는 역할을 한다.

- 상고대 신화(여자라는 문화 코드: '땅')
  - 불평등 문화('상/하')

남자와 여자의 관계는 한국의 상고대 신화에서 하늘과 땅으로 나타난다. 특히 왕과 왕비의 관계는 천신과 지상의 물에서 출현한 여지신 사이의 신성혼으로 맺어진 관계이다. 이러한 관계는 상/하뿐만 아니라 능동/피동 그리고 생명력의 수여자/수용자를 함축하고 있다.

- 한국적 남녀 양분론적인 동물상징체계
  - 불평등 문화('긍정적, 적극적/부정적, 소극적')

한국적인 남녀의 양분론적인 동물상징체계를 보면 용/뱀, 봉황/참새, 호랑이/고양이, 늑대/여우 등으로 용, 봉황, 호랑이는 긍정적이고 적극적인 범주의 남권, 아버지의 상징이며 늑대는 소극적이며 부정적인 남성 상징이다.

• 단군신화(환웅/웅녀: 신화에도 성차는 존재한다.)

　- 불평등 문화('하늘/땅')

　남녀 간의 성차와 비대칭적 불균형은 단군신화에서 비롯되었다. 환웅과 웅녀의 혼사담에서 환웅은 웅녀의 성숙 의례와 그것에 이은 혼사 의례의 주관자이며 집행자이다. 따라서 이들은 하늘/땅의 짝으로서 '상/하' 그리고 '주도/순종'과 '우월/열세'의 의미를 함축하고 있다.

• 단군신화의 웅녀(여성 성년식 절차)

　- 여성적 문화('순응')/장기지향 문화('인내')/개인주의 문화('개별화/자아실현')

　단군신화의 웅녀 부분의 여성 성년식 절차는 성년식 그 자체가 일련의 행동과 몸짓으로 엮어지는, 言述神話(언술신화)가 아닌 體述神話(체술신화)라는 것을 말해준다.

• 군더더기의 삶('여성의 삶은 군더더기의 삶이다.')

　- 불평등 문화('주/종')

　한국 전통사회에서 남편 사후에 살아남은 여인은 군더더기이며 主(주)에서 떨어져 나간 從(종)으로서 존재 이유를 상실하고 있다. 여성 전기는 이렇게 지속적이고 일관되게 자기부정으로 엮어져 온다.

• 시집가기/장가가기(결혼이라는 문화 코드)

　- 불평등 문화('귀가/출가')

　'시집간다'는 '시가집 가기'이고 '장가간다'는 '장인, 장모 집 가기'이다. 따라서 장가가기는 돌아옴이 있는 가기이며 귀환하는 가기인 완결된 "귀가 이야기"인 반면 시집가기는 돌아오지 못할 외나무다리 건너기이며 가는 것뿐인 외길 가기인 "출가 이야기"이다. 생가 쪽에서 보면 시집가기는 '단절'이고 '집 떼기'이며 '여윔'이다. 이와 같은 차이는 극단적인 한국 남녀의 성, 인생역정 그리고 혼례형식의 대비와 직결된다.

• 안사람 – 불평등 문화('차별')

'안'(안방, 안채)이 곧 '높이'를 함축하기에 좋아야 할 '안사람'이란 말에조차 전통적으로 낮추어 보는 듯한, 여성 차별적인 구석이 있다.

• 도구의 젠더론('호미는 여성의 은유다.')
  – 불평등 문화('논/밭')/농경문화('농사')

오늘날 호미는 여성 몫이어서 '여성은 밭에서 호미로 일한다.'라고 말하는데 '남성은 논에서 괭이로 일한다.'와 대조되어 '여성=호미=밭'이 '남성=괭이=논'과 대립이 된다. 여기에 논은 주식 생산의 공간이고 밭은 부식 생산의 공간임을 고려하면 주된 것은 남성의 소관이고 부차적인 것은 여성의 소관이 된다. 또한 논은 쌀이라는 본곡을 생산하는 곳이기에 '본곡/잡곡' 또는 '순곡/잡곡'이라는 대조가 생겨난다. 이제 호미는 '앉은 연장'임에 비해 괭이나 따비는 '선 연장'임을 참고하여 생각하면 오늘날 남녀의 의미론 체계는 다음과 같은 극단적인 대립의 특성이 있다(남성=괭이/따비/낫=논=主(주)=本(본)=섬, 여성=호미=밭=副(부)=雜(잡)=앉음).

• 속담 "계집은 돌면 못쓰게 되고 그릇은 돌리면 깨지게 된다."
  – 불평등 문화('여성 역할 제한')

여성 역할의 제한('남자는 바깥사람, 여자는 안사람')을 통한 차별은 속담

"계집은 돌면 못쓰게 되고 그릇은 돌리면 깨지게 된다."에도 나타나고 있어 전통적 성 고정관념에 의한 성별 분업의 양태를 확인할 수 있다.

- 여성 상징어 '물살, 방아, 아랫돌'(도구 비유법: 결여, 패인 것)
  - 불평등 문화('부족과 결여')

  남성과 여성의 성을 상징하는 도구 비유법(성 기구론: 물레방아/물살, 방앗공이/방아, 맷돌 아래/윗돌)은 돌기와 패인 것의 대립과 '넘치는 것, 하나 더 가진 것'과 '결여한 것, 하나 모자라는 것'이란 의미의 대립을 구현한다. 나아가서 이러한 대립적 의미론은 '부족과 결여'('모자라다')를 여성의 육체와 정신의 양면에 걸친 징표로서 파생시킨다.

- 관례(관례와 계례를 총칭: 성차별문화)
  - 유교 문화('남녀유별')/불평등 문화('남성 중심')

  관례(남자의 성인식)와 계례(여자의 성인식)를 포괄해 가리킬 때 남자의 성인식을 가리키는 관례로 총칭하여 남자의 성인식이 우선임을 나타내는데 이를 통해 관례는 남성 중심 의례임을 알 수 있다. 이러한 남성 중심의 문화를 대표하는 것이 남녀의 차등을 두는 유교 사상의 윤리인 남녀유별과 가부장제이다.

- 명사로 나타나는 사회적 성차별(유표 표지: 남성명사 인식 '의사', 여성명사 인식 '간호사')
- 총칭(통성) 사용의 남성 지칭어('자식', '형제', '소년')

• 어순을 통한 성차별의 사회 가치관('소년 소녀', '연놈들')

  – 불평등 문화('남성 지배 이데올로기')

 (1) '의사', '변호사', '교수'(← '여의사, 여변호사, 여교수')

 (2) '간호사', '미용사', '유치원 교사'(← '남자 간호사')

 (3) '자식이 많다.', '기독교인의 형제애', '소년고생'(← '여식, 자매, 소녀')

 (4) '소년 소녀', '자녀교육', '연놈들', '애미애비'

 (1) 우리의 고정관념으로 인하여 사람들은 지칭어 '의사'는 남성명사로, '간
     호사'는 여성명사로 해석하고 인식한다. 높은 위상의 직업들은 모두 남
     성명사로 생각하기 때문에 여기에서 벗어난 예외적인 경우는 '여' 자를
     앞에 붙여 표기한다.

 (2) 비교적 낮은 위상의 직업은 여성명사로 해석되고 예외적 경우에 '남'
     자를 앞에 붙인다. 예시 (1), (2)의 직업들이 전통적으로 한쪽 성이 전
     담해 왔던 데에 기인하는 것이지만 이는 남성 지배의 전통적인 한국 사
     회구조를 반영하는 것이다.

 (3) 총칭적인 남성형 '자식, 형제, 소년'의 예로서 '자식, 형제, 소년'은 여성까
     지 포함하는 통 성의 경우로 사용하여 남녀를 다 포함하지만 '여식, 자매,
     소녀'는 여자만을 지칭한다. 남성 지배 이데올로기를 반영하고 있다.

 (4) 또한 어순을 살펴보더라도 대부분 남성형이 앞에 오고('소년 소녀', '자
     녀교육') 부정적인 언어에서는 여성형이 앞선다('연놈들', '애미애비').
     이러한 지칭어에는 남녀를 차별하는 사회적 가치관이 반영되어 있다.

- 부부 호칭어/지칭어('자기', '그이', '애 아빠', '이녁') – 평등 문화('동등')

  '자기'란 자기 자신을 가리키는 말로 젊은 부부 사이에 쓰일 때 배우자를 일심동체로 여긴다는 말이다. 또한 지칭어 '그이/그 사람'이나 '애 아빠/애 엄마'는 배우자의 이름을 함부로 부르지 않고 존중해 주려는 의도의 말이다. 서로를 일컬을 때 2인칭 대명사인 '이녁'이라고도 하는데 나를 낮추고 상대방을 예우하는 효과를 지닌 말이다. 이처럼 일심동체인 부부에 대한 표현은 서로 동등하게 호칭하거나 지칭하는 평등한 인간관계의 문화를 보여준다.

- 성추행/성폭력 – 평등 문화('성 평등')

  현대 한국 사회에서 여성의 권리가 중시되는 문화에서 생겨난 말이다. 기존의 남성 중심 문화가 산업화 이후 남녀평등문화로 바뀌어 온 것이다.

- 3인칭 재귀대명사 '자기'의 사용 확장 – 집단주의 문화('인간관계 우선')

  3인칭 재귀대명사 '자기'("철수는 자기의 마음을 이야기했다.")는 2인칭 대명사로도 사용되기 시작했는데 보통 연인들 사이에 사용되다('자기도 이거 먹어봐') 이제는 연인 사이가 아닌 친근한 관계에서도 사용되고 있다(30대 여성 미용사가 20대 여성 손님에게: "자기는 이 머리 스타일이 더 잘 어울려.").

- 최근 호칭어 경향(비격식화/비친족으로 친족 호칭의 확산/한자 호칭어 감소)
  - 실용주의 문화('비격식화')/집단주의 문화('인간관계')/불확실성 회피 문화('다른 것은 위험')

  최근 호칭어의 경향을 보면 우선 비격식화 되는 추세를 확인할 수 있다: 엄마(어머니), 자기(여보), 형(홍길동 씨), 삼촌(도련님), 언니(손님). 다음으로 '할아버지, 아가씨, 언니' 등의 친족어가 남에게도 쓰이는 경우가 있는데 친족 호칭의 확산 현상이다. 또한 '백부님 → 큰아버님'과 같이 한자 호칭이 감소하는 추세이다.

- 최근 인명 경향(사라진 돌림자 의식/개명)
  - 개인주의 문화('느슨한 유대와 개성')/실용주의 문화('실리 추구')

  최근 이름을 지을 때 돌림자를 의식하지 않는 경우가 늘고 있는데 집안에 대한 개념이 약화되어 이를 벗어나 개성 있는 이름을 지으려는 흐름을 반영한다. 또한 놀림의 대상이 아닌 운이 좋은 이름이나 세련된 이름으로 개명하는 경우가 증가하고 있다.

- 양식화되고 의례화된 바깥 상주/안 상주의 울음(곡반의 대성통곡)
  - 형식주의 문화('양식화/의례화')/불평등 문화('수직적 위계관계')

  울음은 전략적이며 양식화되고 의례화됨으로써 문화적인 것이 된다. 예를 들어 초상은 문화화된 울음의 현장으로 초상집에서의 울음은 곡이 의례화된 인사 차리기이다. '울 어미'라 할 만한 직업적으로 고용된 울음 우는 여인이 있으며 의례화된 바깥 상주들의 정중한 곡의 울음과 안 상주들의 낭자한 울부짖음의 울음이 있다. 국상에는 대성통곡하는 백성들과 더불어 신료들로 구성된 곡반이 있어 울음을 문화화하고 있다.

• 영등할미날의 울음 울기(울음은 퍼포먼스다.) – 자적 문화('이완성')

  '영등할미날'에 여성들에게 공개적으로 용납되는 의태적 울음은 세시풍속의 의례적인 울음의 퍼포먼스이다. 자유분방한 웃음판이 아닌 울음판의 카니발인 것이다. 억압을 웃음이 아닌 울음으로 터뜨리는 기회를 보장해주는 영등할미날의 울음 울기는 '울음의 놀이'로서 '반보기', '널뛰기', '그네뛰기', '강강술래' 그리고 '놋다리밟기' 등과 같은 기능과 의의를 지니고 있다.

• 영등신 카니발(풍요와 바람의 여신)
  – 불확실성 회피 문화('정화')/불평등 문화('여성 부정')/자적 문화('해학')/농경문화('농사')/모노크로닉한 문화('일정/철')

  풍요와 바람의 여신인 영등신의 강림에 맞추어 농기구들을 씻어서 더러운 것이 없게 하고 농사일에 대비한다. 풍요의 의례와 정화의 의례(주술)가 시행되는 것이다. 정월 대보름부터 영등날까지 예비의 철에 여성과 머슴이 더불어 해학적인 '울음의 난장', '울음 우는 카니발'을 누린다. 이때에도 짚단 위의 잡곡밥을 머슴보다 여성이 먼저 먹으면 논두렁이 무너진다는 '섬밥 싸기'의 성차별적인 민간에서 행해지는 속신이 있다. 이와 같은 여성 금기와 부정은 정초부터 여성의 외방과 남의 집 출입을 삼가도록 하여 이 기간 내내 여성은 부정 그 자체로서 생활해야 한다. 이러한 정화의 의례, 여성 금기와 부정은 청결과 위생을 중시하는 위생문화의 사회라는 것을 알 수 있는데 Hofstede et al(238-239)은 이를 불확실성 회피 문화의 특성으로 분류하고 있다.

• '호미씻이'(민속놀이, 단오굿, 여성을 위한 '농사 의례')

 − 자적 문화('놀이')/모노크로닉한 문화('세시풍속')/농경문화('농사의 빈틈')

고되고 어려운 여성의 노동을 대변하는 것이 호미인데 이러한 노동에서 해방됨을 상징하는 것이 '호미씻이'이다. 원래 여성 위주의 '놀이'였던 것이 머슴을 위한 놀이 나아가서 농민을 위한 놀이로 발전하여 오늘날은 '농사의 빈틈'으로 간주하고 있다. 머슴들이 주연과 놀이를 통해 주인들로부터 융숭한 대접을 받기 때문에 '호미씻이' 난장 기간에는 계층적 위치의 전복이 어느 정도 이루어지고 있다. 그러나 하루를 놀면서 위로받는 카니발 '호미씻이'는 '풋굿'이란 별칭 그대로 '민초들의 굿 같지도 못한 굿'인 것이다. 농작물이 잘 자라기를 비는 '호미씻이'는 또한 단오 때의 세시풍속으로 단오굿이라 일컫는데 이때 풍물놀이와 함께 남자는 '씨름'을, 여자는 '그네뛰기'를 하며 즐긴다.

• '물구꾼, 말의 곡예꾼'(해학은 희극 미의 전형)

 − 자적 문화('해학')/불평등 문화('지배적 권위주의')

해학은 놀이와 흥이 있는 유머, 방자 그리고 실없는 기롱을 통틀어 짝질 수 있는 말이다. 이러한 희극 미의 전형인 해학은 한국 단순 형식 문학의 해학적 인물들(김선달, 정수동, 김삿갓 등의 일화, 우화 속의 토끼, 옛이야기 속의 도깨비)과 비교적 큰 단위의 문학 작품들(탈춤, 판소리, 사설시조 등)을 통해 향유되고 있다. 이들에 의해 세속적 가치관은 웃음거리가 되고 전통적인 권위는 조롱받고 세상의 관습은 빈정거리는 놀림을 받는다.

- 여성의 '인신 비유법'('그릇은 여성이다.')
  - 여성적 문화('보호')

  동물의 둥지, 알껍데기, 조가비의 殼(각)과 같은 그릇의 본질은 포용이고 수용이며 보호에 있기에 사람 몸에 견주면 인간 여체이며 여성스러움이다. 이러한 '그릇의 아니마성' 즉 여자다움은 안식, 생명의 움틈과 성장, 보호와 보장의 형상인 모태에서 비롯한다.

- 안채/안방의 속성
  - 여성적 문화('보호')

  한국 가옥의 여성 공간인 안채, 안방은 보기 드문 전형적인 여성 찬미와 칭송의 예가 된다. 여성 공간의 좌표('안, 위, 뒤')는 안채, 안방이 가장 혜택을 받고 보호받는 가장 특권 지워진 자리임을 말해주기 때문이다. 이러한 '안, 위, 뒤'의 공간적 특성은 빗물과 적, 더위와 한기의 침입을 막을 수 있는 곳에 자리 잡은 동굴(동혈)주거지를 연상시킨다.

- 성년식('아버지의 아이'로의 전화)
  - 남성적 문화('아버지 사회로의 입사')/개인주의 문화('어머니 사회에서의 단절')

  성년식에 비추어서 본 화랑도의 성격은 '위기의 나이 의례' 또는 '삶의 위기의 의례'이다. 성년식은 고대 그리스에서 대모신에서 대부신을 신앙하게 되는 과정이었으며 '어머니(사회)에게서의 단절'이며 '어머니 아이'에서 '아버지 아이'로 전화하는 것이다. 다시 말해 젖떼기와 피부 떼기, 정신적인 어머니 떼기를 치러내는 '아버지 사회로의 입사'인 것이다.

- '신라화랑도'(신분 변화의 성년식)
  - 자제 문화('책무')/유교(불교) 문화('윤리/신앙')/남성적 문화('군사')/개인주의
    문화('어른')

성년식으로서 화랑도가 추구한 신분 변화는 다음과 같은 양항 대립의 성격
을 지닌다(무분별 – 윤리, 무신앙 – 신앙, 유약 – 군사, 방임 – 책무, 미분화
의 성 – 남성, 미성년 – 어른, 어머니 아들 – 아버지 아들). 윤리적인 신상 변
화가 가장 높은 덕목으로 일컬어지고 있으며 화랑도들의 신분이 국가종교이
던 불교의 신앙인이면서 동시에 남성성의 확립을 함축하고 있는 군사 조직
구성원인 병사가 되는 그러한 성숙한 신분으로의 변신이었다. '남성, 어른, 아
버지 아들'로의 변신은 신라적인 성년식인 화랑도가 아버지와 아들만의 제도
라는 것을 시사한다.

- 신라화랑도의 원화(모순 등가성: '원화는 반어머니이다.')
  - 불확실성 수용 문화('모호성/혼돈의 수용')/남성적 문화('지도자/인도자')

원화는 '무성의 어머니 여성'이면서 '유성의 신부 여성'인 경계선상의 인물
로서 성년식 그 자체의 경계성과 과도기성을 말해주고 있다. '반어머니'이면
서 '반신부' 여성인 원화는 성년식 후보자가 어머니를 떠나서 신부 여성 쪽으
로 가게 하는 과도기의 지도자이며 인도자의 역할을 하는 것이다. 여성은 성
년식 기간에 금기되는데 이러한 여성 금기의 시공에 미혼여성인 원화를 화랑
도 집단의 대표로 삼은 이유가 여기에 있다고 할 것이다.

- '남녀칠세부동석' – 유교 문화('남녀유별')/자제 문화('도덕적 절제력')

남자와 여자를 엄격하게 구별하여야 함을 이르는 말로 일곱 살만 되면 남
자와 여자가 함께 같은 자리에 앉지 아니한다는 뜻을 지닌 유교의 옛 가르침.

- '보살/거사' – 유교(불교) 문화('선비/신도')/불평등 문화('남녀 차별')

  속세에 있으면서 불교를 믿는 남자를 거사로 칭하고 여자 신도(信徒)를 높여 보살이라 이른다. 거사는 또한 숨어 살며 벼슬을 하지 않는 선비를 가리키는 말로도 쓰이는데 이와 같은 의미를 지니는 '처사'('예전에, 벼슬을 하지 아니하고 초야에 묻혀 살던 선비') 역시 때로는 다른 한편으로 남자 신도를 지칭하기도 한다. 즉 여자 신도는 '보살'이라 하여 대단히 높은 칭호를 사용하는 데 반해서 남자 신도는 부정적인 의미를 지니는 '거사' 또는 때로는 '처사'라고 불린다.

- 집사 – 기독교 문화('교회')/평등 문화('남녀동등')

  특정 종교를 가지고 있는 사회에서는 그 종교 언어가 통용되고 분화를 일으켜 종교에 의한 언어 차이가 있게 된다. 예를 들어 기독교 관련 일을 하는 사람이나 신자는 '집사, 주일, 십일조, 천당'과 같은 단어를 자주 사용한다. 이 가운데 교회의 일을 맡아 봉사하는 직분, 또는 그 직분을 맡은 사람을 '집사'라 하는데 교회는 남녀 교인 모두에게 동등하게 '집사'라 칭하며 직무를 맡긴다. '집사'는 주인 가까이에서 집안일을 맡아보는 사람을 의미하기도 한다.

- '여음 상징숭배'(性域(성역)이 聖域(성역)이 되다.)
  – 농경문화('자연의 생산력')/불확실성 회피 문화('악령 퇴치')

  경상남도 울주군 천전리의 암벽화('vagina 도형'), 경주의 선덕여왕 '女根谷'(여근곡) 전설, '대전 괴정동 출토 방패형 청동기'('알몸갈이'와 '여성 대지')에 새겨진 신화는 선사시대 이래 간직되어온 풍요의 상징인 여성의 성에 대한 숭배이다. 이곳은 '풍요의 제전'이 치러지는 '聖域(성역)'이 되기 좋은

'性域(성역)'이다. 이와 같은 여음 상징숭배는 자연의 생산력과 결부시킨 숭배이다. 생식행위와 농경을 같은 것으로 보아 대지(大地)나 밭이랑을 여성으로 생각하고 가래를 남성 성기로 여기는 것인데 농경을 시작할 때 논이나 밭에서 성행위를 흉내 내는 풍습이다. 또 다른 이유로 악령을 쫓는 주력(呪力)을 지니는 것으로서 성기를 숭배한다. 민간신앙의 하나로서 받들어진 성기숭배는 기자(祈子)와 풍어, 풍농, 해상 안전과 마을 수호, 소망과 행운의 기원으로 신앙 되었다.

• 성 관련 언어(변화) – 평등 문화로의 변화('남녀동등')

남녀 차별의 사회상을 반영하고 있는 한국어는 이제 여성 지위의 향상과 더불어 남녀평등의 변화를 담고 있다. '학부형'이란 단어 대신에 '학부모'가 쓰이고 있으며 여자 이름으로만 불리던 태풍의 이름이 남자 이름도 지니게 된 것이다.

2.2 영어(성)와 문화

• 접미사 변항(-ing)에 대한 비표준 변이형[-in]의 낮은 사용 빈도(여성어)

– 여성적 문화('화해')/실용주의 문화('일의 능률화')

Fischer(1958)에 따르면 미국 New England 학교의 소녀들이 접미사 변항(-ing)에 대한 비표준 변이형[-in]을 소년들보다 비교적 덜 사용하는데 어린이들 경우에서도 더 공손하고 세련된 표준어식 발음을 여자가 남자보다 선호한다.

- 높은 사용 빈도의 사회적 선호의 변이형(여성어)

  - 집단주의 문화('화합과 합의가 목표')

  Labov(1966)는 여성 화자들은 계층에 상관없이 사회적으로 선호되는 변이형을 사용하는 경향이 있는데, 이에 반해 사회적으로 선호되지 않는 변이형을 남성 화자들은 사용한다는 사실을 밝혔다.

- 강한 간투사(expletives) 회피/의미 없는 형용사 사용(여성어)

  - 여성적 문화('사회적인 종속적인 위치')/자제 문화('불확신/자신감 결여')

  Lakoff(1975: 7)는 "영어의 성 경향적 지표(sex-preferential marker)"를 통해 구체적인 여성어의 특징을 제시하는데 간투사 'Oh dear, My goodness, Oh fudge'와 의미 없는 형용사(empty adjectives) 'adorable, charming, sweet, lovely, divine'은 애매어법(hedges: sort of)의 문장, 부가 의문문, 과잉공손형(I'd really appreciate it if…)의 표현과 더불어 여성이 즐겨 사용하는 표현으로 불확신과 자신감 결여를 포함하는 여성의 심리적 특성이 여성어에 반영되어 있다는 것이다. 여성어의 이러한 특성은 여성의 사회적인, 종속적인 위치에서 비롯되는 여자다움의 규범과 관련되어 있다고 주장한다.

- 성별에 따른 대화 스타일의 차이(여성: 동정과 친근)

  - 감성주의 문화('동정')/집단주의 문화('친근: connection')

  Tannen(1990)은 대화 스타일의 차이로 인하여 남녀가 서로 대화의 단절과 불통을 경험한다고 주장한다. 즉 여성은 문제가 발생하면 동정과 재확인, 이해와 친밀의 말을 원한다. 누군가 고민을 털어놓으면 문제에 걸맞은 'I know just what you mean. I've had the same thing myself.'라는 반응을 보인다.

여성은 우위의 모습을 피하고 친근함(connection)에 더 관심을 보인다. 여성의 사회 심리적 특성으로 협력적, 의존적, 친화적인 면이 나타난다. 또한 여성은 대화하는 중 대화 순서를 존중하며, 대화 점유를 싫어하고 친교와 유대감에 근거한 "협력적 대화 스타일"을 사용한다.

- 성별에 따른 대화 스타일의 차이(남성: 지위와 독립)
  - 이성주의 문화('문제 해결사')/개인주의 문화('독립')

남성은 문제가 발생하면 지위가 지배적인 세계에서 우위를 차지하기 위해 독립에 관심을 집중하며 문제 해결자로서 역할을 한다. 남성의 사회 심리적 특성으로, 보다 지배적, 독립적, 경쟁적인 것이 나타난다. 또한 남성은 대화 방해와 같은 대화방식을 동원하고 힘과 지위에 근거한 "경쟁적 대화 스타일"을 보인다.

- 대명사로 나타나는 사회적 성(he/she), 총칭의 he, man
  - 불평등 문화('남성 중심')

  (1) 'lawyer, physician, scientist'

  (2) 'secretary, nurse, schoolteacher'

  (3) 'pedestrian, voter, driver'

    'Each person [Everybody] must bring his own calculator.'

    'a speaker's use of his language'

  (4) 'mankind, freshman, chairman, mailman'

(1) 사회적 성은 대명사화가 실행될 때 나타나는데, 해당 지시인의 성이 중요하지 않거나 알려지지 않았을 때 높은 위상의 직업명을 다시 언급하기 위해서 대용적인 he가 선택된다.

(2) 낮은 위상의 직업명의 경우에는 she가 선택된다.

(3) 일반적인 인지칭명사의 경우에도 중립적인 문장에서 전통적으로 대명사 he(총칭적인 'he')의 선택을 규정하는 규칙이 있다. 즉 일반적으로 Person과 같은 성을 구별할 수 없는 어휘에 대해 대명사로 he를 사용한다. 매한가지로 'a speaker's use of his language'에서 화자는 남성과 여성 모두를 뜻한다. 대명사 he는 총칭으로 사용될 수 있으나 she는 그렇지 못하다는 것은 전통적인 남성 지배의 사회구조를 드러낸다.

(4) He와 더불어 총칭의 man은 남성우위사고의 발로이며 영어가 남성 중심으로 이루어져 있음을 명백하게 보여준다.

• 마틴 루서 킹 연설('I have a dream') 중 성차별 표현
  – 불평등 문화('성차별')

마틴 루서 킹은 1963년 "일자리와 자유를 위한 워싱턴 행진"(March on Washington for Jobs and Freedom)을 이끌며 이 모임에서 "나는 꿈이 있어요."(I have a dream)라는 제목의 연설을 하였는데 다음과 같은 성차별적 표현들이 보인다.:

과거 노예의 자손들: 'the **sons** of former slaves'

과거 노예 주인의 자손들: 'the **sons** of former slaveowners'

형제처럼 같은 테이블에: 'at the table of **brotherhood**'

- 성차별적인 언어 사용(성차별 표현의 내용 갈래)
  ('여성을 배제, 아내/여성을 종속, 여성의 전통적 역할로 제한, 여성의 품위 손상')
  - 불평등 문화
  (1) 'man's achievements, mankind'
  (2) 'the little woman, the weaker sex'
  (3) 'housewife, cleaning woman'
  (4) 'libber(a put-down), the ball and chain'

구엔테로트(Guentherodt) 외(1980: 15)에서 제시된 분류 방식을 참조하면 성차별 표현의 내용은 ① 여성을 배제하기, ② 아내를 남편에 종속시키기/여성을 남성의 하위자로 다루기, ③ 여성을 주부나 아내 등의 성 역할에 묶어두기, ④ 여성의 품위를 떨어뜨리기의 유형으로 새로이 설정되어 연구자료를 해석 및 분석할 수 있다:

(1) 여성을 배제하여 여성은 겉으로 드러나지 않으나 의미상 함께 언급되고 있다. woman's/man's achievements, humanity/human beings의 대등한 표현이 가능하다.

(2) 아내와 여성을 각자 남편과 남성에 종속시켜 아내와 여성을 남편과 남성을 기준으로 하여 정의하거나 아내와 여성을 하위부류 또는 제2의 부류로 묘사하고 있다. 각자 wife와 women의 대등한 표현이 가능하다.

(3) 여성을 여성의 전통적 역할로 제한하는 예로서 여성은 가정주부, 아내, 어머니로서만 인식되고 있다. 각자 homemaker와 housekeeper의 대등한 표현이 가능하다.

(4) 여성의 품위를 손상하는 언어의 예로서 대등한 표현으로 각자 feminist/liberationist와 wife가 가능하다.

• 데이트 강간(date rape) – 불평등 문화('성적 폭력의 피해자')

1990년대 초 남녀 간의 성적 갈등 문제, 특히 데이트 강간(date rape)이 미국인의 관심사가 되었는데 이것은 남녀 사이의 억압과 힘의 불균형, 남성의 성적 욕구와 여성의 성적 주체성 간의 충돌, 그리고 여성은 성적 폭력의 피해자이며 남성은 여성의 불행에 대한 원인으로 여성이 처한 냉엄하고 적대적인 사회현실을 대변하고 있음을 보여준다.

• 카우보이(신화) – 프런티어맨(마초, 강한 개인주의의 전통)
  – 남성적 문화('강인함/모험')/개인주의 문화('자유/자립')/불확실성 회피 문화
    ('보수주의')

카우보이는 서부 개척 시대 힘을 통해 난관을 극복하는 강한 남성으로 이들을 통해서 프런티어의 중요한 가치인 남성적 힘, 힘의 논리, 개인주의, 창의성, 자립심, 기업가 정신 등이 미국문화에 구현된다. 프런티어맨(Frontiersman)은 18세기 초기에 자연과 인디언들 그리고 무법자들과 생존을 위해 싸워야 했으며 이들의 강인함은 남성성의 상징인 "마초"(macho)의 모습으로 미국문화에 등장한다. 즉 카우보이는 미국의 전통적인 고독한 영웅으로 억센 개인주의(rugged individualism)의 화신이다. 거친 환경에서도 혼자 살아갈 수 있는 자립적인 능력과 정신을 지니고서 어린이와 여성을 보호하는 강한 남성이다. 사회적 제약과 규칙을 벗어나 누구에게도 구속당하지 않으며 자연 속에서 고독한 자유를 누린다. 서부극은 바로 이러한 카우보이

를 주인공으로 한 남성 영화이다. 카우보이는 여성과 가정에 대한 욕구보다 모험에 대한 욕망이 더 강한 반가정적인 모습과 문명과 사회를 벗어나 대자연 속으로 떠나는 반사회적인 도피성을 특징으로 한다. 또한 미국문화(정치, 서부극 등)에서의 강한 남성을 대변하는 보수적인 이념의 상징으로 강한 개인주의의 전통이 되고 있다.

• 람보/람보 마니아

– 남성적 문화('강한 남성')/개인주의 문화('영웅적 개인의 사상과 행동')

80년대 산물인 람보는 당시의 정치적이며 문화적인 상황에서 영웅을 원하는 미국을 대표하는 문화적 아이콘이 되었으며 레이건 시대의 문화적 창조물로서 미국 사회에 의해 만들어진 국가적 영웅의 정수이다.

• 레이건 람보 – 남성적 문화('강한 미국')

1980년대 대중문화 속의 강한 남성에의 향수는 새로운 레이건 시대를 출발시켰으며 이제 레이건은 80년대 미국 국가 정체성의 상징이 되었다. 당시 사용되던 "람보 레이건"이라는 말은 미국의 신제국주의, 군사주의 현상을 잘 대변해 준다. 이제 사브란도 기관총에 의해 상징되는 람보의 폭력성은 미국의 신 제국주의적 폭력의 표본이 되고 레이건은 마초맨 또는 마초 대통령으로서의 자신을 연출하며 또한 그렇게 부각이 되었다.

• 인지칭명사의 성별 중립화(은폐된 중립화. 명백한 중립화). 성별 도외시(집합명사, 추상명사) – 평등 문화('남녀동등')

(1) 'individual, person, voter, chairperson, metalworker, mailcarrier'

(2) 'a lawyer […] he or she, a secretary […] she/he'

(3) 'Das Ministerium fuehrt die Verhandlung.' (←Der Minister) (독어 예문)

'The ministry said the recovery rate was continuing to improve at 56 percent.'

(on the web)

(4) 'Bei Teilnahme wird ein Tagesgeld ausbezahlt.' (←Den Teilnehmern) (독어 예문)

Guy Powell, defending, told magistrates: 'It's a sad and disturbing case.' (collins)

(1) 은폐된 중립화(성별 중립적인 인지칭 명칭/통성명사)와 복합어의 예로서 [남자] 또는 [여자]라는 내재적인 성적인 자질을 지니고 있지 않은 경우, 또는 여성 접미사에 의해 이루어지지 않은 인지칭 명칭이 모두 이 범주에 속한다.

(2) 명백한 중립화(이중의 성별 가시화)의 예로서 형태적으로는 성별 중립적이지만 사회적 성의 차원에서는 남성 또는 여성으로 특수화되어있는 인지칭명사들은 단수에서는 대명사 분할을 통해 중립적으로 될 수 있다.

(3) 성별이 불명확한 집합명사를 통해서 성별을 안중에 두지 않은 예로서 총칭적인 남성형의 사용을 피하여 여성과 남성 모두에게 평등한 지칭 기회를 보장할 수 있다.

(4) 성별이 불명확한 추상명사를 통해서 성별을 안중에 두지 않은 예로서 여성과 남성 모두 에게 평등한 지칭 기회를 보장할 수 있다.

- 미국의 청교도 정신과 전통적 가정 가치관(엄격한 성도덕/성적 금욕)
  - 기독교 문화('신앙심')/모노크로닉한 문화('양심에 의한 통제')/불확실성 회피 문화('보수주의')/자제 문화('규율/성적 금욕')/단기지향 문화('현실 만족/전통 존중')

미국인들은 유일신을 믿는 원죄 문화권의 유럽인들이 주축을 이루고 있다. 따라서 자신들의 그릇된 행위에 대해 직선적이며 솔직하고 설사 다른 사람들이 이를 모를지라도 스스로 괴로워하면서 양심의 가책을 받는다. 특히 청교도 정신이 생활의 밑바탕에 놓여 있는 미국의 남부나 동부에는 보수적이고 전통적인 기질이 남아있어 일상생활에 대한 규율이 엄격하며 또한 남녀 간의 성도덕에 대한 규제도 많다. 미국의 전통적 가정 가치관은 청교도가 주류인 18세기까지 기존 사회질서의 유지를 위해 가정에 의해 형성된 가치로서 신앙심, 복종, 현실 만족, 성적 금욕을 미덕으로 하였다. 목표는 가부장제를 바탕으로 한 전통적 가치에 순종적인 시민 양성이었다.

- 순결 서약 운동 "True Love Waits"(진정한 사랑은 참고 기다린다)
  - 기독교 문화('엄정주의')/자제 문화('도덕적으로 절제')

1990년대 성 문제에 대한 위기의식에서 청교도주의(puritanism) 전통이 강한 미국이 기독교계를 중심으로 전개한 순결 서약 운동의 대표적인 모임이다.

3. 연령과 문화

연령을 매개로 한 한국어와 영어가 반영하고 있는 문화 차원은 대부분 큰 차이를 보이지 않는다. 가장 큰 차이가 나타나는 경우는 남성적 문화/여성적 문화, 그리고 불확실성 회피 문화/불확실성 수용 문화와 관련된 문화에서다. Hofstede et al(2010/2018: 174, 180, 223-224)에 따르면 한국 사회는 여성적 문화와 불확실성 회피 문화의 집단에 속하고 영/미 사회는 남성적 문화와 불확실성 수용 문화의 집단에 속한다. 영어는 이와 유사한 문화적 특성을 나타내고 있는 반면에 한국어는 불확실성 수용 문화와 남성적 문화의 면모를 더 많이 나타내고 있다. 한국어에 나타나는 불확실성 수용 문화는 '계약 연애'(개방적인 성 의식), '새탈족'(온라인 채팅 문화), 텔레비전 방송언어(청소년 대상), 세대 간 생활용품 구매 방법의 차이/유통(신세대), 30대 이하의 연령층의 언어 유형(외래어)을 통해, 그리고 남성적 문화는 젊은 세대의 자극적인 표현, 텔레비전 방송언어(청소년 대상), 반촌(班村) 지역 장년층의 경음화현상, 경북 영덕 반촌의 노년층의 언어 태도(표준어/사투리 사용), 심리적 해방성의 청소년층 통신언어, 노년층 세대의 비표준형인 움라우트형, 청소년층에 의한 파괴적인 언어 사용, 스타크래프트(신세대의 놀이문화)를 통해 표현되고 있다.

한편 큰 차이는 아니지만, 예상대로 한국어에는 고맥락 문화, 감성주의 문화, 형식주의 문화와 상관관계를 보이고 있으며 반면에 영어는 평등 문화, 남성적 문화, 불확실성 수용 문화, 자적 문화와 유목 · 상업 문화의 경향을 보인다. 특이한 점은 Hofstede et al(2010/2018: 129, 319)은 한국을 자적 순위가 낮은 집단에 속하는 국가로, 영국과 미국을 개인주의 지수가 높은 국가로 분류하고 있는데 이와 다르게 한국어에 자적 문화, 그리고 영어에 집단주의 문화의 면모가 상당히 나타나고 있다. 연령과 관련해서 한국어에 나타나는 자적 문화는 신세대의 창조적이며 자족적인 표현('싫어.' '부팅이 안 된다.' 'cu', '광합성'), 신세대의 언어습관(언어규칙 위반: 비속어/구어체 문장의 약어), '스타크래프트/케이-팝'(신세대의 놀이/예술문화), '신인류, 영상 세대, X세대, 오렌지족, 야타족'(신세대 지칭), '천만번 변해도 나는 나, 나 X세대, 이유 같은 건 없다'(상업광고/소비 지향의 신세대), 텔레비전 방송언어(청소년 대상), 오락성의 청소년층 통신언어, 젊은 누리꾼의 통신언어(형태 바꾸어 적기), 청소년 누리꾼의 비규범적 통신언어(재미), 노년층에서 잘 쓰지 않는 표현들(오류 분석), 환갑(생일기념 의례)을 통해, 그리고 영어에 나타나는 집단주의 문화는 SNS 이용 목적(전체적 분석: '연락', '즐거움과 오락'), 세대별 SNS 이용 목적('연락': 높은 비율의 40대, 60대), SNS 언어 세대별, 유형별 사용 정도(유사), SNS 언어에 의한 세대별 의사소통의 어려움(모든 세대), SNS 언어에 대한 의견(찬/반 의견: 전 세대의 부정적인 의견)을 통해 표현되고 있다. 즉, SNS 언어와 관련하여 세대 간에 뚜렷한 차이가 없이 모든 세대에서 서로 똑같은 양상을 띠는 집단주의 문화적 성격은 우선 영어원어민의 각자 세대별 SNS 이용목적을 보면 비교적 높은 비율로 '즐거움/오락을 얻기 위해'와 '정보를 주거나 받기 위해'가 모든 세대에서 나타났다. SNS 언어 유형별 사용 정도에서는 한국인이 영어원어민보다 뚜렷하게 세대 간의 차이가 더 나타나는데, 세대가 높을수록 SNS 언어를 더 적게 사용하고 세대가 낮을수록 더 많이 사용한다. 또한 SNS 언어의 사용과 관련하여 세대 간 의사소통에 문제를 일으킨다는 생각은 한국인과 영어원어민 모든 세대에서 서로 똑같이 나타나고 있다. SNS 사용에 대한 부정적인 의견은 두 그룹에서 모두 우세하게 나타났는데 한국어와 영어사용자 모두 언어의 파괴에 대한 우려의 목소리가 높았다. 연령을 매개로 한 한국어와 영어에 담겨 있는 문화를 구체적인 예시와 함께 살펴보면 다음과 같다.

3.1 한국어(연령)와 문화

- 젊은 세대의 자극적인 표현('열 받다. 골 때린다. 죽인다')
  - 남성적 문화('과장/자극')

과장되고 부정적인 인상을 주는 관용표현으로 최근 젊은 세대들이 많이 쓰고 있다. 젊은 세대의 자극적인 것을 선호하는 성향을 엿볼 수 있다.

- 텔레비전 방송언어(청소년 대상)
  - 불확실성 수용 문화('포용력')/남성적 문화('힘의 과시')/형식주의 문화('체면')
    자적 문화('이완성')
- 텔레비전 방송언어(중장년/노년층 대상)
  - 감성주의 문화('감성')/형식주의 문화('격식')/여성적 문화('화해')
    실용주의 문화('일의 능률화')

텔레비전 오락프로그램의 언어적 특징을 살펴보면 청소년층 대상의 가요 프로그램의 경우에 높임법의 혼용(주로 비격식적 해요체, 합쇼체와 해체도 사용), 영어 사용 그리고 비표준형 사용('그러니깐요')의 특징이 나타난다. 이에 비해 중장년 및 노년층 대상의 가요 프로그램에는 비교적 감성적인 표현과 부드러운 어조, 채움말('어, 머')이 사용되며 주로 격식체와 표준형의 언어를 사용하는 특징이 있다.

- 반촌(班村) 지역 장년층의 경음화현상(어두경음화 현상)
  - 남성적 문화('강자/큰 것 선호')/감성주의 문화('감성 표현')
    껀데기 꼴초 꼽배기 뺑아리 짱아찌 쫄병

경음화 현상은 현대 사회의 구조 및 제반 현실이 반영된 전국적인 언어 현실이라 할 수 있다. 반촌(班村)(경상북도 영덕군 영해면과 창수면) 지역의 세대 차에 따른 경음화 현상은 노년층이 젊은 층에 비해 조금 낮은 비율을 나타내고 있다. 그러나 장년층의 경우 차이가 크지는 않으나 청소년층보다 조금 더 높은 경음화를 실현하고 있는 것으로 나타나고 있다. 천소영(2006)은 이러한 경음화현상의 극단적인 예로 "그 쌔끼 덩친 짝아도 성깔은 꽤 싸납던데…"와 "쐬주를 깡술로 들이켰더니 속이 알딸딸하고 간뗑이가 찡한데…"를 들고 있는데 "된소리, 거센소리가 현대인들의 감성 표현에 동원돼 그들의 정서와 영합한 지는 오래"다. 경음화 현상을 통해, 경직되고 있는 현대인의 심성과 각박해진 현대 사회의 세태가 반영되고 있다고 할 수 있다.

- 청소년층의 움라우트 현상
  - 감성주의 문화('감정 표현')

  청소년층에서 발화하는 '죽이다' → '쥑이다'는 움라우트의 규칙을 따르는 발화 현상으로 간주하기보다 조금 더 자신들의 감정을 강렬하게 표현하기 위하거나 상대방에게 자신들의 행동을 언어와 함께 보여주고 싶을 때 자주 사용하는 것으로 볼 수 있다.

- 경북 영덕 반촌의 노년층에 의한 기존 반촌의 친족어 사용
  - 단기지향 문화('과거지향')

  경북 영덕의 반촌이란 한 언어공동체에서 연령에 따라 쓰이는 언어가 다르다는 사실을 확인할 수 있는데 노년층의 경우는 기존 반촌의 친족어(호칭어)의 사용을 대부분 그대로 계속하고 있는 것으로 나타난다('큰할배-큰할매, 큰아배-큰어매, 아배, 어매'). 즉, 청소년층 언어의 영향으로 '아지매'를 '고모'

로 호칭하는 경우가 있지만 그것도 본인들이 사용하는 기존 친족어 '아지매' 외에 추가로 사용하는 경우이다.

- **경북 영덕 반촌의 청소년층에 의한 현대국어 친족어 사용**
  - 장기지향 문화('미래지향')

  청소년층의 언어는 장년층의 교량적인 역할을 사뭇 무시하면서 노년층의 언어와 매우 다르게 나타난다. 즉, 조부와 조모를 가리키는 노년층의 '큰아배' 와 '큰어매'를 '할아버지'와 '할머니'로, 노년층의 '아배'와 '어매'를 '아빠'와 '엄마'로 호칭한다. 마찬가지로 이들 지역(영덕군 영해면 괴시리와 원구리, 창수면의 인량리) 반촌어의 가장 큰 특색이라 할 수 있는 노년층의 '맏아배'와 '맏어매'를 청소년층의 언어는 장년층의 언어 '큰아버지'와 '큰어머니'를 경유한 후 '큰아빠'와 '큰엄마'로 바꾸어 사용하는 등 커다란 변화를 보인다. 이들 지역의 친족어 호칭이 청소년층에 이르러 현대국어의 친족 호칭으로 빠르게 변화하고 있음을 알 수 있다.

- **경북 영덕 반촌의 장년층에 의한 친족어 사용(기존 반촌+현대국어)**
  - 실용주의 문화('능률')

  세대 차이에 따른 친족 호칭을 살펴보면 장년층의 경우는 청소년층의 언어와 같은 어형을 사용하면서 동시에 노년층의 언어를 그대로 답습하여 쓰고 있는 실제로 구세대와 신세대를 잇는 교량적 역할의 양상을 보이면서 이들 지역 친족어 호칭이 변화하는 기점이 되고 있다.

- 경북 영덕 반촌의 노년층의 언어 태도(표준어/사투리 사용)
  - 실용주의 문화('능률')/남성적 문화('자기주장')

  경북 영덕지역의 노년층의 경우는 다른 지역의 노년층과는 다른 언어 태도를 보여주는데 양반으로서의 신분에 어울리는 언어가 사투리는 아니라는 인식하에 사투리에 대해 매우 부정적이어서 사투리를 거의 사용하지 않고 있으며 또한 앞으로도 오래 사용되어서는 안 된다는 자세를 취하고 있다. 그러나 자신들의 고향에 외지인이 왔을 때는 외지인을 상대로 표준어보다는 사투리를 사용하며 외지에 나갔을 때는 표준어를 사용한다. 즉, 그들 지역에서는 사투리를 사용하며 자신들의 위치를 외지인에게 낮추지 않고 다른 지역에 가서는 표준어 사용을 통해 다른 지역 사람들과 대등한 능력을 보인다.

- 경북 영덕 반촌의 청소년층의 언어 태도(표준어/사투리 사용)
  - 개인주의 문화('자유/독립')

  세대별 사투리 사용에 대한 언어 태도를 살펴보면 세대별 각자 다른 반응을 나타내는데 청소년층의 경우는 표준어인 것에 특별히 관심을 두지 않아 사투리에 대해 다소 긍정적인 견해이며 표준어와 사투리 간의 언어 차이에 대해 어떤 의미를 부여하지 않는다. 실제 자신의 지역이 아닌 다른 지역에서 낯선 사람들과 대화할 때 어떤 말씨를 쓰는가에 대하여 청소년층의 경우는 '표준어로 한다.'와 '사투리로 한다.'의 비율이 서로 똑같이 나타나고 '사투리도 하고 표준어도 한다.'라는 견해도 또한 유사한 정도의 비율을 보인다.

- 청소년층 통신언어의 특성 및 동기(경제성, 오락성, 표현성, 유대성, 심리적 해방성)

  (1) 즐추(즐거운 추석) ㅈㅅ(죄송)

  (2) 쓰담쓰담(쓰다듬다) 멍 …하다요('한다요체') 맥주먹음얼굴빨개짐요 ('해요체')

  (3) 여기 시험자주있어묘(요-〉묘) ASKY([애인이] 안 생겨요)

  (4) ㅎㅎㅎ, ㅋㅋㅋ, ㅜㅜㅜ, 축하한데이

  (5) 아ㅆㅃ아침부터재수없게 2 십알 색히

(1) 경제성 - 상업 문화

통신언어의 경제적 동기에 의한 용법의 예로서 글자를 입력하는 노력과 시간을 줄여서 편하고 빠르게 언어를 사용하려는 목적을 갖는다. 대표적으로 줄임말, 자음으로 적기가 있다. 즐추는 '즐거운 추석'의 뜻이고 ㅈㅅ은 '죄송'을 자음자로 간략히 적은 표현이다.

(2) 표현성 - 감성주의 문화

통신언어의 표현적 동기에 의한 용법의 예로서 뜻을 강조하거나 생동감 있게 표현하기 위해 사용하는 의성의태어, 음소 바꾸기 그리고 그림글자 등이 있다. '쓰담쓰담'은 '쓰다듬다'에서 '쓰담'을 취한 후 반복함으로써 사랑스럽게 좋아하는 대상을 어루만지는 모습을 흉내 내는 말이다. 긍정적인 의미와 구성 그리고 높은 창의력과 신선한 언어 감각을 돋보이는 통신언어이다. 아이들의 구어체에서 출발해서 유행하게 된 '멍 …하다요'는 '한다요체'로 "해라체 종결어미 뒤에 높임 보조사 '요'를 덧붙인 것"이다. 미묘하게 조화된 높임말과 안 높임말로 인해 20-30대 젊은 누리꾼들 사이에서 많이 사용되고 있다. '맥주먹음얼굴빨개짐요'는 "관형사형과 명사형 어미로 문장을 종결하여 해체의 말 단계로 쓰고 그것에 '요'를 덧붙여 해요체로 쓰는 것"이다.

(3) 오락성 - 자적 문화

오락적 동기에서 사용한 통신언어의 예로서 의사소통의 목적, 언어의 생성과 사용에 있어서 재미에 초점이 맞춰진 경우이다. 오타의 형식과 알파벳 등을 사용하여 재미를 유발하는데 '여기 시험자주있어묘'의 '묘'는 '요'를 스마트폰에서 입력하려다 나타난 형식이고 'ASKY'는 '안 생겨요'를 의미하는 말이다. 암호처럼 적음으로써 재미를 유발하고 있다.

(4) 유대성 - 집단주의 문화

유대 강화 동기에 의한 통신언어의 용법의 예로서 직업, 성별, 나이, 지역이 비슷한 사람들끼리 친밀하게 교류하려는 모습을 보인다. 같은 유형의 통신언어를 함께 사용함으로써 동질성과 일체감 그리고 소속감을 공유하게 된다. 'ㅎㅎㅎ', 'ㅋㅋㅋ'는 자음자로 웃음소리를 표현한 것으로 '하하하, 히히히, 흐흐흐', '크크크, 키키키, 쿠쿠쿠'를 포함하는 웃음소리를 표현하면서 같은 누리꾼으로서의 유대감을 표현하는 상징기호이다. 'ㅜㅜ'는 기분이 좋지 않음을 나타내며 '축하한데이'는 유대감을 높이기 위해 서로 같은 지역 방언형을 사용한 경우이다.

(5) 심리적 해방성(공격적인 힘의 과시) - 남성적 문화

심리적 해방 동기에서 사용한 통신언어의 예로서 욕설 등의 비속어와 맞춤법을 다르게 적는 경우이다. '아ㅆ뻐아침부터재수없게'는 10대 청소년들이, '2 십알 색히'는 40대 초반 남성이 쓴 것으로 욕설을 인터넷 공간에서 일상적으로 쓰면서 동시에 개인적인 스트레스를 풀고 있다.

- 젊은 누리꾼의 통신언어(형태 바꾸어 적기)
  – 자적 문화('즐거움/재미')/집단주의 문화('유대')
  ㅋㅋㅋ내일은정말샌드위치데이해야징!!! ㅋㅋㅋ누나는 문과니깜

10대 등의 젊은 누리꾼들은 형태 변형에 치중하는 경향이 있어서 습관적으로 'ㅋㅋㅋ'처럼 자음자를 사용하여 웃음소리를 간단하게 표현하거나 '해야징'과 '문과니깜'처럼 형태를 바꾸어서 일상적인 표기와 다르게 음소 더하기를 많이 한다. 문법 규칙을 넘어서서 즐거움과 재미를 추구하는 자적 문화의 특성을 보이면서 성별, 나이, 직업, 지역 등(여기서는 나이) 비슷한 사람들끼리 친밀하게 교류하려는 유대 강화 동기에 따른 통신언어의 사용으로 집단주의 문화적인 성격을 반영하고 있다. 이러한 언어에서의 문법에 해당하는 사회규범과 국가의 질서유지를 우선 가치로 여기지 않고 표현의 자유를 추구하는 사회를 Hofstede et al(332)은 자적 문화로 분류하고 있다.

- 나이 많은 누리꾼의 통신언어(유행표현)
  – 불확실성 회피 문화('안정 추구')
  '구렁이 같은 뱀들은 사람을 공격하진 않죠. 하지만 깜놀했죠'
  '시간이 늦어져 버려서 예언서 강의 못 들어갔다는…꺼이꺼이.'
  '기분 풀어준다고 머리 감겨주고. 1회용 세팅해줬다요.'

형태 바꾸어 적기보다 유행하고 있는 표현을 사용하는 데에 관심이 더 많은 40대 이상의 누리꾼은 '깜놀하다'와 '-다는' 그리고 '한다요' 등과 같은 유행표현을 자주 쓰는 경향이 있다. 사회에 이미 널리 퍼지고 있는 양식이나 현상을, 여기서는 유행표현이란 통신언어를 적극적으로 받아들여 사용하는 언어 태도를 보이는 것은 안정을 추구하는 모습을 확인케 한다.

• 나이 든 누리꾼(지속적인 사용의 통신언어 어휘)
  - 단기지향 문화('과거지향/현재 지향')
  '강추, 눈팅, 반가/방가, 번개/벙개, 잠수, 즐감'
  'ㄱㅅ, 남친/여친, 넵, 열공, 초딩/중딩/고딩/대딩/직딩, 추카/ㅊㅋ'

통신언어를 사용하기 시작한 과거의 초기부터 현재까지 계속해서 사용해 온 통신언어어휘들에 대한 예이다. 이와 같은 오랫동안의 생명력을 가지고 활발히 쓰이고 있는 어휘들을 나이 든 누리꾼들이 젊은 층보다 더 잘 알고 오래 쓰는 경향이 있다. 여기서 미래지향적이기보다는 오히려 과거지향과 현재지향적인 나이 는 누리꾼들의 모습을 확인하게 된다.

• 청소년 누리꾼의 비규범적 통신언어(재미)
  - 고맥락 문화('느린 메시지')/자적 문화('재미')
  10대 청소년이나 20대의 대학생 그리고 직장인들은 통신언어 사용을 일상생활에서 활발하고도 적극적으로 하고 있다. 즉, 사용 빈도나 적극성을 고려해 볼 때 나이 든 누리꾼에 비해 뛰어나다고 할 수 있다. 이와 같은 통신언어 사용의 양적인 차이와 더불어 의사소통의 목적이 정확한 의사전달을 위한 정보공유 및 대화, 토론에만 있는 것이 아니라, 그 밖에 또 재미에도 상당히 있기에 청소년 누리꾼들은 이에 알맞은 비규범적 통신언어를 많이 사용한다. 이러한 맥락에서 청소년 누리꾼의 비규범적 통신언어는 의미 전달과 파악이 느린 메시지에 속한다고 할 수 있다.

• 나이 많은 기성세대 누리꾼의 규범적 통신언어

　- 저맥락 문화('정확한 의사전달')/자제 문화('엄격한 사회적 규범')

　통신언어를 많이 알고 사용할 충분한 능력이 있는 기성세대 누리꾼들이 그 사용을 피하거나 싫어하는 면이 있는데 이는 규범적 관점에서 통신언어에 대한 부정적 평가가 많기 때문이다. 즉, 사용 빈도나 적극성을 고려해 볼 때 청소년 누리꾼보다는 뒤떨어진다고 할 수 있다. 다른 한편으로 나이 많은 누리꾼들은 의사소통의 목적이 재미보다는 정보공유 및 대화 그리고 토론에 주로 있기에 정확한 의사전달을 위해 규범적 통신언어를 많이 사용한다.

• 노년층의 변별력(충주 방언 60대 이상: 음장, 단모음의 변별력. 50대 이상: 단모음 변별력)

　- 저맥락 문화('명백한 코드')

　연령에 따른 언어 차이를 보면 충주 방언에서 50세 이상의 연령층은 단모음 '애, 에'에 대해 높은 변별력을 가지고 있으며 60세 이상의 연령층은 단모음 '외, 위'에 대해서 뿐만 아니라 음장에 대해서도 변별적 기능을 유지하고 있어 음장에 의해 낱말의 뜻을 구별할 수 있다.

- 장년층 세대의 표준형인 비움라우트형
  - 여성적 문화('화해')/실용주의 문화('일의 능률화')
- 노년층 세대의 비표준형인 움라우트형)
  - 남성적 문화('힘의 과시')/형식주의 문화('체면')
  (1) '너 어느 핵교에 댕기니?'
  (2) '학교에 다닌다.'

연령이 언어 분화와 어떤 관계가 있는지를 알 수 있는 일상생활에서의 연령에 의한 언어 차이를 잘 보여주는 예이다. 예문(1)은 노년층 세대가 사용하는 비표준형인 움라우트형('핵교')을 포함하고 있으며 예문(2)는 장년층 세대의 언어 사용에서 볼 수 있는 표준형인 비움라우트형('학교')에 대한 보기이다.

- 노년층/장년층/청소년층/유아(어린이)층 언어의 특징
  (1) '자기야, 나랑 같이 갈래?'
  (2) '너 때문에 깜놀(깜짝 놀라다)했잖아.
  (3) '자네 춘부장 집에 있는가?'
  (4) '엄마, 나 까까 사줘.'
  (5) 아저씨 고터앞에서 버카충하던 중인데 정말 얼척없네요, 졸빨요!!'
     (112 신고접수)
  (6) 스타일, 스트레스, 스마트, [호미] [조리] [호랑이] ↔ [호매이] [조래이] [호래이]

(1) 1980년대 이후 폭넓게 쓰이기 시작한 2인칭 대명사 '자기'가 젊은 부부
와 연인 사이에서 자연스럽게 사용되는 경우이다.
  - 평등 문화('동등')/실용주의 문화('비격식화')/집단주의 문화('인간관계 우선')
(2) 청소년층이 사용하는 말로 중장년층 이상의 화자들에게는 생소한 표
현이다. 일상생활에서 사용하는 말을 두 개의 단어나 어절에서 하나의
단어로 줄인 것이다.
  - 상업 문화('경제성')
(3) 노년층 화자가 젊은 사람들에게 자연스럽게 할 수 있는 말인데 청소년
층 화자들이 사용하기에는 부적절한 표현이다.
  - 단기지향 문화('과거지향')
(4) 유아(어린이)층이 사용하면 자연스럽지만, 중학생 또는 어른이 쓸 수 없
는 표현으로 각 연령 단계에 어울리는 행동 양식과 말이 있음을 시사한다.
  - 실용주의 문화('능률화')
(5) '아저씨 고속 터미널 앞에서 버스카드 충전하던 중인데 정말 어이없네
요, 아주 빨리요!!' 를 의미하는 112 신고 접수 매뉴얼의 사례로 언어파
괴의 심각성을 보여주는 청소년층에 의한 언어 사용을 보여주는 예문
이다. 그들의 비속어, 은어, 줄임말 사용은 청소년 언어의 한 특징이라
할 수 있다.
  - 상업 문화('경제성')/남성적 문화('힘의 과시')/집단주의 문화('유대')
(6) 좌측의 단어들은 30대 이하의 연령층에서 널리 쓰이나 70대 이상의 노
년층에서는 쓰지 않는 외래어와 청소년층 세대나 중장년층 세대에서
사용하는 어형의 사례를 보인 것이다. 반면에 우측의 단어들은 70대
이상의 노년층 세대가 사용하는 언어 유형으로 이러한 연령차에 의한

언어 차이는 언어 변화를 가져온다.

- 30대 이하의 연령층: 불확실성 수용 문화('포용력')/여성적 문화('화해')/실용주의 문화('일의 능률화') ↔ 70대 이상의 노년층: 남성적 문화('힘의 과시')/형식주의 문화('체면')

• 연령 단계와 호칭(청소년 단계, 중년 단계)
- 집단주의 문화('낮은 인권등급')/개인주의 문화('높은 인권등급')
(1) '성근아!', '종규야!'
(2) '성근이!', '종규'

기성세대 단계와 청소년 단계에서의 언어 사용이 다르고 기성세대 경우도 연령대에 따라 호칭의 언어 사용 양상이 다르다:

(1) 화자와 청자가 어릴 때(청소년 단계 이하) '아'나 '야'의 호격조사를 붙여 이름을 부르는 경우이다. 손아랫사람이나 친구, 동물을 부를 때 사용하는 조사로서 보통 반말에 사용하며 손아랫사람이나 친구라도 친하지 않으면 사용하기 어렵다(연세 한국어 2급).

(2) 호칭의 대상이 중년 단계 이상이 되면 생략형(받침 없는 이름 경우)이나 '이'의 호격조사(받침 있는 경우)를 붙여 보기와 같이 호칭이 달라진다. 대등 관계인 벗을 또는 웃어른이 성인이 된 아랫사람을 삼가 대접하는 부름말로서 '-이'는 끝이름자의 받침소리를 명확하게 나타내어 당사자의 인권을 보장해주려는 배려에서 나온 호격조사이다.

- 노년층에서 잘 쓰지 않는 표현들(오류 분석)
  - 고맥락 문화('느린 메시지')/자적 문화('오류')/상업 문화('서비스업종')
  (1) 허리가 자꾸 두꺼워져서 큰일이야.
  (2) 조용히 나가서 오줌 싸고 왔어.
  (3) 주문하신 커피 나오셨습니다.
  (4) 이 가방은 양가죽이세요.
  (5) 주사 맞으실 게요.

예문(1)은 형용사 '굵다/가늘다'를 사용해야 하는 곳에 '두껍다/얇다'를 쓴 오류에 대한 보기이며 예문(2)는 자기의 의지에 따라 배설물을 내보내는 '누다'와 생리현상을 참지 못하여 저절로 몸 밖으로 나오는 '싸다'를 구분하지 못한 오류이다. 예문(3)과 (4)는 높임의 대상이 아닌 무생물에 경어법을 사용한 오류이며 예문(5)는 행동을 요청하는 명령형 어미를 사용하는 대신 화자의 약속을 의미하는 종결어미를 사용한 오류의 예문이다. 예문(3), (4), (5)는 상대방을 지나치게 높이는 데서 비롯된 오류인데 주로 서비스업종의 젊은 층에서 나타나는 현상이다.

- 충주지역의 연령층별 움라우트 실현 비율(높은 연령대)
  - 남성적 문화('힘의 과시')/형식주의 문화('체면')

비표준형인 움라우트형을 모든 연령대에서 사용하고는 있지만 연령대가 높아질수록 움라우트의 사용 비율도 높아진다(10대: 11%, 20대: 14.4%, 30대: 20.4%, 40대: 30.7%, 50대: 33.7%, 60대: 56.9%, 70대: 59.5%, 80대: 95.8%).

- 한국인의 SNS 이용목적('연락 및 정보전달')
  - 저맥락 문화('정보전달')/집단주의 문화('연락')

곽면선(2019)에 의한 SNS를 이용하는 목적에 대한 영어원어민과 한국인의 조사 결과를 살펴보면 전체적인 분석에서(세대별 분석 전) 영어원어민 그룹에서 1위인 4번 선택사항('가족과 친구에게 연락하기 위해')이 누적 건수를 포함하여 총 628건 중에서 21.82%(137건)를 차지했으며, 2위로 20.38%(128건)를 획득한 5번 선택사항('즐거움과 오락을 얻기 위해')이 나타났다. 한국인의 경우는 한국인 응답 총 577건 중에서 1위는 4번 선택사항('가족과 친구에게 연락하기 위해')이 27.56%(159건)로, 2위는 3번 선택사항('정보를 주거나 전달받기 위해')이 23.92%(138건)로 나타났다.

- 젊은 층의 격음 회피/마찰음화/연음법칙 위반(대구 방언)
  - 여성적 문화('온화')

대구지역의 젊은 층일수록 체언 어간말의 'ㅊ'이나 'ㅌ'을 'ㅅ'으로 발음하여 꽃이'를 [꼬시]로, '팥이'를 [파시]로 발음하는 경향이 있는데 이러한 격음을 회피하기 위하여 연음법칙을 위반하거나 구개음화를 하지 않는 현상을 '마찰음화'라고 한다.

- 세대 언어 차이에 의한 언어 변화(충주 방언: 변별력 상실)
  - 저맥락 문화('명백한 코드')에서 고맥락 문화('모호성')로 변화

세대에 의한 언어 차이는 노년층 세대의 언어에서 청년층 세대의 언어로 언어 변화의 방향을 예견할 수 있게 해준다. 연령에 따른 언어 변화의 방향을 보면 젊은 세대일수록 지역방언 색을 나타내는 음운 현상들의 실현이 감소

하고 음장의 변별적 기능이 상실되고 모음체계가 단순해지는 경향을 보인다. 따라서 충주 방언의 경우 단모음의 변화 방향은 '애, 에'가 변별되지 않고 '외, 위'가 단모음으로 발음되지 않는 방향이 될 것이다.

- '신인류, 영상 세대, X세대, 오렌지족, 야타족'(신세대 지칭)
  - 개인주의 문화('개성지향')/집단주의 문화('몰개성의 세대')/자적 문화('자유로움')

  '신인류' '영상 세대' 'X세대' '오렌지족' '야타족' 등 신세대를 가리키는 낱말들은 한없이 많다. 그런데 TV, 신문 그리고 잡지 등에 자주 등장하는 이러한 표현들은 'X', '오렌지' 등의 낱말에서 풍기는 이미지 때문에, 선정적인 느낌을 주기도 한다. 또한 신세대는 자유로움과 풍요로움 속에서 가정과 학창 시절을 보낸 '개성의 세대'인 동시에, 대학교 진학만을 목표로 한 주입식 공부를 강조하는 제도교육을 받으며 자란 '몰개성의 세대'라는 특성을 갖는다. 지속적인 시험 위주의 천편일률적인 제도교육은 신세대에게 진정한 개성을 누릴 수 있는 기회를 주고 있지 않으며 반면에 이에 대한 반발로 '반권위주의적 개성'을 향한 강렬한 지향의식을 신세대에게 심어주고 있다.

- 신세대 대화 표현('싫어.' '부팅이 안 된다.' 'cu' '광합성': 창조적이며 자족적인 문화)
  - 감성주의 문화('감각적인 분절음')/실용주의 문화('일상생활 응용')
    자적 문화('자유로운 즐김')/상업 문화('약어')/집단주의 문화('은어')

  1980년대에는 신세대들을 관통하는 코드가 '논리'였지만 1990년대 이후의 신세대들에게 있어서 '논리'는 사고나 추리 따위를 축축 늘어지고, 꼬리를 물고 이끌어가는 하품이 나오는 과정일 뿐이었다. 따라서 신세대들의 대화는 예를 들면, "싫어." "왜?" "그냥." 등과 같이 간결하고도 짧으며, 논리적인 표현보다는 감각적인 분절음(비트)으로 이루어지는 특성을 보인다. 또한 컴퓨터와 관련된 전문 용어를 자신들의 일상생활에 사용하는 경우가 많다. 예를 들면 컴퓨터를 켜도 작동하지 않는다는 의미의 "부팅이 안 된다"라는 말은 "생각이 잘 안 난다, 머리가 둔하다"를 의미하며, 하드디스크드라이브를 초기화했다는 의미의 "하드를 포맷했다."라는 말은 "여자 친구를 정리했다"를 의미한다. 다른 한편으로 인터넷의 보급과 더불어 알파벳 약어가 인터넷 채팅에서 많이 사용되고 있다. 예를 들면 'cu'는 "see you(또 만나자).", 'bbl'은 "be back later(조금 있다 올게).", 'invu'는 "I envy you(네가 부럽다).", 'btw'는 "by the way(그건 그렇고)", 'oc'는 "oh, I see(알겠다)."라는 의미로 사용된다. 그리고 '광합성'은 야외에서 햇볕 쬐는 것, '메뚜기'는 대학 도서관에서 자리를 못 잡아 다른 사람의 자리를 옮겨 다니는 학생, '박물관'은 낡은 책만 있는 대학 도서관을 비꼬아 표현한 은어이다. 그러므로 "박물관에서 메뚜기 하지 말고 광합성이나 하자."라는 말은 "도서관에서 남의 자리 돌아다니지 말고 나가서 햇볕이나 쬐자."라는 의미이다. 이 밖에 더 예를 들면 'OT'는 신입생 수련회를 뜻하는 오리엔테이션의 영어 약자인 동시에 발음대로 읽어서 '옥의 티'를 의미하기도 하며, 'CC'는 캠퍼스 커플의 약자인 동시에 '침팬지 커플(못생긴 연인)'이라는 의미의 말로도 쓰인다.

• 케이-팝(K-pop, Korean Popular Music: 예술문화)
 – 자적 문화('현대 놀이문화')/상업 문화('상업화')
 아이돌 노래인 케이-팝은 소리와 미적 율동이 함께 형상화되어 해외에서 더 대중적인 인기를 끌고 있는, 비디오 시대에 걸맞은 한국의 대표적인 현대

음악이다. 이 역시 현대 사회 놀이문화의 특성인 상업화된 놀이에 해당한다.

- '계약 연애'(개방적인 성 의식)
  - 개인주의 문화('자유/독립')/불확실성 수용 문화('새로운 것을 추구')

    최신식 인스턴트 연애 방식인 '계약 연애'는 계약 결혼을 모방하여 일정한 기간을 정해놓고 특정 조건 아래 데이트를 즐기고 난 후 계약이 만료되면 미련 없이 헤어지는 연애의 한 방식을 일컫는데 이것은 개인주의와 일회성 편리주의 그리고 끊임없이 새로운 것을 추구하는 신세대들의 취향을 엿볼 수 있는 새로운 연애 풍속도이다. 여성들도 남자친구와 단둘이 떠나는 여행을 마다하지 않으며 또한 귀가 시간의 제약도 단호히 거부하는 추세와 더불어 예전에 비해 오늘날 훨씬 더 적극적인 신세대들의 성 의식을 깨닫게 한다.

- '천만번 변해도 나는 나. 나 X세대. 이유 같은 건 없다'(상업광고/소비 지향의 신세대)
  - 개인주의 문화('독립')/자적 문화('흥미')/단기지향 문화('소비 지향성')

    신세대는 영상매체의 확산과 더불어 하나가 된 소비문화 속에서 규정될 수 있다. 따라서 한국 사회의 신세대를 이해하는데 중요한 실마리가 되는 것은 정보, 서비스, 이미지, 기호의 생산과 소비가 중심이 되는 대중소비문화라는 틀이다. 즉, 현재 우리 사회가 대중소비사회라는 맥락에서 신세대의 소비 지향성이 이해될 수 있다. 이러한 맥락에서 "나 X세대" "나를 알 수 있는 건 오직 나" "천만번 변해도 나는 나" "이유 같은 건 없다." "궤도이탈" 등 신세대를 겨냥하는 상업광고 역시 이러한 신세대의 소비성향을 부추긴다. 광고뿐만 아니라 신세대를 목표로 한 텔레비전 쇼 프로그램, 드라마 그리고 코미디 프로그램들도 신세대라는 용어로 프로그램을 포장하면서 흥미 위주로 신세대들의 부정적인 모습, 즉 즉흥적이고 소비적인 모습을 주로 그려내고 있다.

- 신세대의 탈권위주의적 특성('옛날에 우리는 이러했는데 너희는……'에 대한 저항)
  - 평등 문화('탈권위주의 지향')/실용주의 문화('실속/이익')/저맥락 문화('적응과 변화')

  신세대가 가장 듣기 싫어하는 말은 "옛날에 우리는 이러했는데 너희는……"이라며 꾸짖는 말이다. 신세대의 이러한 탈권위주의를 지향하는 특성은 그동안의 억압적 제도교육과 부모의 수용적 자녀 양육방식 등에 의해 영향을 받으며 다른 한편으로 이에 반발하는 가운데 형성되었다. 이제 신세대는 기본적으로 동료와의 평등한 상호관계를 존중하고 변화를 회피하는 기성세대의 권위주의에 맞서, 허례 의식인 권위보다 오히려 변화를 실속이 있는 '합리적 이익'으로 생각한다. 즉, 평등심과 합리성을 무엇보다 중요시한다.

- 신세대의 언어습관(언어규칙 위반: 비속어/구어체 문장의 약어)
  - 자적 문화('규칙위반')/고맥락 문화('비명시적 표현')/집단주의 문화('동질감')
    상업 문화('줄임말')

  기존의 언어규칙을 위반하여 사용하는 신세대의 언어습관이 관심을 끌고 있다. 특히 비속어의 일상화와 구어체 문장에서 약어의 사용에 주목하게 하는데, 독특한 점은 비속어를 밝은 의미로 사용한다는 점이며 구어체 문장은 채팅의 영향으로 발음을 중시하여 발음하는 대로 적거나 줄인다. 예를 들면 '같이'는 '가치'로, '드디어'는 '드뎌'로, '이었다'는 '이어땨'로 표기한다. 신세대는 이런 식의 한글 표기를 통해 동료 간의 동질감을 느끼고 공감대를 형성한다.

- '개성 세대'(신세대의 명칭)

  - 개인주의 문화('개인 지향성')/저맥락 문화('적응과 변화')

신세대를 가리키는 '개성 세대'라는 명칭은 신세대의 개인 지향성을 잘 표현하고 있다. 신세대는 어떤 일정한 틀 안에서 구속되어 행동하는 것을 몹시 싫어하며, 급변하는 환경 속에서 스스로 적응하면서 자유롭게 즐길 수 있는 분위기를 추구한다. 이는 신세대가 개개인의 적성과 개성에 적합한 일에는 전력투구하고, 다양화하고 개성화된 사회에 익숙하기에 가능한 일이다.

- '새탈족': 온라인 채팅(문화)

  - 불확실성 수용 문화('신제품/기술 수용')/개인주의 문화('주요 정보원: 미디어')/여성적 문화('관계 형성의 인터넷')/폴리크로닉한 문화('즉흥적인 행동')

온라인 채팅은 신세대의 문화를 이야기할 때 빼놓을 수 없는 중요한 것으로 다양한 사람들과의 접촉이 가능한 만큼 그 열기가 대단하여, 많은 신조어를 등장시켰는데 '새탈족'(밤새 채팅하다 새벽에 만나는 이들)도 그중의 하나이다. 온라인 채팅의 장점은 무엇보다 시간과 공간의 제약을 초월하여 대화를 나눌 수 있을 뿐만 아니라 익명성이 보장된 가상의 공간에서 자신의 고민을 말할 수 있다는 점이다. 그러나 자칫하면 온라인 채팅은 다른 한편 즉흥적이고 일회적인 인간관계를 형성할 가능성을 또한 지니고 있다.

- '스타크래프트'(신세대의 놀이문화)

  - 자적 문화('게임')/남성적 문화('승패')

'스타크래프트'는 이 게임을 못 하는 신세대들이 없을 정도로 우리나라 신세대들에게 선풍적인 인기를 끌었던 게임이다. 이러한 온라인게임을 통해 신세대 놀이문화의 특성을 잘 이해할 수 있다. 이 게임은 인터넷을 통해 실시간으로 사람과 컴퓨터 간의 게임이라는 기존 차원을 넘어서서 사람들 상호 간의 실력을 겨룰 수 있도록 할 뿐만 아니라, 승패의 결과에 따라 개인에게 점수가 부여되어 참여자들 간에 이기고자 하는 지나친 욕심을 불러일으킨다.

- 식사 예절(밥상머리 교육: 어른 중심 문화)
  - 불평등 문화('나이에 의한 상하 구분')
  '아버지가 오셔야 상을 차리지'

한국의 식사 예절에는 어른 중심 문화가 반영되어 있다. 식사 시간에는 아랫사람은 조용히 밥을 먹고 윗사람이 아랫사람에게 필요한 말을 한다. 윗사람이 하는 말은 대개 아랫사람에게 교육이 되는 훈화이다. 이러한 말 교육을 밥상머리 교육이라 한다.

- 환갑(생일기념 의례)
  - 유교(도교) 문화('효')/형식주의 문화('의례')/자적 문화('흥')/집단주의 문화 ('유대')

유교 사상이나 도교 사상이 반영된 환갑은 자식이나 제자들이 만수무강을 축원하고 보은과 효행을 표현하는 의례이다. 환갑(잔치)의 문화적 특징을 살펴보면 첫째, 보은의 의미를 담은 효를 중시하는 문화이다. 둘째, 가무로 흥을 돋우며 즐기는 문화이다. 셋째, 지인과 친인척을 초대해 대접하며 공동체 구성원 간의 유대를 돈독히 하는 집단문화적 특성을 보인다.

• 세대 간 생활용품 구매 방법의 차이(유통)

　기성세대 – 불확실성 회피 문화('신제품/신기술 회피')

　신세대 – 불확실성 수용 문화('신제품/신기술 수용')

　기성세대는 재래시장 또는 할인매장, 백화점과 같은 상설종합시장을 이용하는 반면에 신세대는 정보화시대에 걸맞은 인터넷 시장과 홈쇼핑을 주로 이용한다.

3.2 영어(연령)와 문화

• 디트로이트 청소년들의 흑인영어 비표준형 사투리(예: 다중부정 문장)

　– 남성적 문화('힘의 과시')/형식주의 문화('체면')

　애팔래치아 지역 영어와 디트로이트의 흑인영어에서 다중부정(multiple negation) 문장('He didn't do nothing.'/'I don't make no money no more.')을 사용하는 비율을 비교한 결과 청소년들이 이와 같은 비표준형인 사투리(vernacular form)를 더 많이 사용하는 것으로 밝혀졌다. 어른들보다 비표준형과 속어를 더 많이 사용한다는 것은 이제 청소년 언어의 중요한 특징 가운데 하나가 된다(애팔래치아 영어: 열두 살 이하 72.8%, 10대 62.2%, 어른 60.6% / 디트로이트 흑인영어: 열두 살 이하 49.1%, 10대 40.9%, 어른 25.1%).

• SNS 영어 통신언어

　곽면선(2019)은 SNS에서 사용하는 통신언어 유형의 특징과 그 실태를 한국어와 영어에서 살펴보았는데 SNS에서 자주 사용되는 영어 통신언어의 특징으로 영어의 새로운 유형을 크게 표기 오류와 신조어로 나누고 있다. 다음에서 영미인의 SNS 이용목적과 SNS에서 사용되는 영어의 특징에 담겨있는 문화를 구체적인 예시와 함께 살펴보도록 한다.

- 영미인의 SNS 이용목적('연락 및 즐거움과 오락')
  - 자적 문화('즐거움/오락')/집단주의 문화('연락')

  곽면선(2019)에 의한 SNS를 이용하는 목적에 대한 영어원어민과 한국인의 조사 결과를 살펴보면 전체적인 분석에서(세대별 분석 전) 영어원어민 그룹에서 1위인 4번 선택사항('가족과 친구에게 연락하기 위해')이 누적 건수를 포함하여 총 628건 중에서 21.82%(137건)를 차지했으며, 2위로 20.38%(128건)를 획득한 5번 선택사항('즐거움과 오락을 얻기 위해')이 나타났다. 한국인의 경우는 한국인 응답 총 577건 중에서 1위는 4번 선택사항('가족과 친구에게 연락하기 위해')이 27.56%(159건)를, 2위는 3번 선택사항('정보를 주거나 전달받기 위해')이 23.92%(138건)를 차지했다.

- SNS 언어에서의 표기 오류
  - 상업 문화('경제성')/감성주의 문화('표현성')

  대문자 오류: 'i think you are right.' 'she's african.' 'i love new york.'

  띄어쓰기 오류: 'wuz4dina (what's for dinner?)' 'try2rute essays (try to write essays)' 'headNshoulder (head and shoulder)'

  문장부호 오류: 'we've just had a drink with Jon!!!' 'who be???' 'hey!!!'

  'I cant thank u more (I can't thank you more.)'

  영어의 표기 오류는 대문자, 띄어쓰기, 그리고 문장부호 오류로 세분될 수 있다. 대문자 표기를 하지 않는 경향은 빠르게 글자를 작성하기 위해 대문자 표기의 키 누름을 생략하는 것이고, 띄어쓰기 오류의 경우에 동일한 소리의 숫자로 글자를 대신하는 것은 표기를 최대한으로 단축하려는 데에서 기인한다. SNS에서 메시지를 전달할 때 구어를 그대로 옮기는 경향이 많은데 자신의 감정을 더 강조하기 위해 문장부호를 과도하게 사용하기도 한다.

• SNS 언어에서 사용되는 영어 신조어
  – 상업 문화('경제성')/불확실성 수용 문화('편리함 추구')
  단축 표기: 'cu 2moro (See you tomorrow)' 'wtng4 Go (Waiting for Godot)' 'i will meet u@9 (I will meet you at nine)'

  두문자어: 'GMAB (give me a break)' 'ASAP (as soon as possible)' 'AFAIC (as far as I'm concerned)'
  철자생략 및 오류: 'sorta (sort of), wanna (want to), wassup (what's up), wite (right) skool (school), fone (phone), thru (through)'

신조어는 두문자어, 영어 어휘 단축 표기 그리고 철자생략 및 오류로 분류할 수 있다. 신조어의 표기를 보면 대부분이 소리가 나는 대로 표기하는 방법을 쓰고 있다. 글자 수가 제한된 트위터와 같은 SNS에서는 두문자어(Initialism)를 빈번하게 사용한다. 상기한 예시 이외에도, 'LOL(Laughing out loud)'과 'OMG(Oh, my God)'를 포함하는 두문자어는 이미 다수에게 많이 알려진 상태이다. 이러한 유형의 언어들은 인터넷과 스마트폰에서 사용하는 구어를 키보드에 입력하다가 언어의 축약, 맞춤법의 무시 등이 발생하게 된 것이다.

- SNS 통신언어에 대한 긍정적 관점과 인식(연령층의 확대)
  - 불확실성 수용 문화('신제품/기술 수용')

Tyrone: Kayla, you are always on your phone! Why can't you put it down and talk to me for a second?

Kayla: Sorry! I'm writing a post for my moblog! I have to post regularly or my audience will get bored.

Tyrone: Well, I'm glad your audience is more important than me! Technology is a pain sometimes!

(웹사이트 "My English Teacher", 곽면선 2019: 168 참조)

영어 신조어를 이용한 성공한 대화의 예를 보인 것이다. Crystal(2008)은 이러한 문자 메시지를 언어의 자연적인 진화 현상이라고 주장하며 변화하는 시대에 일어나는 긍정적인 일로 보고 있으며 Nielsen(2009) 또한 이와 같은 맥락에서 SNS를 이용하는 연령층이 고연령층의 기성세대까지 더 확대될 수 있었는데 이것을 페이스북의 성공이 한층 더 가능하게 하였다고 한다. 이와 같은 SNS 통신언어 사용에 대한 긍정적인 주장은 새로운 유형의 통신언어를 급변하는 현대 사회에 피할 수 없는 사회적 현상의 언어로 받아들이면서 통신언어에 대한 새로운 언어문화로서의 순기능을 강조한다.

- SNS 통신언어에 대한 부정적 관점/인식
  - 불확실성 회피 문화('부족한 포용력')

Dad: Linda, do you have any memory left on your computer? I need to save some files.

Linda: Why don't you save some stuff to the cloud?

Dad: What? I said COMPUTER, I'm not talking about the WEATHER!

(웹사이트 "My English Teacher", 곽면선 2019: 168 참조)

영어 신조어를 사용한 실패한 대화의 예를 보인 것이다. SNS 통신언어 사용의 역기능은 학생을 포함한 젊은 층의 무분별한 통신언어 사용으로 인한 의사소통에서의 세대별 갈등을 일으키고 교육에 부정적인 영향력을 끼친다는 문제점에 있다. 조금 더 구체적으로 살펴보면 Dansieh(2008)는 철자오류 및 비문법적 문장 작성 등의 모바일 텍스트는 교실 수업과 시험, 그리고 연구보고서 등 학술적 환경에까지 확대되는 위험을 초래하고 있다고 주장하며 Craig(2003) 역시 약어(abbreviation) 및 특이한 통신용어들을 사용하는 텍스팅(texting)은 바람직하지 않은 읽기·쓰기 습관을 학생들에게 형성하여 읽기·쓰기 능력을 위협한다고 하여 SNS 기반의 통신언어를 부정적으로 평가한다.

• 세대별 SNS 이용 목적('연락')
　　10대 – 개인주의 문화('독립')
　　40대, 60대 – 집단주의 문화('통합')

영어원어민의 각자 세대별 결과를 보면 비교적 높은 비율로 '즐거움/오락을 얻기 위해'와 '정보를 주거나 받기 위해'가 모든 세대에서 나타났지만, '가족과 친구에게 연락하기 위해서'의 경우에 10대(13.19%)와 60대(30.99%), 40대(29.35%) 차이가 극명하게 17.8%, 16.16%로 나타나고 있다.

- 세대별 SNS 언어 유형별 사용 정도(유사)
  - 집단주의 문화('행동 양식이 비슷한 내집단')

세대별 SNS 언어 유형별 사용 정도를 보면 영어원어민 그룹에서는 세대별 두드러진 차이가 없이 서로 매우 유사한 분포로 사용언어의 정도가 낮게 나타난 유형과 높게 나타난 유형이 나타났다. 다만, 다른 세대에 비해 10대가 각자 항목별로 더 높게 나타나고 있을 뿐이다. 언어 사용 형태를 살펴보면 모든 세대에서 '이모티콘 사용'이 제일 높게 나타났으며 그다음에 줄임말 사용과 같은 말 반복사용이 높게 나타났다.

- 세대별 SNS 언어 이해도(유의미한 차이)
  - 개인주의 문화('자유/독립')

SNS상에서 사용되는 언어에 대한 이해도를 살펴보면 연령대가 가장 높은 60대 이상과 연령대가 가장 낮은 10대에서는 유의미한 차이가 없지만 가장 높게 나타난 30대가 50대와 20대의 평균과의 차이에서 유의미한 차이가 나타났다. 이러한 점을 고려하면, SNS에 사용되는 언어를 대하면서 영어원어민은 이해가 되지 않은 어려움의 정도가 연령대가 높은 층이나 낮은 층에 따라서 비례하지 않고 각자 세대별로 다르다는 것을 알 수 있다.

- SNS 언어에 의한 세대별 의사소통의 어려움(모든 세대)
  - 불확실성 회피 문화('부족한 포용력')/집단주의 문화('행동 양식이 비슷한 내집단')

SNS상에서 사용되는 언어가 세대 간의 의사소통에서 어려움을 초래하는지에 대한 응답을 보면 각자 세대별 유의미한 차이가 없이 10대에서 60대 이상에 걸쳐 평균이 모든 세대에서 3점 이상으로 나온 결과, 의사소통 시에

SNS에서 사용하는 언어 현상(신조어 등)이 모든 세대에서 세대 간의 문제를 난처하게 일으키고 있음을 알 수 있다. 특히 30대와 60대 이상의 세대에서 평균이 각각 3.76과 3.75 이상으로 나타난 것을 보면, 다른 연령대보다 30대와 60대는 SNS의 언어가 세대 간의 의사소통에서 많은 문제가 된다고 인지하고 있다.

- SNS 언어에 대한 의견(전 세대의 부정적인 의견)
  - 불확실성 회피 문화('부족한 포용력')/집단주의 문화('행동 양식이 비슷한 내집단')

  SNS 언어의 특징과 현상에 대한 주관식 의견을 살펴보면 10대에서 60대 이상의 전 세대에 걸쳐서 SNS에서 사용되는 언어에 대한 긍정적인 의견보다 부정적인 의견이 높게 나타난다. 압도적으로 높게 나타난 세대는 80.77%의 부정적 의견을 제시한 60대 이상의 세대이며 10대의 젊은 층에서도 긍정적인 의견보다 부정적인 의견이 세 배로 높게 나타난다.

- SNS 언어에 대한 다수의 부정적인 의견/평가
  - 이성주의 문화('지성/논리')/단기지향 문화('전통 존중')/개인주의 문화('독립') 불확실성 회피 문화('부족한 포용력', '혼돈 회피: 정확성/형식화 추구')

  소셜 미디어에서 사용되는 언어에 대한 부정적인 의견에 다음과 같은 어휘와 표현이 사용되었다: 형용사("lazy", "stupid", "silly", "less intelligent", "hard to understand", "hard to learn"), 언어를 파괴한다는 표현("destroy the language", "dumbing down our younger generation", "losing touching", "losing the traditional grammar"), 젊은 층의 언어라는 표현("younger generation words"), 언어의 격차와 혼란을 초래한다는 표현("causes confusion", "causes language barriers") 그리고 파벌을 형성한다는 표현 ("create a clique feeling") 등. 이를 통해 우리는 이러한 표현을 하는 사람들의 문화를 엿볼 수 있다.

- SNS 언어에 대한 소수의 긍정적인 의견/평가
  - 자적 문화('표현의 자유')/불확실성 수용 문화('포용력')/감성주의 문화('표현주의')
  소수에 의한 긍정적인 의견(평가)을 살펴볼 때 영미문화의 표현주의적 성향을 나타내고 있다. 긍정적 의견에서 가장 많이 사용된 표현은 "evolve", "evolution"(언어의 진화)이었으며, 또한 "acceptable", "trendy", "natural", "a form of freedom of expression"의 표현들이 사용되었다.

- 젊은 세대문화(뉴올리언스의 마디그라스 축제)
  - 자적 문화('축제')/불확실성 수용 문화('변화/반항')
  뉴올리언스의 마디그라스 축제는 젊은 세대의 문화와 카니발의 전복성을 비유적으로 제시하고 있으며 공식문화에 대한 전복과 혼란을 초래하여 변화를 잉태하는 하위문화의 저항 공간이다.

- '가죽 잠바와 오토바이'(젊은이들의 저항문화)/'오토바이 질주(형상화)'
  - 유목 문화('이동')/남성적 문화('거칠고 공격적 행동')/자적 문화('자유분방')
  '가죽 잠바와 오토바이'는 1950년대 기성문화에 대한 반항을 상징하는 새로운 문화적 아이콘이었다. 오토바이 질주는 길들지 않은 자연 상태의 자유분방한 보헤미안적이고 유목민적 삶을 형상화한다.

- 미국 60년대 반문화운동(청년문화 운동)과 히피문화

  "켜고, 맞추고, 이탈하라"(turn on, tune in, drop out)

  – 평등 문화('동등')/자적 문화('사회적 관습/규범 부정')/불확실성 수용 문화('자유주의')/남성적 문화('반항: 공격성')

  60년대 말을 정점으로 한 히피즘, 신좌파, 민권운동을 포함하는 반문화운동은 미국의 지배적 가치관인 보수주의, 백인 중산층 문화, 자본주의의 기업 가치관을 기반으로 하는 주류문화에 대한 반항이다. 이 운동은 정치적 이념과 반전운동을 넘어서 여성, 인종, 젠더의 문제로 확대되고 여성해방운동, 흑인 민권운동 그리고 동성애자 인권운동으로 확산한다. 히피 문화는 반문화운동의 대표적 주체로서 50년대 비트닉(비트 세대)에서 파생된 문화이며 록음악, 자유연애, 마약 그리고 공동생활 등으로 대변된다. 1967년 1월 "휴먼 비인"(Human Be-in) 행사에서 히피즘의 아이콘인 티모시 리어리(Timothy Leary)가 외친 구호 "켜고, 맞추고, 이탈하라"(turn on, tune in, drop out)는 생체리듬과 의식을 깨우고 개인의 내면세계와 주위 세계와의 조화로운 교감을 이루며 기존 사회질서에서 벗어나 선택, 이동성 그리고 변화를 중요시하라는 것이다. 이러한 자유주의적 성향이 강하며 젊은이들에 대해 긍정적 자세를 취하고 있는 사회를 Hofstede et al(253)은 불확실성 수용 문화로 분류하고 있다.

- 꽃의 아이들(flower children) – 여성적 문화('평화/사랑')

  '꽃의 아이들'은 히피족의 별명으로 평화와 사랑의 상징이며 1967년 열린 "사랑의 여름"(Summer of Love) 행사의 절정이었던 몬터레이 팝 페스티발(Monterey International Pop Festival)의 홍보곡인 동시에 나중에 히피 문화의 주제곡이 된 "샌프란시스코 San Francisco"에서 유래한다.

4. 지역과 문화

　지역을 매개로 한 한국어와 영어가 반영하고 있는 문화 차원은 개인주의 문화/집단주의 문화, 평등 문화/불평등 문화, 감성주의 문화/이성주의 문화, 농경문화/유목 · 상업 문화와 남성적 문화/여성적 문화와 관련하여서는 큰 차이를 보이지 않는다. 큰 차이를 보이는 경우는 불확실성 회피 문화/불확실성 수용 문화, 자적 문화/자제 문화, 고맥락 문화/저맥락 문화와 관련된 문화에서다. Hofstede et al(2010/2018: 223, 323)에 따르면 한국 사회는 높은 불확실성 회피 지수의 집단에 속하고 영/미 사회는 자적 지수가 높은 집단에 속한다. 이와 유사하게 한국어는 많은 경우에 불확실성 회피 문화를, 영어는 자적 문화를 나타내는 특성을 보인다. 특이한 점은 Hall(1976/2017: 157, 207)은 영국과 미국을 저맥락 문화권에 속하는 국가로 분류하고 있는데 이와 다르게 영어에 고맥락 문화의 면모가 상당히 나타나고 있는 점이다. 영어에 나타나는 고맥락 문화는 '라틴 영어(Latino English: 대체 발음, 이중부정), 미국 흑인영어의 발음(상 체계: aspectual system), 영국 레딩 방언의 아홉 가지 비표준적인 특징들(노동계급의 정체성), 영국의 아프리카계 카리브인의 런던 영어(/θ/를 순치음 /f/로 바꾼 발음, 조사(particle: se 또는 sei))'를 통해 반영되고 있다.

　위에 언급한 미국 흑인영어, 라틴 영어 그리고 영국 레딩 방언 및 아프리카계 카리브인의 런던 영어는 비문법적인 특징들로 인해 외재적이며 전달된 메시지에는 부정확한 정보를 지니며, 따라서 의미 전달과 파악이 느린 고맥락 문화의 커뮤니케이션이 이루어지는데 이는 오랜 기간에 걸쳐 서로 잘 아는 사람들 사이에 행해지는 방식의 커뮤니케이션이다.

한편 큰 차이는 아니지만, 예상대로 한국어에는 집단주의 문화, 감성주의 문화, 그리고 유교 문화와 상관관계를 보이고 있으며 반면에 영어는 남성적 문화, 불확실성 수용 문화, 유목·상업 문화의 경향을 보인다. 특이한 점은 Hofstede et al(2010/2018: 122, 170)은 한국을 개인주의 지수와 남성성 지수가 낮은 집단에 속하는 국가로 분류하고 있는데 이와 다르게 한국어에 개인주의 문화와 남성적 문화의 면모가 상당히 나타나고 있는 점이다. 지역과 관련해서 한국어에 나타나는 개인주의 문화는 '거창 방언(고모음화/'ㄹ' 탈락 거부)과 안동 방언(독자적인 체계), 서북방언(평안도방언)의 비구개음화 현상, 중부방언의 모음 상승 현상, 남한 국어순화(권장), 남한 어휘(다수의 영어 외래어), 남한 언어의 맞춤법, 수도권 도시 방언의 어중경음화의 변이현상(언어 행동의 차이), 수도권 도시 방언의 ㄴ 삽입 현상(약화와 유지의 공존), 지역의 문화적 특성(특산물과 특정 산업시설), 지역 문화 축제(행정구역과 지역 문화)'를 통해, 그리고 남성적 문화는 '방언의 가치(예술작품 사용: '–아이가?'), 전라방언/경상방언/중부방언(청년층)의 활발한 어두경음화 현상, 안동 방언(높은 억양과 악센트에 의한 고조의 음, 경음, 격음 등), 동남방언(경상도 방언)의 경음화현상, 경상도 방언의 이미지("무뚝뚝하다/억세다/거칠다/남자답다"), 강한 북한어 발음(방송 매체)'을 통해 표현되고 있다. 지역을 매개로 한 한국어와 영어에 담겨 있는 문화를 구체적인 예시와 함께 살펴보면 다음과 같다.

4.1 한국어(지역: 표준어, 방언)와 문화

• 표준어의 개념('의사소통')과 규정의 유연성('사용 빈도')
  – 실용주의 문화('원활한 의사소통')/여성적 문화('화해')/장기지향 문화('유
    연성')

  표준어는 한 나라가 의사소통을 원활히 하기 위하여 규범적이고 인공적으
로 제정한 언어이다. 국립국어원은 실제 언어생활에서의 사용 빈도를 고려하
여 표준어를 인정하고 있는데 이러한 표준어 규정의 유연성을 통해 표준어는
시대와 언중의 사용 정도에 따라 변화를 겪는다.

• 방언의 영향력(막강한 표준어 수도권 방언) – 형식주의 문화('규범')

  방언의 영향력을 살펴볼 때 한국은 막강한 영향력을 과시하는 지역 방언은
수도권을 제외하고는 찾아볼 수가 없다. 반면에 중국의 경우 오방언(상하이
지역)과 월방언(홍콩)이 표준말인 푸퉁화를 제치고 현저한 영향력을 지니고
있는데 이것은 이들 지역이 중국 경제발전의 중심지이기 때문이다.

• 방언의 가치(지역의 놀이문화 반영: '산다이') – 자적 문화('노래판')

  지역 사람들이 사용하는 말은 그 지역의 문화와 생활양식을 반영하는데 예
를 들어 전라남도 지역에는 '산다이'라는 방언이 있다. 사람들이 모여서 음식을
먹으며 노래를 부르는 노래판을 일컫는데 이러한 지역의 놀이문화를 반영하는
'산다이' 때문에 전라도 지방에 민요와 판소리가 발달하는 계기가 되었다.

- 방언의 가치(예술작품 사용: "오라베"/"– 아이가?")
  - 감성주의 문화('애틋함/정서')/남성적 문화('거칠다')

  방언은 예술작품 속에서 사용되어 그 지역의 정서와 인물의 성격을 효과적으로 드러나게 한다. 박목월의 시 '사투리'에는 고향에 대한 그리움이 잘 표현되어 있는데 '오라베'라는 경상도 방언을 시에 활용해서 고향을 향한 애틋함과 어릴 때의 정서를 효과적으로 전달할 수 있었다. 또한 영화 '친구'의 대사에 나오는 부산 방언 '–이/가 아이가?'는 긍정의 의미를 강화하기 위하여 사용한 부정 의문형의 표현으로 경상도 방언의 이미지인 '억세다, 거칠다, 남자답다, 무뚝뚝하다'를 잘 표현하고 있다.

- 방언의 가치(지역 문화 반영: '돔배기')
  - 유교 문화('제사')

  경상도 지역의 문화를 반영하는 방언으로 상어고기를 말하는 '돔배기'가 있는데 이 지역에서는 제사상에 돔배기를 올린다. 즉 경상도 방언인 돔배기는 이 지역 고유의 제사음식과 더불어서 제사 문화를 담고 있는 문화자산이다.

- 방언의 가치(상품 콘텐츠 활용을 위한 방언: '올래'/'단디')
  - 상업 문화('상품')

  상품의 콘텐츠로 활용되는 방언은 친근함을 지역민에게 주는 동시에 다른 지역민에게는 새로움을 느끼게 한다. 예를 들어 제주 방언을 이용해 관광 상품을 만든 올래 걷기가 있는데 '올래'는 '큰길에서 집까지 이르는 골목'을 의미하는 제주지역 방언이다. 이 올래 걷기를 본떠 '서울 올래, 팔공산 올래'와 같이 다른 지역에서도 걷기 코스가 개발되었다. 경상도 방언을 이용해 금융 상품을 만든 사례인 '비씨단디카드'는 경상도 지역에 특화된 서비스를 제공하는데 '단디'는 '빈틈없이 정확하게'를 뜻하는 경상도 방언이다.

- 안동 방언의 특징(줄임과 늘임. 강함과 부드러움의 미학)
  - 상업 문화('줄임')/감성주의 문화('늘임')/남성적 문화('강함')/여성적 문화('부드러움')

  안동 방언에는 줄임과 늘임의 미학과 강함과 부드러움의 미학이 있다. 의미의 변화 없이 표현적인 측면에서 어휘의 생략 또는 축약을 통해 발음의 노력을 최소화하는 탈락과 축약에 의한 줄임의 미학이 있는가 하면, 청자에게 친근함과 다정함 그리고 다짐을 강조하는 늘임의 미학도 있다. 또 다른 한편으로 안동 방언은 강한 청각 인상을 주는, 악센트와 높은 억양으로 이루어진 고조의 음과 경음 그리고 격음을 통한 강함의 미학과 동시에 음절의 생략에 의한 부드러움의 미학이 있다.

- 동남방언(경상도 방언)의 경음화현상/구개음화 현상
  - 남성적 문화('강함')/집단주의 문화('동화: 유사성')

  동남방언의 특징으로 자음 변화에서 매우 강한 경음화현상과 음운접촉으로 인하여 일어나는 구개음화 현상이 나타난다.: '뽈떼기(볼), 까시(가시), 질다(길다), 짐(김)'.

- 안동 동성마을의 친족호칭어와 청자 존대법(항렬)
  - 집단주의 문화('인척/혈족')/불평등 문화('항렬/서열')

  안동 동성마을의 친족호칭어는 인척의 호칭어에 접두사 '새-'를 붙여 혈족의식을 나타내며 이를 통해서 인척과 혈족을 구별한다. 청자 존대법의 경우에는 삼촌의 경우 나이가 비록 어리더라도 항렬(서열) 의식에 따라서 높임의 청자 존대법을 사용한다.

• 거창 방언(고모음화/'ㄹ'탈락 거부), 안동 방언(독자적인 체계)
  – 불확실성 회피 문화('보수적인 사고')/개인주의 문화('특이성/독자성')

거창 지역 언어의 특성으로서 음운적 어휘의 특성상 가장 중요한 것은 '가옷(가웃), 가모치(가물치), 깨고리(개구리), 꼬도밥(고두밥), 고로(고루), 까토리(까투리), 도모지(도무지), 모도(모두), 오도막(오두막)'과 같은 어휘에서 나타난다. 즉 거창 방언은 표준어 또는 경남의 다른 지역어와는 다르게, '오〉우' 고모음화를 거부하고 그대로 고형을 유지하고 있는 특성이 있다. 이 것은 거창 지역 어휘의 큰 특성 중의 하나로 'ㄹ' 탈락을 거부하는 '쌀전(싸전), 활쌀(화살)', 'ㄴ' 첨가형의 '끈지름(그을음)', 모음이 달라지는 '사터리(사투리), 샛강(새경), 우뜸(으뜸)' 등의 예와 더불어 거창 지역 언어의 음운적 어휘가 지니는 특징에 속한다.

이와 같은 거창 방언에 나타나는 특이성과 독자성은 표준어 그리고 다른 지역의 방언과 구별되는 독자적인 체계를 가지고 있는 안동 방언에서도 엿볼 수 있는데 이것은 안동 사람들의 보수적인 사고가 안동 방언에 반영되었기 때문이다. 이러한 보수주의적 성향이 강한 사회를 Hofstede et al(253)은 불확실성 회피 문화로 분류하고 있다.

• 경상도 방언(성조의 일부를 유지/옛말이 많이 남아있다)
  – 불확실성 회피 문화('보수적인 사고')

경상도 방언(영남방언, 동남방언)은 성조의 일부를 아직도 유지하고 있다는 특성으로 주의를 끌고 있으며 어휘에는 많은 옛말과 독특한 어휘가 있다: '동개다(포개다), 더부(더위), 백지(괜히), 하마(벌써)'.

- 동남방언(중세국어특징과 신라어 모습)
  - 불확실성 회피 문화('보수성')
- 동북방언(옛 어휘/차용어)
  - 불확실성 회피 문화('보수성')/불확실성 수용 문화('차용')

경상남북도에서 쓰이는 동남방언은 고대 신라의 중심 지역이어서 신라어의 모습이 간직되어있으며 또한 중세국어와 유사한 언어적 특징을 지니고 있다. 예를 들어 문법적 특징으로 '-가, -고, -나, -노' 의문문 종결어미를 들 수 있는데 중세국어의 모습을 유지하고 있으며 동남방언의 보수성을 표현하고 있다. 또한 어휘 측면에서도 '가시개(가위), 널쭈다(떨어뜨리다), 야시(여우)'와 같은 다양한 중세시기의 어휘를 유지하고 있다. 동북방언도 마찬가지로 지리적인 고립으로 인하여 비교적 보수적이며 옛 어휘가 많이 남아있다: '나조(저녁), 우뿌다(우습다)'. 이와 같은 보수주의적 성향이 강한 사회를 Hofstede et al(2010/2018: 253)은 불확실성 회피 문화로 분류하고 있는데 동북방언은 다른 한편으로 지리적으로 러시아와 중국과 인접해 있어 이들로부터 빌려 사용하는 어휘가 많다: 러시아어 차용어 '가름다시(연필), 거르망(호주머니)', 중국어 차용어 '빙고(썰매), 재앵교(자전거)'.

• 16세기 안동 방언의 2인칭 대명사('자네')와 청자 존대법('ᄒᆞ소체')
  – 평등 문화('대등')

　안동 방언을 통해 한국어의 변천 과정을 이해할 수 있는데 예를 들어 16세기 안동 방언에서는 남편도 아내에게 높임법을 사용하였으며 아내가 남편에게 2인칭 대명사 '자네'를 호칭어로 사용하였던 반면에. 현재는 안동 방언에서 남편은 아내에게 반말체를 사용하며, 아내는 남편에게 높임의 '하소체' 혹은 '하이소체'를 사용한다. 이를 통해 안동 지역의 부부간의 청자 존대법과 호칭법이 변화하였음을 알 수 있다. 16세기 당시의 이응태 부인의 한글 편지와 학봉(鶴峯) 김성일(金誠一, 1538~1593)의 한글 편지에서 부부간의 언어생활을 엿볼 수 있는데 이응태 부인이 쓴 한글 편지의 국어학적인 의의는 아내가 남편에 대한 호칭어로 '자네'라는 2인칭 대명사를 사용하였다는 사실에 있다. 이 자료의 발견으로 '자네'라는 2인칭 대명사가 남편이 아내에게만 사용하는 것이 아닌 부부 사이에 대등하게 사용하던 2인칭 대명사였음이 입증된 것이다. 한편 당시 부부 사이의 청자 존대법에 대해서는 남편이 아내에게 보내는 학봉 김성일의 한글 편지에서 부부 사이에 서로 'ᄒᆞ소체'(오늘날의 높임의 등급인 하소체와 하게체를 포괄하는 높임의 등급)의 높임법을 사용하였음을 확인할 수 있다.

• 강한 북한어 발음(방송 매체)
  – 남성적 문화('격앙')

　북한의 방송 매체에서의 발음은 사상적 체제 유지를 위한 선전과 선동성의 발음으로 격앙된 음조와 억양을 특색으로 한다.

- 서북방언의 특성(평안도방언: 비구개음화 현상)
  - 개인주의 문화('뚜렷한 지역적 변이')
- 중부방언의 특성(모음 상승 현상)
  - 개인주의 문화('분명한 지역적 변이')
- 서남방언의 특성(전라도방언: 탈락 현상)
  - 상업 문화('경제성')
  (1) "예, 머 영유서 나기는 했디만," (김동인, 〈〈배따라기〉〉)
  (2) 으른(어른): "그 으른이 양자를 나가셨는데"
  (3) "노니 염불헌다고 한번 해 보세." (노느니 염불한다고 한번 해 보세.)

(1) 서북방언(평안도방언)의 비구개음화 현상으로 다른 방언들과 다르게 어떠한 유형의 구개음화도 실현되지 않음으로써 뚜렷한 지역에 따른 변이를 보인다. (2) 중부방언의 모음 상승 현상으로 어두에서 수행된 '어→으' 변화를 보여주는 것으로 다른 방언들에서는 거의 나타나지 않는 분명한 지역적 변이를 보인다. (3) 한국어의 문법 층위에서 나타나는 지역적 변이현상으로 전남 방언과 일부 전북 지역어의 현재시제 형태소 '-느-/-는'의 탈락 현상을 들 수 있다. '-느니'의 어미가 '-니'로 실현된 예를 보여주고 있다.

- 남한 국어순화와 북한 말 다듬기
  (1) 복통 → 배앓이, 메뉴 → 차림표, 결실 → 열매맺이
  (2) 기성복 → 지은 옷, 미니스커트 → 동강치마, 카텐 → 창문보 → 창가림/카텐

(1) 남한 국어순화(권장) - 개인주의 문화('자유')/불확실성 회피 문화('다른 것은 기피')

국어순화는 원래 1945년 광복 후 일제의 침략으로 오염된 말을 깨끗하고 순수하게 회복시키기 위하여 전개된 민족적 운동으로 정부 부처나 분야에서 제기된 대상을 다듬어서 고쳐 쓰기를 권장하는 방법으로 이루어지고 있다.

(2) 북한 말 다듬기(국가적 어학 혁명)
- 집단주의 문화('강요')/불확실성 회피 문화('다른 것은 기피')

말 다듬기는 1964년 이른바 김일성의 1.3교시에 따라 전당적 전 국가적 어학 혁명으로 강요되었다. 한자어와 외래어를 국어로 만들고, 만든 후 고치거나 환원하기도 하면서 지금도 계속 진행되고 있다.

• 남북한의 이질적인 외래어
남한 어휘(다수의 영어 외래어)
- 불확실성 수용 문화/개인주의 문화(자본주의/사유재산)
북한 어휘(다수의 러시아어 외래어)
- 불확실성 수용 문화/집단주의 문화(공산주의 이념)
남한 어휘: 립싱크, 퀵서비스, 비데, 개그맨, 리콜
북한 어휘: 생활총화, 붉은 넥타이, 사상투쟁, 혁명가극, 당세포

자본주의 체제를 받아들인 남한은 영어식 외래어와 서구적 문화를 대량 받아들여 이를 표현하는 어휘가 범람하고 있는 반면에 공산주의 이념에 바탕을 두고 있는 북한은 러시아식 외래어가 많이 통용되고 있으며 자본주의적인 문화를 나타내는 어휘는 거의 찾아볼 수 없는데 이는 폐쇄적 사회체제에 기인

한다. 이러한 이유로 남북한의 언어는 강한 이질성을 드러내고 있다.

- 남북언어의 한글 맞춤법
  (1) 남: 나뭇잎, 깻묵, 되었다, 드디어, 네 그릇, 나의 것
  - 개인주의 문화('어절마다 띄어쓰기')/저맥락 문화('명백한 코드: 음절 끝 폐쇄 표시')

  (2) 북: 나무잎, 깨묵, 되였다, 드디여, 네그릇, 나의것
  - 집단주의 문화('붙이는 띄어쓰기')/고맥락 문화('느린 메시지: 받치지 않는 사잇소리')

맞춤법은 일제하의 조선어학회 '한글 맞춤법 통일안'을 하나의 뿌리로 하여 같은 표기 원칙에 따르며 남북으로 세칙에서 차이가 드러난다. 남북은 특히 사잇소리, 어미와 접사류, 띄어쓰기 그리고 문장부호 등에서 현격한 차이를 보이는데 이를테면 북측은 사이 ㅅ으로 표기되는 사잇소리는 받치지 않는 사잇소리의 표기 원칙과 어절마다 사이를 띄어서 쓰는 띄어쓰기는 하지 않고 붙이는 띄어쓰기 원칙에서 남측과 서로 반대되며 어미류의 표기에서도 큰 차이가 있다.

- 남북한의 고유어 관리
  남한 – 불확실성 수용 문화('변화')
  북한 – 불확실성 회피 문화('지키기')
  어휘적 측면에서 남북 간의 언어적 이질성이 가장 강하게 나타나는데 고유어에 대한 관리 차원에서 보면 '일부러(우정), 체하다(언치다), 쉽다(헐하다)'

에서 알 수 있듯이 남한은 변화를 인정하고 북한은 지키기 위주이다.

• 북한의 완벽한 "ㅔ"와 "ㅐ"의 구분(언어 규범과 인위적 발음 교육)
  – 저맥락 문화('명백한 코드')/자제 문화('언어 규범')
  남한과 북한의 발음은 방언적 차이와 언어 규범 그리고 북한의 인위적인 발음 교육으로 인해 차이를 보인다. 'ㅔ'와 'ㅐ'의 발음을 남한의 화자들은 잘 구별하지 못하는 경향이 있으나 북한 이탈주민은 완벽히 구분한다.

• 북한의 언어관습/예절 방식(직접성/비의례성/솔직성)
  – 실용주의 문화('비의례성')/저맥락 문화('직접성/솔직성')
  언어관습 및 예절의 측면에서 남북한의 언어 차이는 존재하는데 남한에서 의례적으로 하는 인사말('밥 한번 먹자')을 북한사람들은 그대로 받아들여 연락을 기다리는 관습 차이를 보인다. 특정 상황에서 요청에 대해 거절을 표현할 때 상대에 대한 배려가 없이 자신들의 생각을 직접적이고 솔직하게 보이는 경향을 지니고 있다. 또한 '죄송하다'나 '미안하다'라는 사과 표현의 말을 쉽게 하지 못하고 당황하는 경향이 있으며 감사에 대한 부족한 표현력으로 감사 표현을 역시 잘 안 한다. 칭찬 표현의 경우도 칭찬하고 칭찬받는 것을 어색해 하며 칭찬을 들은 때에는 난처함을 느끼며 부담스러워 한다. 이러한 이야기를 돌려서 하지 않고 핵심을 찌르는 구체적이고 솔직하게 그리고 직접 표현하는 경향의 사회를 Hall(1976/2017: 162)은 저맥락 문화로 분류하고 있다.

- 북한어의 피동표현('합격되다, 요구되다, 배워주다')
  - 여성적 문화('피동적')

남북한의 이질화된 언어양상을 문장 표현의 측면에서 살펴보면 북한에서는 주로 피동표현을 많이 사용한다. 즉 '가르쳐주다(배워주다)'의 경우처럼 "선생님께서 배워주신 대로 했습니다."라고 말한다.

- 수도권 도시 방언의 변이현상 – 개인주의 문화/집단주의 문화
  - (1) 산그늘, 돌솥, 먼지바람, 관건
  - (2) 선례, 한류, 청산리
  - (3) 산열매, 야금야금, 새벽이슬

- (1) 고유어와 한자어의 어중경음화 변이현상(언어 행동의 차이)
  - 개인주의 문화('각자 서로 다른 내적 규범')

각자 선행음이 비음인 고유어 어중경음화, 선행음이 유음인 고유어 어중경음화, 선행음이 모음인 고유어 어중경음화, 선행음이 비음인 한자어 어중경음화 현상에 대한 예로 후행 자음이 경음 또는 평음으로 변이형이 나타난다. 서울, 인천, 경기지역 사람들의 어중경음화 실현 유형을 살펴보면 서울지역 제보자들과 서울을 제외한 수도권 지역제보자들의 어중경음화 변이형 실현에 차이가 드러나며 이어서 인천 지역제보자들과 경기 지역제보자들의 변이형 실현에서 차이가 있다. 이와 같은 지역별 수도권 지역 사람들의 언어 행동과 이에 따른 사회적 행동에서의 차이점을 고려할 때 수도권 지역의 사람들은 자신들의 언어사회에 따라서 어휘 개별적으로 복합어 환경에서 어중경음화의 변이형을 실현하는데 각자 서로 다른 내적 규범(norm)을 가지고 있다고 말할 수 있다.

(2) 한자어 내부 /ㄴㄹ/ 연쇄의 변이현상(집단적 비음화의 경향)

– 집단주의 문화('집단동조성')

한자어의 단어 내부에서 선행 음절 말음이 /ㄴ/, 후행 음절 두음이 /ㄹ/인 경우에 후행음 유음이 선행음인 비음 때문에 비음으로 변하는 비음화 유형과 선행음 비음이 후행음인 유음 때문에 유음으로 변하는 유음화 유형, 그리고 단어 가운데 음절 경계를 통해서 ㄴ과 ㄹ을 정확히 구분해서 발음하는 기타 유형이 있다. 한자어 내부 /ㄴㄹ/ 연쇄에서의 유음화와 비음화 현상의 경우 수도권 지역 전체 응답자의 성향으로 비음화의 경향이 강하다. 즉, 표준발음이 유음인 '청산리'의 발음은 수도권 지역에서 비음화된 다수형을 실현하고 있는데 이것은 현상의 규칙적인 적용에서 벗어난 예외적인 현상으로 해당 변이형에 대한 언어사회 내부의 집단동조성을 보여주고 있다(집단주의 문화/특수주의 문화).

(3) 복합어 내부 ㄴ 삽입 현상(약화와 유지의 공존)

– 개인주의 문화('개별적: 약화와 유지')

복합어 내부 ㄴ 첨가 또는 ㄴ 삽입 현상은 합성어나 파생어 내부 또는 구 등에서 선행요소가 자음으로 끝나고 후행 요소가 'ㅣ'나 이중모음 'ㅑ, ㅕ, ㅛ, ㅠ, ㅖ'로 시작될 때 그 사이에 'ㄴ'이 끼어드는 현상을 말한다. 서울 출신 제보자들에게서 나타나는 ㄴ 삽입 현상은 단모음이 후행하는 고유어와 3음절 이상의 어휘 항목에서부터 서서히 약화하고 있는데 이러한 ㄴ 삽입 현상의 약화는 점진적으로 진행되고 있으며 또한 어휘 개별적이다. 이에 비해 서울을 제외한 수도권 지역제보자들은 서울지역 제보자들보다 한층 더 높은 ㄴ 삽입 경향을 보인다. 즉, 수도권 지역에서는 지역별로 ㄴ 삽입 현상이 약화하는 경향과 동시에 유지하려는 경향이 함께 공존하고 있다.

- 중부방언(특히 충청도 방언)의 격음 회피/마찰음화 현상
  - 여성적 문화('부드러움')

'마찰음화'라 불리는 격음 회피의 현상은 중부방언, 특히 충청도 방언에서 체언의 말음이 거센소리 'ㅊ, ㅌ, ㅍ'이면 이를 회피하여 예사소리 'ㅂ, ㅅ'으로 변하는 자음 변화 현상으로 나타난다: '꼬시(꽃이), 무르블(무릎을)'.

- 전라방언/경상방언/중부방언(청년층)의 활발한 어두경음화 현상
  - 남성적 문화('강자/큰 것 선호')/감성주의 문화('감성 표현')

세대에 따른 음운 현상의 적용 정도를 보면 젊은 세대일수록 어두경음화가 더 많이 실현되는 경향이 있는데 이 현상은 전라 방언과 경상 방언에서 시작하여 중부방언까지 확산하고 있다.

- 제주 방언의 보수성(원시 상태의 한국어 보존, 중세국어: 단모음 아래아 'ㆍ')과 몽고어/일본어의 영향
  - 불확실성 회피 문화('보수주의')/불확실성 수용 문화('자유주의')

제주도 방언은 섬으로서 가지는 가장 독특한 지역 방언으로 원시 상태의 한국어를 그대로 보존하고 있다. 중세국어의 모습이 남아있는 제주 방언의 음운체계에서 가장 특징적인 점은 제주 방언의 보수성을 잘 대변해 주는 단모음 'ㆍ'의 존재이다. 'ㆍ'는 'ㅏ'나 'ㅗ'보다 뒤에서 그리고 'ㅏ'보다는 높고 'ㅗ'보다는 낮은 위치에서 발음된다. 제주 방언은 또한 일본어와 몽고어의 영향을 많이 받았으며 고어를 가장 많이 간직하고 있다.

• 제주 방언의 어휘적 특징('가라말, 녹데, 금승')

  - 유목 문화('다양한 말 관련어')

  어휘적 특징으로 다른 방언과 많은 차이를 들 수 있는데 특히 가라말(검은
색 말), 녹데(굴레), 금승(한 살의 나이)과 같은 말과 관련한 방언이 많다.

• 한자문화권(한국어)

  - 고맥락 문화('한자')

  한국인, 중국인, 일본인, 중국어를 사용하는 일부 베트남인은 한자라는 공
통의 문어에 의해 결합이 되어 있는 고맥락 문화권에 속한다.

• 한국의 지정학적 위치(반개방성 문화)

  - 불확실성 회피 문화('폐쇄')/불확실성 수용 문화('개방')

  한국은 지정학적으로 대륙문화의 중국과 해양 문화의 일본 사이에 자리를
차지하고 있는 반도 국가로서 고유한 '반개방성' 문화를 이루고 있다.

• 지역의 문화적 특성(특산물과 특정 산업시설)

  - 개인주의 문화('개인적 정체성')

  '춘천(닭갈비), 금산(인삼), 광주(무등산 수박), 영덕(대게)'

  '창원의 기계 산업, 여수의 석유화학산업, 구미의 섬유, 전자산업, 포항의
  철강 산업'

  지역의 문화적 특성은 지역 문화가 지역의 특정산업과 특산물을 중심으로
특정한 삶의 양식이 형성되기에 지역의 차별화된 특정 산업시설과 특산물에
관련이 되어 있다.

- 지역 문화 축제(행정구역과 지역 문화)
  - 개인주의 문화('개인적 정체성')/자적 문화('축제')/농경문화('결실기')

'화천 산천어축제, 이천/여주 도자기 축제, 진해 군항제, 음성 청결고추축제, 증평 인삼골축제'

기초자치단체에서 주관하는 지역 문화 축제는 주로 지역의 자연 특성과 특산물에 관련이 되어 있다. 결실을 이루는 10월에 가장 많은 지역 문화 축제가 열리는데 이것은 한국 사회가 농경사회에 뿌리를 둔 사회라는 것을 반영하는 것이다.

- 지명어의 작명: 무수동, 효자동, 신당동, 서초구('같은 값이면 다홍치마')
  - 형식주의 문화('외형')

도봉산 산자락에 무수골이라 부르는 마을은 조선 시대 무수리(궁중에서 허드렛일을 하던 계집종)들이 모여 살던 곳인데 문헌에는 무수동(無愁洞)이라 적어 '근심, 걱정이 없는 마을'이 되었다. 종로구의 효자동은 원래 '화자골'이라 불렸는데 화자는 고자와 같은 말로 이곳에 조선 초기부터 내관들이 살았던 데서 비롯되었다. 화자를 효자(孝子)로 바꾼 것이다. 중구 신당동은 무당들이 귀신을 모시던 신당이 있었기에 무당골이라 불렸는데 이 신당을 신당동(新堂洞)이라 고쳐 적은 것이다. 동대문구 회기동은 조선조 국모인 윤 씨의 무덤인 회묘(懷墓)가 능으로 승격되었다가 묘로 되돌아왔다 하여 회묘리라 하였는데 묘를 기로 바꾸어 회기동(回基洞)이 된 것이다. 서초구의 서초는 원래 '서리풀'에서 온 것으로 상초리(霜草里)라고 적었는데 '상서로울 서(瑞)'로 대체하여 '서리 맞아 시든 풀'이 '상서로운 풀'이 되었다. 이와 같은 유래가 깊은 역사적 사건의 산물인 지명어에는 원래의 의미가 퇴색되고 '같은 값이면 다홍치마'라고 좋은 이름으로 바꾸려 한 욕망의 흔적이 남아있다.

• 유달산 – 유교 문화('유교에 의해 도에 통달')

  목포를 상징하는 유달산은 종교적 이유에서 북쪽에 있는 승달산(僧達山)에 대비되어 불교의 가르침이 아닌 유교에 의해 도에 통달한다는 의미로 유달산(儒達山)이라는 이름을 얻게 된 것이다.

• 경주 교동의 최부잣집(문화 유전자: 정)
  – 집단주의 문화('정: 집단 내 사람들의 관계')/감성주의 문화('은근/끈끈하다')
    농경문화('나눔의 정신')

  "사방 백 리 안에 굶는 사람이 없게 하라"라는 가르침을 가훈으로 삼으며 '노블레스 오블리주'라는 지도층의 높은 사회적 신분에 맞는 도덕적 의무를 실천한 집안이 바로 경주 교동의 300여 년간, 12대를 이어 부를 누린 최부잣집이다. 아름다운 농경사회의 '나눔의 정신'과 끈끈하고 은근한 한민족의 문화 유전자 '정'을 느낄 수 있게 한다.

• 충주 탄금대('흥': 서러움. 열두 줄 가야금의 흥으로 삭이다)
  – 자적 문화('흥')/감성주의 문화('한')

  가야금 열두 줄로 가야의 우륵이 망국의 한과 서러움을 한민족의 문화 유전자 '흥'으로 삭이며 손으로 뜯어 연주하던 곳이 바로 충주의 탄금대이다. 가요 「직녀성」의 가사처럼 북받치는 서러움의 흥을 더 높게 돋우어 주는 가야금 열두 줄로 한민족의 한이 '흥'으로 승화되어 뭇사람의 심금을 울리던 곳이다.

• 강진 다산초당(문화 유전자: '어울림') – 여성적 문화('조화')

  "북쪽 바람 눈 휘몰듯이 나를 몰아붙여 머나먼 남쪽 강진의 밥 파는 집에 던졌구려!" 「객중서회(客中書懷)」

다산 정약용이 전라남도의 호젓하고 후미진 강진에서 유배 생활을 한 산속의 초당이 바로 다산초당이다. 이곳에서 학동을 가르치며 지역민들과 어울렸던 다산은 또한 산 넘어 백련사의 승려들과도 어울려 학자 집단인 소위 '다산학단'을 이루었다. 슬픈 현실의 설움을 극복하며 '어울림'의 공동체를 실현한 다산과 그의 유배지에는 풍부한 한민족의 문화 유전자 '어울림'의 정서가 아늑히 어리어 있다.

4.2 영어(지역: 표준어, 방언)와 문화[4]

- 영어 어휘의 기원: 토착어 게르만어 + 프랑스어, 라틴어, 그리스어, 기타 언어
  - 여성적 문화('노르만 정복에 의한 프랑스어')/불확실성 수용 문화('르네상스, 유럽인과 아시아인의 이민')

영어 어휘에는 역사의 흔적이 많이 남아있는데 1066년에는 노르만 정복의 영향으로 상류층 어휘를 중심으로 프랑스어가, 그리고 16~17세기에는 르네상스의 영향으로 고전어인 라틴어와 그리스어가 영어에 대규모로 들어와 앵글로색슨족(Anglo-Saxon)의 토착어 게르만어를 대체하였다. 근대에 이르러 19세기 후반부터 20세기까지의 이민의 역사는 세계 각국의 언어들의 어휘가 영어로 들어오는 계기가 되었는데 특히 대규모로 유럽인들과 아시아인들이 미국으로 이주해와 영어권에 흡수되게 되었다. 약 60만 개의 표제어를 수록하고 있는 영어의 권위 있는 사전인 『옥스퍼드 영어사전(Oxford English

---

4 다음에 나오는 영어 어휘의 기원, 미국영어, 영국영어, 캐나다 영어, 호주 영어, 라틴 영어에 대하여 이성하 외(2016: 세계 언어 백과) 참조.

Dictionary)』이 이러한 사실들을 말해주고 있는데 이들 어휘의 비율을 살펴보면 각자 29%의 프랑스어 어휘와 라틴어 어휘, 26%의 토착어 게르만어 어휘, 6%의 그리스어 어휘, 6%의 기타 언어 그리고 4%의 고유명사 어휘로 이루어져 있다. 이 중에는 한국어 단어들도 등재되어 있는데 예를 들어『옥스퍼드영어사전』과『미리엄 웹스터(Merriam-Webster) 사전』에는 chaebol '재벌', Hangul '한글', Korea '코리아, 고려', Won '원(화폐단위)', Hapkido '합기도', kisaeng '기생', Taekwondo '태권도', bibimbap '비빔밥', bulgogi '불고기', kimchi '김치' 등이 수록되어 있다. 이와 같은 영어 어휘에 나타나는 자유주의적 경향의 사회를 Hofstede et al(253)은 불확실성 수용 문화로 분류하고 있다.

• 미국영어와 영국영어(어휘/철자의 차이)
  불확실성 수용 문화('자유주의') – 불확실성 회피 문화('보수주의')

이미 널리 알려진 미국영어와 영국영어의 차이점은 문법상의 차이에서도 나타나지만 가장 두드러진 것은 어휘에서의 차이이다. 대표적인 차이를 나타내는 어휘는 다음과 같다.

단어	미국	영국
엘리베이터	elevator	lift
아파트	apartment	flat
바지	pants	trousers

상기한 어휘의 차이 이외에도 철자가 다른 경우들도 있어서, 같은 작품 경우에도 미국판과 영국판으로 다르게 출판해야 할 정도이다. 일반적으로 영국영어에서는 더 보수적인 철자를 사용하는데 다음의 예는 이를 잘 반영하고 있다.

미국	영국
color	colour
honor	honour
theater	theatre
center	centre
connection	connexion
reflection	reflexion

보수주의적 성향이 강한 사회와 자유주의적 경향의 사회를 Hofstede et al(2010/2018: 253)은 각자 불확실성 회피 문화와 불확실성 수용 문화로 분류하고 있다.

• 캐나다 영어 발음
 – 불확실성 수용 문화(대부분의 발음)/불확실성 회피 문화(일부 발음)

지역 방언은 어휘와 철자 이외에도 발음과 억양의 측면에서 상당한 차이를 보이는데 캐나다의 경우에는 미국과 캐나다의 영어를 하나로 묶어 북미 영어라고 칭하기도 하는 만큼 미국영어와 많은 공통점을 지닌다. 단지 일부 발음의 경우에 예를 들어 anti-를 미국식으로 [antai]로 하는 대신 [anti]로 발음하고, news를 미국식으로 [nuːz]라 발음하지 않고 [njuːz]라 하는 등 약간의 차이를 보인다.

• 호주 영어 어휘
 – 불확실성 수용 문화('자유주의')

호주는 원래 영국 죄수들의 유형지로 영국인들이 이주한 곳이어서 호주에서는 영국영어를 사용하였지만, 지리적인 고립을 통해 호주만의 고유한 방언이 형성되었다. 따라서 별도의 방언으로서의 위상을 갖기에 충분할 정도로 실제 호주가 보유한 고유의 어휘가 1만 개에 이르고 있다. 이 가운데 예를 들면, 드레스를 'frock'이라 하며, 보도를 'footpath'라 하고, hello에 해당하는 인사말 'goodday'가 있다.

- 라틴 영어(Latino English: 대체 발음, 이중부정)
  - 자적 문화('느슨한 사회')/고맥락 문화('느린 메시지')

라틴 영어는 흑인영어와 유사성이 많아서 자음이 중첩될 경우, 자음 하나만 발음하는 경향이 많으며, 모음의 장단음을 구별하지 않는다. 또한 영어의 모음을 다섯 개로 간소화해서 발음하는데 스페인어에 모음이 a, e, i, o, u 등 5개밖에 없기 때문이다. 예를 들면 많은 경우에 ə, æ, ɔ와 같은 발음은 다른 모음의 발음으로 대체되며 자음 경우에도 스페인어에 없는 z, θ, ð 역시 다른 발음으로 대체하여 발음한다. 부정문 경우에도 스페인어가 이중부정을 사용하는 관계로 이중부정을 사용하기도 한다. 이러한 언어에서의 문법에 해당하는 사회규범과 국가의 질서유지를 우선 가치로 여기지 않는 사회를 Hofstede et al(2010/2018: 332)은 자적 문화로 분류하고 있다.

- 영국 레딩 방언의 아홉 가지 비표준적인 특징들(노동계급의 정체성)
  - 불평등 문화('계층주의')/자적 문화('느슨한 사회')/고맥락 문화('느린 메시지')

Jenny Cheshire(1982: 153-156)는 영국 레딩의 노동계급 마을에서 청소년들의 언어 사용과 계급의 정체성 간의 관계를 연구하기 위해 청소년들의 언어를 다음과 같은 레딩 방언의 아홉 가지 비표준형의 사용 빈도에 맞춰 살펴

보았다. 그 결과 비표준형 *-s*, 비표준형 *has*, 비표준형 *was* 그리고 다중부정형
은 일상어 문화의 정체성과 일관적인 관련이 있고, 비표준형 *never*와 비표준
형 *what*은 덜 일관적이지만 일상어 문화의 지표로서 기능을 하는 것, 그리고
비표준형 *do*, 비표준형 *come*, 비표준형 *ain't*는 계급적 정체성과는 관련성이
없는, 단지 노동계급의 레딩 방언에 대한 일반적인 지표(indicator)의 기능을
한다는 사실을 밝혔다. 이러한 언어에서의 문법에 해당하는 사회규범과 국가
의 질서유지를 우선 가치로 여기지 않는 사회를 Hofstede et al(332)은 자적
문화로 분류하고 있다:

(1) 비표준형 *-s* (3인칭 단수가 아닌 주어에 /-s/ 사용)

　　"We *goes* shopping on Saturdays."

(2) 비표준형 *has* (3인칭 단수가 아닌 주어에 *has* 사용)

　　"We *has* a little fire, keep us warm."

(3) 비표준형 *was* (복수 주어와 단수 *you*에 *was* 사용)

　　"You *was* outside."

(4) 다중부정형

　　"I'm *not* going *nowhere*."

(5) 비표준형 *never* (*didn't* 대신에 사용한 부정어 과거형 *never*)

　　"I *never* done it, it was him."

(6) 비표준형 *what* (표준어의 *who, whom, which, that* 대신에 사용한 *what*)

　　"There's a knob *what* you turn."

　　"Are you the boy *what's* just come?"

(7) 비표준형 *do* (3인칭 단수 주어에 사용한 조동사 *do*)

　"How much *do* he want for it?"

(8) 비표준형 *come* (과거형으로 사용한 *come*)

　"I *come* down here yesterday."

(9) 비표준형 *ain't* (be와 have 대신에 부정어 현재형으로 사용한 *ain't*)

　"I *ain't* going."

　"I *ain't* got any."

- 아프리카계 미국인의 일상 영어(AAVE)(음운적, 형태적 특징, 문법
  적인 상 체계, 다중부정)

　아프리카 미국인들은 AAVE(African American Vernacular English)라는 흑
인들의 일상 영어(Black English Vernacular)를 사용하고 있는데 다음과 같은
구조적 특징을 지니고 있다. 우선 흑인들 방언의 경우에 발음상 생략 현상이
나타나는데 모음 뒤의 r을 발음하지 않아 결국 father와 farther의 발음이, 그
리고 guard와 god의 발음이 같으며 자음이 여러 개 겹칠 때도 다음과 같은 발
음의 예에서 보듯이 하나만 발음하고 다른 것들은 생략한다.:

(1) 어말자음군 단순화(Reduction of Word Final Consonant Clusters)

　- 상업 문화('탈락')

　어말의 자음을 발화의 끝에서 그리고 다음 단어가 자음일 경우는 물론이
고 모음일 경우에도 앞 자음의 마지막 자음을 탈락시켜 자음군을 단순화시킨
다.: "She came in las."

단어	표준영어	흑인영어
help	[help]	[hep]
mend	[mend]	[men]
paste	[peist]	[peis]
Keats	[kiːts]	[kiːt]

(2) 모음 뒤에 오는 /r/의 탈락: "Ca'ol(Carol), inte'ested(interested)"
　　– 상업 문화('경제성: 탈락')

(3) 계사의 생략: "She smart.", "She the first one started us off."
　　– 상업 문화('탈락')
"He happy."(그는 지금 행복하다.) "He late."(그는 이번에 늦는다.)

　문법적인 측면에서의 생략 현상은 be 동사의 생략을 들 수 있는데 특정한 규칙에 따라 이루어지며 생략이 항상 가능하지는 않다. 계사의 축약이 가능한 경우에 그리고 명사구, 서술 형용사, 위치, 부정, 동사의 진행형, 미래시제 – 'gonna, gen'– 앞에서 계사의 생략이 가능하다.

(4) 과잉 수정(hypercorrection) (언어규칙의 지나친 일반화)
　　– 남성적 문화('과잉')
　　"lookted", "loveded" (-ed로 쓰는 과거형 어미 /-d/에 유추하여 일어나는 과잉 일반화)

(5) 상 체계(aspectual system)

  - 자적 문화('느슨한 사회')/고맥락 문화('느린 메시지')

  ① 불변의 *be* (습관적이거나 지속적인 상)

    사건이 한 번 일어나는 일회성 상황이 아닌 항상 적용되는 상황의 경우에는, 굴절하지 않은 원형의 be 동사를 사용한다.

    "He be happy."(그는 항상 행복한 사람이다.)

    "He be late."(그는 항상 지각하는 사람이다.)

    "It is not just convenient…y'know…cause the office *be* closed on weekends."

  ② 완료의 *done* (완결된 동작): "The teacher *done* lost her keys."

  ③ 미래완료의 *be done* (*be done* + 과거형 동사)

    "We *be done* washed all the cars by the time Jojo gets back with the cigarettes."

  ④ 강세가 있는 *been* (과거에 시작된 사건으로 종결된 또는 현재에도 지속 중인 사건)

    "We *been* lived here.", "I *been* had that job."

  ⑤ 의미 강화의 지속사 *steady*: "He all the time be *steady* complainin bout somethin."

(6) 이중/다중부정(강조와 스타일 효과를 위한 부정어 증식)

  - 남성적 문화('강조')

  흑인 방언의 중요한 특징 중 하나로 "I have no money."라고 하는 표준영어에서의 부정의 문장을 사용하는 대신 "I ain't got no money."라 하여 부정어를 두 번 사용하여 부정을 표시하는 소위 이중부정문이 있는데 이 경우는 완곡하거나 강한 긍정을 의미하는 것이 아니다: "They *didn't never* do *nothing* to *nobody*"(다중부정).

(7) 부정어를 사용한 표준어 어순의 도치(조동사+명사+동사)
　　– 남성적 문화('강조')
"*Didn't* nobody see it, *didn't* nobody hear it!"

• 카리브계통의 런던사람들의 세 개의 언어
　– 불확실성 수용 문화('자유주의')
　런던에 사는 카리브계통의 사람들은 보통은 세 개의 언어를 사용한다. 사람들 대부분은 아프리카계 카리브인의 런던 영어(Afro-Caribbean London English)를 사용한다. 두 번째로 많은 사람, 특히 젊은이들이 부모 세대의 자메이칸 크레올(Jamaican Creole)에 영향을 받은 영어, 런던 자메이칸(London Jamaican)을 사용한다. 그리고 자메이카에서 태어난 노년층은 모국의 언어인 자메이카 영어(Jamaican English) 또는 크레올(Creole)을 사용한다.

• 영국의 아프리카계 카리브인의 런던 영어의 특징들
　아프리카계 카리브인의 런던 영어의 특징은 다음과 같다.
　(1) 치간 마찰음 /θ/를 순치음 /f/로 바꾼 발음
　　– 농경문화('순치음')/자적 문화('느슨한 사회')/고맥락 문화('느린 메시지')
"thing-〉/fiŋ/, through-〉/fru/"

스위스 취리히대학의 언어학자 발타자르 비켈 교수는 신석기 시대 때 이뤄진 인류의 식습관 변화로 /f/나 /v/와 같은 순치음(脣齒音) 발음이 가능해졌다면서 농경문화가 정착해 부드러운 음식을 먹기 시작하면서 턱 구조가 바뀌어 아랫입술이 윗니에 닿을 때 나는 소리를 낼 수 있게 됐다는 연구 결과를 밝혔다. 즉, 농경문화가 도입돼 식량을 저장하고 음식을 조리할 수 있게 되면서 상황이 바뀌었다. 귀리 등 곡식을 빻아 죽을 끓이고 스튜를 만드는 등 조리하여 부드러운 음식을 먹게 되면서 치아 마모도 줄어들어 어린 시절의 아래턱 앞니보다 위턱 앞니가 더 튀어나온 피개교합형 턱 구조를 유지할 수 있게 됐으며, 현대인처럼 순치음을 발음할 수 있게 됐다는 것이다(연합뉴스 2019/03/15). 이러한 언어에서의 문법에 해당하는 사회규범과 국가의 질서 유지를 우선 가치로 여기지 않는 사회를 Hofstede et al(332)은 자적 문화로 분류하고 있다.

(2) 독특한 어휘
  - 개인주의 문화('특이성/독자성')
  "hug up(안다), picky-picky(둥글둥글한 머리 모양), duppy(유령), facety(건방진)"

(3) 조사(particle) se 또는 sei
  - 자적 문화('느슨한 사회')/고맥락 문화('느린 메시지')
  (앎, 믿음, 인식의 정신 상태를 나타내는 동사 뒤에서 쓰이는 조사로 표준영어의 'that'과 같은 기능을 한다.)
  "If we lose, we lose, we know *se* we tried."

이러한 언어에서의 문법에 해당하는 사회규범과 국가의 질서유지를 우선 가치로 여기지 않는 사회를 Hofstede et al(332)은 자적 문화로 분류하고 있다.

5. 공손 현상(공손 어법)과 문화

공손 현상을 매개로 한 한국어와 영어가 반영하고 있는 문화 차원은 평등 문화/불평등 문화, 형식주의 문화/실용주의 문화와 유교 문화/기독교 문화와 관련하여서는 큰 차이를 보이지 않는다. 큰 차이를 보이는 경우는 개인주의 문화/집단주의 문화와 고맥락 문화/저맥락 문화와 관련된 문화 차원에서다. Hofstede et al(2010/2018: 122, 129)과 Hall(1976/2017: 133, 157)에 따르면 한국 사회는 각각 개인주의 지수가 낮고 맥락도가 높은 집단에 속하고 영/미 사회는 개인주의 지수가 높고 맥락도가 낮은 집단에 속한다. 이와 유사하게 한국어는 많은 경우에 집단주의 문화와 고맥락 문화를, 영어는 개인주의 문화와 저맥락 문화를 나타내는 특성을 보인다.

한국어에 나타나는 집단주의 문화는 '친족어와 높임법이 복잡하게 발달한 한국어(서열문화, 동방예의지국), 서로 다른 친척 관계 부름말(친족/며느리: 혈연중시 문화), 한국어의 인사말(지인 중시 문화), 한국인의 정체성(예의와 집단의식을 중시), 중요한 서술어와 피수식어의 후치, 아시아 문화권(긍정적 체면 의식), 아시아 문화권의 긍정적 공손, 압존법, 경어법의 결정요인(유대), 사회 규범적 공손 표현의 한국어, 단수 일인칭 대명사 '나' 생략의 언어(한국어), 한국어의 언어관습과 사유체계(상대 중심의 객체적 사유), 한국어의 긍정과 부정(상대 중심의 객체적 사유), 한국어의 논리/글 구조(우회적이고 모호하고 복잡하다' 등을 통해, 그리고 고맥락 문화는 '진실성보다 공손함이 우선시되는 한국어 공손 표현, 한국어의 동사(주체높임법의 선어말종결어미 -시-) 위치(문장 끝), 우회적이고 간접적인 언어표현(비논리성/불투명성/불명확성), 중요한 서술어와 피수식어의 후치, 겸양 표현/공손 표현("차린 건 없지만 많이 드세요."), restricted code(한정된 코드)에 의한 언어 행위(한국어/일본어/중국어), '백화점 높임말', 상황과 상대를 중요시하는 한국어의 언어 현상, 한국어의 긍정과 부정(상대 중심의 객체적 사유), 한국어의 논리/글 구조'를 통해 표현되고 있다.

위에 기술한 '사회 규범적 공손 표현의 한국어'를 통해 나타나는 한국의 집단주의 문화라는 말은 한국어의 공손 표현은 이미 적합한 경어법의 사용이 사회에 일차적으로 전제되어있는 구분적 언어 사용이 우선이고 여기에 상대방에 대한 발화수반력을 전략적으로 완화하는 화자 개인의 의도적인 언어 사용으로 보충된다는 것을 의미한다. 즉 한국어의 경어법은 이미 발화의 주체, 객체, 청자에 대한 경어법으로 정교하게 분리되어 발달하여 있으며 또한 상대적 높임과 낮춤의 다양한 어휘적 표현에 바탕을 두고 있다.

영어에 나타나는 개인주의 문화는 '주로 단어/구문을 통한 영어 공손 어법, 단수 일인칭 대명사 'I'의 필수적 이용/ 대문자 'I', 서구문화권(미국과 영국)의 특수성(부정적 체면 의식의 중요성), 서구문화권(미국과 영국)의 특수성(부정적 공손의 중요성), 영어 공손 어법(부정적 체면 의식/공손 강화) 사례, 전략적 공손 표현의 영어, 조동사와 조동사의 과거형을 통한 간접적 표현(구문), 영어권의 공간 관리(상대방과의 거리를 더 많이 두려고 한다), 영어의 긍정과 부정, 영어의 논리/글 구조. 영어의 격식체(소극적 공손 표현전략)'를 통해 반영되고 있다. 위에 언급한 '주로 단어/구문을 통한 영어 공손 어법'

을 좀 더 설명하면 영어에서의 공손 어법은 한국어와 달리 존대의 범주가 비교적 세분되어 있지 않고, 문법 체계상의 경어법 부분이 발달하지 않은 언어이다. 주로 독립적인 언어요소인 단어/구문으로 이루어진 호칭이나 요청의 표현, 상대를 공경하는 경어적 부사 표현 등에서 나타난다. 나아가서 위에 기술한 '전략적 공손 표현의 영어'를 통해 나타나는 개인주의 문화라는 말을 좀 더 설명하면 영어의 공손 표현은 한국어의 경어법과 다르게 우선 화자의 능동적인 의도에 따른 전략적 사용 측면이 강하며, 적절한 문체의 선택이란 구분적 언어 사용으로 보충된다. 영어에서 상대방의 체면 의식을 배려하는 전략은 적극적 공손 표현전략과 소극적 공손 표현전략 그리고 암시적인 전략이 있으며, 이 가운데 영어 공손 표현의 중요한 특징은 소극적 공손 표현전략을 위한 언어 구조적인 장치이다. 한편 큰 차이는 아니지만, 예상대로 한국어에는 불평등 문화, 형식주의 문화 그리고 유교 문화와 상관관계를 보인다. 공손 현상을 매개로 한 한국어와 영어에 담겨 있는 문화를 구체적인 예시와 함께 살펴보면 다음과 같다.

5.1 한국어(공손 어법)와 문화

- 친족어와 높임법이 복잡하게 발달한 한국어(서열문화, 동방예의지국)
  - 유교 문화('대가족제도')/집단주의 문화('인간관계')/불평등 문화('서열 의식')
  '학교에 가니?', '학교에 가?', '학교에 가나?' '학교에 갑니까?', '학교에 가오?'

영어의 'aunt'에 해당하는 한국어 '이모', '고모', '숙모', '백모' 등의 다양한 표현과 같이 한국어에 가족 구성원 간의 관계를 나타내는 용어가 발달한 것은 한국의 가족 중심의 유교 문화 전통에 기인한다. 또 다른 한국어의 특성인 높임법의 발달도 역시 한국의 문화가 효 사상에 기초하고 있음을 말해준다. 예로부터 동방예의지국이라 불릴 만큼 한국어에는 높임법 체계가 복잡하게 발달해 있는데 나와 상대방 사이에 설정된 관계에 따라 주체높임법, 상대높임법, 자신을 낮추는 공손 어법, 간접 높임법 등의 여러 형식이 한국어에는 깊이 자리 잡고 있다. 더 나아가 사회적 지위, 친한 정도 그리고 연령에 따라 존대법이 세분되어 사용되는 것은 한국인들이 인간관계를 중요하게 여기는 서열 의식이나 상하 의식 속에서 생활한다는 것을 보여준다. 유교 사상의 윤리인 장유유서에서 일찍이 나이로 서열을 정하였다. 서열문화에서의 서열 기준은 나이 이외에도 다양하여 친척 간에는 항렬이, 학교에서는 입학 연도가, 군대에서는 계급이 그리고 직장에서는 직함이 서열의 기준이 된다. 이러한 인간관계를 (일보다) 중시하는 사회를 Hofstede et al(2010/2018: 152)은 집단주의 문화로 분류하고 있다.

- 겸양 표현/공손 표현("차린 건 없지만 많이 드세요.")
  - 고맥락 문화('모호성')/형식주의 문화('체면/외형')

상대방에게 자신을 낮추는 겸양 표현/공손 표현에는 나/씨/원고라는 말 대신 저/가/졸고라는 어휘에 의한 높임법 이외에도 '차린 건 없지만 많이 드세요' 또는 '별것 아니지만 받으세요'와 같은 자신이 준비한 것을 낮추어 겸손하게 표현하는 방식이 있다.

- 현대 한국어 대우법(상대 높임법)의 간소화(단순화) 경향
  - 개인주의 문화('개인의 발화 의도')/실용주의 문화('격식성의 약화')

  현대 한국어 대우법의 경향으로 청자 대우법의 간소화를 들 수 있는데, 구체적으로 살펴보면 4등급의 격식체에서 하오체와 하게체의 쇠퇴로 4화계 체계인 격식체가 균형을 잃고 있는 것을 말한다. 이러한 대우법의 간소화(격식체 화계의 감소)는 화계의 엄격성과 격식성의 약화, 즉 종횡으로 엄격했던 인간관계가 느슨해지고, 주변의 제약을 적게 받으면서 화자 개개인의 발화 의도가 강화되는 것을 의미한다.

- 객체 높임법(특별한 어휘로 표현)
  - 저맥락 문화('명백한 코드')/개인주의 문화('특별한 어휘')

  '나는 아저씨께 그 책을 드렸다.' '너희들은 할머님을 모시고 가라.'

  객체 높임이란, 높임 표현에서 주어의 행동이나 상태가 미치는 대상, 말하자면 객체를 높여 표현하는 높임법으로 상태나 행동의 주체를 높여 표현하는 주체 높임(주체 존대)과 상대되는 말이다. 다시 말하여, 주어의 행동이나 상태가 소급되는 객체를 화자가 높여서 공경하는 것을 가리키며 객체 존경이라고도 한다. 대부분 문법 규칙보다 [뵙다, 드리다, 올리다, 여쭈다, 모시다] 등의 특별한 어휘를 통해 표현한다.

- 경어법의 결정요인(나이)
  - 불평등 문화('연령차별')

  국어 경어법에서 청자를 높여야 할 대상, 즉 상위의 인물인지, 신분이나 지위가 높은 인물인지를 판정하는 기준에는 우선 나이와 유대의 범주가 있다.

경어법을 결정하는 가장 중요한 기준인 나이(age)와 관련하여 학교에서는 엄격한 위계질서를 지키는 선후배 관계가 있다. 절대적 나이 또한 중요한 기준으로 결혼하는 나이 정도가 되면 가까운 사이에도 반말에서 존댓말을 쓰고 하오체나 하게체를 구사하기도 한다.

- 경어법의 결정요인(항렬/직위)
  - 불평등 문화('수직적 위계관계')

  친척 간에는 항렬이 경어법을 결정하는 중요한 기준이 된다. 항렬은 나이를 뛰어넘어 자기보다 10세 이상 어린 경우에도, 상대방이 항렬이 높으면 아주 어릴 때를 제외하고 반말을 쓸 수 없다. 직장에서는 직무의 계급을 나타내는 직위가 경어법 결정의 중요한 기준이 된다.

- 미약한 경어법의 결정요인(사회계급)
  - 평등 문화('동등한 존재')

  사회계급은 경어법을 결정하는 일에 그다지 중요한 영향력을 행사하지 못한다. 과거 양반과 상민의 엄격한 구분이 있었을 때는 언어에 뚜렷한 영향을 끼쳤지만, 오늘날은 상류층이라고 하여 유달리 경어를 사용하여 높여서 말하거나 하류층이라 하여 특별하게 낮춰 말하는 일이 없는 만큼 과거의 흔적이 거의 사라지고 없다.

- 경어법의 결정요인(유대관계)
  - 집단주의 문화('강력한 응집력')

  유대관계 또한 경어법 결정의 주요 요인으로 초면에 서로 존댓말을 하다가

친해지면 반말하는 사이가 되어서 서로 '말을 놓는다, 너나들이한다, 너나들이하는 사이가 된다.'

- 사회 규범적 공손 표현의 한국어
  - 집단주의 문화('내집단의 사회적 규범 강조')

공손 표현은 전략적 공손 표현(strategic politeness)과 사회 규범적 공손 표현(social indexing politeness)의 관점으로 구분되는데 전략적 공손 표현은, 공손 표현을 사회생활에서 갈등과 충돌을 회피하기 위한 전략을 사용하는 것으로 보는 시각으로 Brown & Levinson의 공손 표현 측면과 같은 의도적 언어 사용과 같은 맥락이다. 사회 규범적 공손 표현이란 Fraser의 사회적 규범론과 같은 구분적 언어 사용의 개념으로 말하는 사람의 의사소통 의도와는 상관없이 의무적으로 수행되는 한국어를 위시한 동양권 언어에 나타나는 공손 표현 측면을 가리킨다.

- 단수 일인칭 대명사 탈락의 한국어('나' 생략)
  - 집단주의 문화('나'라는 말의 사용을 삼간다.)

집단주의 문화에서 쓰이는 언어는 '나(I)' 대명사의 탈락을 지시하거나 허용하는 것으로 나타난다.

- 남을 대우하는 부름말/가리키는 말(부부)
  - 유교 문화('남을 대우하는 문화')

한국어 부름말은 윗사람인 남을 부를 경우, 일반명사(어르신, 어른 등) 또는 직함어(선생님, 사장님, 과장님 등)로 부르고 아랫사람이 아닌 한 고유명사를 사용하지 않는 등 남을 존중하는 문화를 반영한다. 아랫사람이라도 친하지 않은 한 성 또는 성명 뒤에 '군, 양, 씨, 박사, 여사, 부장'과 같은 의존명사 또는 보통명사를 결합해 부르고 이름만으로 부르지 않는데 이것 역시 남을 대우하는 문화를 반영하는 것이다. 남을 대우하는 문화는 부부를 가리키는 말에도 확인할 수 있는데 자기 남편/아내를 가리키는 경우, '그이, 이녁, 바깥주인, 바깥양반/처, 아내, 집사람, 안사람'이라고 하는 데 반하여 남의 남편/아내를 가리키는 경우, '부군/부인'이라 하여 대우해서 부른다. 이러한 한국문화의 남을 대우하는 문화는 유교 사상(공자의 仁, 묵자의 爲彼猶爲己, 맹자의 四端說)에서 유래하였다고 할 수 있다.

• 서로 다른 친척 관계 부름말(친족/며느리: 혈연중시 문화)
 - 농경문화('친척 중시')/집단주의 문화('씨족 집단중심')/불평등 문화('남녀 차별')
  며느리는 시가 사람을 부를 때 '-님'을 결합한 공대말을 사용하고 친족은 혈통이 같은 친족을 부를 때 공대말을 사용하지 않는다(할아버님, 할머님, 아주버님/할아버지, 할머니, 오빠). 이것은 며느리가 시가 사람들과 혈연관계에 있지 않은 남이기에 혈연관계가 아닌 남을 높여 부르는 것이다. 친족/친척 중심 사회는 농경사회의 사회구조로서 이러한 사회구조로 형성된 문화는 농경문화이다. 즉 친척 중시 문화와 남을 소중히 하는 문화는 농경사회에서 씨족 집단중심으로 생활하며 형성된 문화에 속한다.

• 한국어(아시아 문화권)의 긍정적 체면 의식과 긍정적 공손 전략
 - 집단주의 문화('조화')
  대부분의 아시아 문화권 국가(한국, 홍콩, 일본 등)와 일부 서구 문화권(스

페인 등)에는 집단주의와 조화를 강조하여 긍정적 체면 의식이 상대적으로 중요성을 지니는 언어문화권별 특수성이 존재한다. 따라서 체면 유지전략은 긍정적 체면 의식을 반영하여 '긍정적 체면 유지전략(Positive Politeness, PP)'이 한국 사회에서 선호되는데 긍정적 공손 표현전략은 화자와 청자 간의 친근감과 결속력을 강화하는 접근 지향적 전략의 방식이다.

• 한국어 공손(긍정적 체면 의식을 강화하기 위한 긍정적 공손 전략)
  – 집단주의 문화('화합')
  〈사례 1〉 대화자: 석대 ⇒ 반 아이들
       모두 저리 비켜!
  〈사례 2〉 대화자: 병태 ⇒ 반 아이들
       반장이 부르면 다야?
  〈사례 3〉 대화자: 석대 ⇒ 병태
       알았어. 그만둬. 너 같은 새끼 물 안 먹어도 돼.
  〈사례 4〉 대화자: 담임 ⇒ 병태
       네가 서울에서 오고 공부도 잘한다기에 기대했는데, 솔직히 실망했다.
  〈사례 5〉 대화자: 담임 ⇒ 병태
       짐작은… 간다. 모든 게, 맘에 차지 않겠지. 서울식과는 많이 다를 거야… 하지만, 그게 바로 이곳의 방식이다.
  〈사례 6〉 대화자: 반 아이들 ⇒ 병태
       어이 한병태, 넌 왜 왔어?

〈사례 7〉 대화자: 석대 ⇒ 병태

병태. 너 다시 한번 안 싸워 볼래? 저런 병신 같은 새끼한테 영영
죽어지낼 작정이야?

〈사례 8〉 대화자: 석대 ⇒ 병태

야, 한병태. 오늘 시험도 끝났고 하니까, 우리 어디 놀러 가는 게
어때?

〈사례 9〉 대화자: 석대 ⇒ 병태

한병태, 너는 여기 남아. 거들어 줄 게 있어.

상대방의 인정받으려는 긍정적 체면 의식을 고려하여 긍정적 공손 전략을
사용한 한국어 텍스트에 대한 예이다(『우리들의 일그러진 영웅』). 새로 전학
을 온 주인공 한병태와 이미 급우들을 장악하고 있던 학급 반장 엄석대 그리
고 반 아이들 간에 대화가 전개되고 있다. FTA(Face Threatening Act: 체면 위
협행위)를 의도적이며 완화 장치 없이 구사함으로써 힘의 우위가 확실한 수직
적 관계를 언어적으로 외연화할 수 있는데 본 텍스트에서는 직접명령이란 방
해받지 않으려는 NF(Negative Face: 부정적 체면 의식)를 위협하는 FTA를 사
용하고 있는 〈사례 1〉을 제외하면. PF(Positive Face: 긍정적 체면 의식)에 대
한 FTA가 적극적으로 사용되고 있다는 점이 주목된다. 즉 '새끼'같이 주인공
의 가치를 비하하는 어휘의 선택(사례 3), 주인공을 자신들의 그룹의 구성원
으로 인정하지 않기(사례 6), 상대방이 주장하고 싶어 하는 긍정적 자아를 부
정하는 표현 사용(사례 2)을 통해 의도적으로 상대방의 PF를 위협하고 있다.
Hickey(2000)와 Ting-Toomey et al(1992)의 표현을 빌리면 해당 언어문화권
에서 상대적으로 중요성이 더 큰 체면 의식, 즉 한국어에 해당하는 PF를 위협

하는 FTA를 사용함으로써 공손성 위반의 효과를 극대화하고 있다.

역으로 완화 장치를 사용할 때도 한국 문화권에서 효과적인 PF를 살려주는 공손 어법, 즉 PP(Positive Politeness: 긍정적 공손)의 전략을 사용한다. 〈사례 4〉와 〈사례 5〉에서 살펴보면 전학을 온 주인공 병태가 계속 반의 화합을 해치는 행동을 하자 담임은 문제를 해결하기 위해 주인공을 질책한다('솔직히 실망했다'). 그러나 담임은 상대(병태)의 심리에 대한 실망감과 본격적인 질책을 통한 FTA를 함과 동시에 다른 한편으로 주인공의 판단을 이해하고 주인공의 가치를 인정한다는 메시지('서울에서 오고 공부도 잘한다기에 기대했는데', '짐작은 … 간다.')를 담은 완화 장치를 사용하는데, 이것이 모두 주인공의 PF를 강화하는 완화 장치인 PP의 전략이다. 〈사례 7〉에서는 제안이란 NF에 대한 FTA를 행사하고 있는데 이를 완화하기 위하여 병태를 같은 집단의 구성원으로 인정하는 공손 어법, 즉 PF를 고려해 주는 완화 장치인 PP의 전략을 수행하고 있다('병태' … '저런 병신 같은 새끼')

• 한국어 부정적 공손 표현전략 – 개인주의 문화('느슨한 구속력')

   (1) 사관학교 교수로 근무 중인 장교들의 대화

   화자 1: (상급자): (연구실에 들어서며) 아, 강 소위, 있었네?

   화자 2: (하급자): 어서 오세요.

   화자 1: 강 소위, 부탁 좀 해도 돼요?

   화자 2: 무슨 일인데요?

   화자 1: 다음 월요일 내가 휴간데 당직이 나와서 강 소위하고 좀 바꿨으면
        좋겠는데.

화자 2: 화요일 아침부터 수업이 네 시간이나 있어서 좀 어렵겠는데요. 다른 사람한테는 좀 알아봤습니까?

화자 1: 다 일이 있다 그러는데…

화자 1 (상급자): 평소에 해체를 사용하는데 '부탁'을 하는 상황에서 해요체로 말 단계를 높이고 있다. 정중하고 부드러워진 말투와 공손함을 더하는 부사 '좀'의 사용 그리고 말을 완전히 끝맺지 않고 어미를 분명하지 않게 흐리는 특성을 보이고 있으며 규범적 용법을 벗어난 '부탁의 수용'이라는 결과를 유도하기 위한 목적 지향적인 언어 행위를 하고 있다.

(2) 결혼식 복장 좀 봐주세요.

(3) 제발 절 한 번만이라도 도와주실 분을 찾습니다.

(4) 무슨 뜻인지 알겠습니다.

(5) 영화 상영 10분 전에 자리에 앉아 주세요

(6) 우리의 목적은 하나라고 생각됩니다.

(7) 너도 이 점을 고려하면 좋을 것 같다.

(8) 같이 산책하지 않을래요?

예문 (2), (3): '좀, 제발, 한번'은 상대방의 부담을 약화하려는 공손 표현으로 방해받지 않으려는 부정적 체면 의식을 고려한 것이다.

예문 (4): '알겠습니다'는 '알았습니다, 압니다'보다 선어말어미 '-겠-'을 통해 더욱 공손함을 표현한다.

예문 (5): '-어 주다'는 직접적 명령을 부드러운 요청으로 바꾸는 데서 오는 공손한 표현이 다.

예문 (6), (7), (8): 각자 피동형, 추정표현 그리고 부정 표현을 통해 화자의 주장이나 의지를 약화함으로써 상대방의 부정적인 체면 의식을 보호하고 행위 선택권을 넓혀 준다.

• 압존법
  – 집단주의 문화('내집단 통합')/불평등 문화('서열')/유교 문화('대가족제도')
  '할아버지, 아버지가 아직 안 왔습니다.'

압존법의 어법으로, 화자는 아버지를 높여야 할 대상이지만 할아버지보다는 낮아 즉, 할아버지보다는 낮추어야 할 상대이기에 낮추어서 말하고 있다. 이와 유사한 예로 남편이나 자기의 아버지를 낮잡아 이를 때 '지아비'란 말을 쓰는데 '지'는 짓이 변한 것이며 '짓'은 '짓(다)'에서 생긴 것으로 '지은 것' 즉 '집'의 옛날 말이다. '아비'는 아버지의 옛날 말이니 '지아비'란 결국 '집의 아버지'란 뜻이다.

• 진실성보다 공손함이 우선시되는 한국어(공손어)
  – 감성주의 문화('공손함')/고맥락 문화('사회적 화합')

한국인들은 언어의 사실적 의미보다는 상대방과의 상호작용에 끼치는 감성의 표현에 더 많은 주의를 기울인다. 즉 공손함을 진실성보다 우선시하며 언어의 가장 중요한 기능을 사회적 화합의 유지에 두는데 이 점은 고맥락 문화권 사람들의 특성에 부합된다.

- restricted code(한정된 코드)에 의한 언어 행위(한국어/일본어/중국어)
  - 고맥락 문화('느린 메시지')

Bernstein(1966)은 인간의 언어 행위를 restricted code (한정된 코드)와 elaborated code (정교한 코드)로 나누어 설명하고 있는데 restricted code를 사용하는 문화권의 사람들은 공유하는 가치관, 역사의식, 체험을 바탕으로 메시지를 전달하기 때문에 자기 의사를 분명하게 표현하지 않은 채 상호 간 의사소통이 가능하다. 즉, 정보 대부분이 은연중에 함축적(implicit messages)으로 전달되고 억양, 얼굴 표정 그리고 제스처와 같은 비언어 채널(nonverbal channel) 또는 전후 관계를 나타내는 콘텍스트(contextual clues)에 의존한다. 반면에 elaborated code를 사용하는 문화권의 사람들은 구체적이고 자세한 말로 이루어진 언어 채널을 통해서 원활한 의사소통을 한다. Bernstein의 restricted code와 elaborated code의 개념을 Edward T. Hall은 각자 high-context culture(고맥락 문화)와 low-context culture(저맥락 문화)의 개념을 가지고 설명한다. 이러한 의미 전달과 파악이 느린 메시지를 중시하는 사회를 Hall(1983/2000: 106-108)은 고맥락 문화로 분류하고 있다.

- 한국어의 동사(주체높임법의 선어말 종결어미 -시-) 위치(문장 끝)
  - 고맥락 문화('모호성')

한국어와 일본어는 동사가 문장 끝에 오기 때문에 문장 전체가 표현될 때까지 기다려야 처음으로 그 문장의 내용을 알 수 있으며 논리적 연결 또한 허술한 편이다. 이러한 언어 구조 자체의 모호성으로 말미암아 한국어와 일본어는 중국어와 더불어 고맥락 아시아 언어권에 속한다. 따라서 상황과 함축적 메시지에 주로 의지하며 간접적인 커뮤니케이션 형태를 보인다.

- 우회적이고 간접적인 언어표현(비논리성/불투명성/불명확성)
  - 고맥락 문화('숨은 뜻이 많은 의사소통')

한국어의 담화와 화법에서의 특징으로 청자 중심의 상황의존형과 완곡어법을 들 수 있다. 청자 중심의 상황의존형에서는 비논리적인 표현('문 닫고 들어와!', '나도 냉면이야'), 주어나 목적어가 생략되는 생략형의 문장 그리고 존대법이 문제가 된다. 직설적인 거부나 반대 의사의 표현이 아닌 부드럽고 우회적인 말씨인 완곡어법은 불투명성과 불명확성을 특징으로 한다. 불투명성은 다시 만날 의사가 없으면서 하는 '일간 다시 만나 한잔하세 그려'의 재회 인사, 화자 본인만이 뜻을 아는 '시원섭섭하다', '우리 마누라', 긍정과 부정이 혼용된 표현들(강한 권유의 '어디 갈래?'/'어디 안 갈래?') 그리고 위급한 상황에서 자신을 내세우지 않는 '사람 살려' 등의 표현을 통해 나타난다. 또한 부정 수사에 의한 계수표현('두서너 개', '너더댓 개', '저만치')은 한국어의 불명확성을 잘 반영하고 있다.

- 중요한 서술어와 피수식어의 후치
  - 고맥락 문화('모호성')/집단주의 문화('겸손')

한국어는 문장에서 가장 중요한 내용인 서술어가 문장의 제일 마지막에 위치하며 수식어가 피수식어의 앞에 오는, 따라서 문장이 왼쪽으로 길어지는 '좌분지 구조'를 갖는다.

- 한국어의 인사말(지인 중시 문화)
  - 집단주의 문화('관심 표현')

'출근하십니까?' '학교 가니?' '아침 드셨습니까?'

한국어 인사말의 두드러진 특성은 상대방에 관심을 표현하는 방식으로 이루어진다는 점에 있다. 집단에 소속된 사람인 아는 사람을 중시하고 관심을 보이는 것은 한국 사회가 집단중심 문화라는 것을 말해준다. 집단중심 사회에서 아는 사람에게 관심을 보이지 않는 것은 예의에 어긋나는 것이기 때문이다.

• 상황과 상대를 중요시하는 한국어의 언어 현상(경어법: 예절 의식, 동방예의지국)
　- 유교 문화('상대를 중요시')/고맥락 문화('상황을 중요시')/형식주의 문화('예절')
　상황과 상대를 중요시하는 한국어의 언어 현상에는 예로부터 한국이 동방예의지국이라 불리어 온 만큼 한국인의 예절 의식이 존대법이라 불리는 경어법에 잘 반영되어 있다.

• 한국어의 언어관습과 사유체계(상대 중심의 객체적 사유)
　- 집단주의 문화('집단 이익/조화')
　한국어는 사유의 측면에서 볼 때 청자에 비중을 두는 객체적 사유에서 비롯되었다. 예를 들어 '새해 복 많이 받으십시오.'라는 새해 인사말은 인사 받는 상대에 대한 일종의 주문 및 부탁의 형식이다. 또한 '교수님께서 귀중한 시간을 내주셔서 감사합니다.'라는 감사의 인사말 역시 상대방의 배려에 중심을 두고 있는 표현으로 한국어는 이처럼 객체적 사유의 영향으로 인해 청자에 초점을 맞추고 있다.

- 한국어의 긍정과 부정(상대 중심의 객체적 사유)
  - 집단주의 문화('집단 이익/조화')/고맥락 문화('복잡 애매')

영어의 부정 의문문 사용은 한국어 사용자들에게 매우 어려운 용법이다. 우선 '너 우산 안 가져왔어?'와 같은 부정 의문문 경우에 한국어에서는 '응, 안 가져왔어.' '아니, 가져왔어.'라고 하지만 영어의 경우에는 'No, I didn't bring one. Yes, I brought one.'과 같이 Yes와 No가 바뀌게 된다. 이것은 한국어에서는 상대방이 부정문을 사용했다는 사실을 중요하게 받아들여서 거기에 맞춰 '예', '아니오'를 사용하는 반면(상대방 중심의 집단주의 문화), 영어에서는 상대방이 사용한 문장이 부정문이든 긍정문이든 현실에 있어서 '우산을 가져 왔는지 아닌지'를 중요하게 받아들여서 거기에 맞춰 Yes, No를 사용하기 때문이다. 즉 영어에서는 질문을 하는 사람이 긍정문으로 묻든, 부정문으로 묻든 답을 하는 사람의 Yes, No는 변함이 없다(자기중심의 개인주의 문화).

- 한국어의 논리/글 구조(우회적이고 모호하고 복잡하다)
  - 고맥락 문화('복잡 애매')/집단주의 문화('집단 이익/조화')

영어의 논리 구조는 매우 직선적이고 분명하고 간략하여서 하고자 하는 말을 먼저 하고 그 이유를 설명하고 다시 주장을 요약하는 방식이다. 이러한 논리 구조는 한국어의 논리에 익숙한 사람들에게는 매우 도발적이고 직선적으로 느껴져서 불편할 수 있다. 이에 반하여 한국어의 논리 구조는 "주제를 일으켜 세워라(기) 〉 주제를 발전시켜라(승) 〉 뒤집어라(전) 〉 결론을 맺어라(결)"와 같이 이야기를 끝까지 듣지 않으면 주장을 알 수 없고, 중간의 전(轉)에 해당하는 부분이 표면상 논리적으로 연결이 안 되기 때문에 이해하기가 매우 어렵다고 느끼게 된다. 이뿐만 아니라 한국문화에서는 편지글의 시작

부분에 계절 인사와 자세한 안부 인사가 나온 후에 "다름 아니라"와 같은 주제 전환 표지와 함께 본론을 시작하는데 영어권 문화에서는 글의 시작에 글쓴이의 의도를 먼저 표시하기 때문에 한국식의 편지글을 이해하기 어렵다.

- '백화점 높임말'
  - 고맥락 문화('복잡 애매')/상업 문화('수혜자 공손 전략')/감성주의 문화('비논리성/기분')/남성적 문화('강조/성공')
  '고객님, 배송은 내일 가능하십니다. 이 색상은 품절이세요. 주문, 도와 드릴게요. 의자에 앉으실게요. 사이즈가 없으십니다. 반응이 너무 좋으세요.'(과잉 존대)

  주어 명사가 사물인데도 주체 높임의 '-시-'가 쓰인 과잉 존대의 표현들로 상황 주체인 청자를 간접적으로 높여 대우하는 일종의 존대를 남용하는 현상인데 이를 '백화점 높임말' 또는 '사물 높임말'이라 부른다. 과잉의 높임법을 사용하여 손님을 대접하는 느낌을 주면서 성공적인 구매로 유도하려 하는 '수혜자 공손 전략'에 따른 높임법이다. 상업적인 연유에서 시작된 것으로 성공적인 의사소통을 위해 일반 화자들도 널리 사용하고 있다.

- 언어습관(한국어: 인사치레의 말)
  - 형식주의 문화('체면/외형')/집단주의 문화('조화')
- 언어습관(중국어: 논문의 문어체 문장)
  - 형식주의 문화('체면/외형')/집단주의 문화('겸손')

  친한 사이에 쓰는 인사치레의 '언제 시간이 되면 소주나 한잔합시다.'라는 말은 초대할 의향이 있을 때 상대방에게 하는 약속의 말(중국어의 경우)이 아니라 한국어에서는 헤어질 때 통상적으로 하는 인사말이다. 이와 같은 형

식적으로 하는 표현은 중국어에서도 발견되는데(논문의 문어체 문장) 개인
적인 주장을 내세울 때 '필자의 소견은' 대신 '저희는/저희의 의견은'이라는
표현을 사용하여 겸손함을 나타내면서 직접 자신을 드러내지 않고 있다.

- 종교의식의 기도문('하옵시고, 주옵시고')
  - 불확실성 회피 문화('보수성')/개인주의 문화('소극적 공손: 느슨한 구속력')

  종교의식용어의 보수성은 종교의 신성성으로 말미암은 것인데 예를 들어
종교의식의 기도문에서 용언의 어미 배열을 보면 '하옵시고, 주옵시고'와 같
이 겸양의 선어말어미 '-옵-'이 존칭의 선어말어미 '-시-'를 앞서는데 이것은
현대국어의 배열순서('하시옵고, 주시옵고')와 뒤바뀐 후기 중세국어나 근대
국어의 선어말어미 배열순서와 일치한다. 이러한 겸양의 선어말어미를 앞세
운 보수적인 언어 사용은 공손 전략과 관련지을 때 소극적 공손 전략에 해당
하여 개인주의 문화와 불확실성 회피 문화를 반영한다고 볼 수 있다. 이러한
보수주의적 성향이 강한 사회를 Hofstede et al(253)은 불확실성 회피 문화로
분류하고 있다.

- 한국인의 정체성(예의와 집단의식을 중시)
  - 집단주의 문화('집단의식')/유교 문화, 형식주의 문화('예의')/불평등 문화('권
    위주의')

  한국어에 나타나는 '한국인의 정체성(예의와 집단의식을 중시)'과 관련
한 집단주 문화는 유교 문화, 형식주의 문화 그리고 불평등 문화와 밀접하
게 연관되어 있다. 한국인들은 전통적으로 집단의식과 예의를 매우 중요시하
는 민족이다. 예를 들어 식사 관습만 살펴보더라도 아버지는 가정에서 상당

한 부권을 누렸는데 형식주의적인 측면에서 지나친 가부장적인 권위주의의 모습이라 할 수 있다. 이러한 집단에서 사람 간의 예의를 지키기 위해 한국어에는 화자와 청자, 제삼자 간의 여러 요인에 따라 어법이 달라지는 경어법 체계가 정교하게 발달해 있는데 한국어의 대표적 특성이자 우리 문화의 고유한 특성으로 유교의 고유한 효(孝) 사상과 가족 중심의 공동체 사회 및 계급적 신분제도를 바탕으로 형성되었다고 볼 수 있다. 경어법은 문장의 주어나 상대방을 높여 말하는 경우 주격조사를 달리하거나 동사 어미의 굴절, 특수한 형태로 어휘가 교체되면서 표현을 달리한다. 또한 사람과 사람 사이의 특정 관계에 따라 명명되는 호칭어가 발달하였으며 특히 혈족 간의 관계에서 더욱 두드러지게 나타나는 특징이 있다. 오늘날 한국 사회의 민주 평등사상과 더불어 점점 친밀한 횡적 관계로 변화되어 가고 있는 실정에서 경어법은 차츰 단순화되고 있다.

5.2 영어(공손 어법)와 문화

• 주로 단어와 구문을 통한 영어 공손 어법(존칭법)
  – 저맥락 문화('명백한 코드')/개인주의 문화('자유/독립')
  영어(독립적인 언어요소: 단어와 구문) ↔ 한국어(문법 – 관계 중심의 집단주의 문화)

모든 언어에는 상대방에 대한 공경을 표시하는 존칭법이 있다. 한국어는 격식체와 비격식체의 화계가 있어서 존칭법이 문법을 통해 이루어지는 언어에 속하는데 그 밖의 언어는 영어를 포함하여 대부분 존칭법을 문법에 의존하기보다 주로 단어와 구문을 통해 표시한다. 즉 영어에서의 공손 현상은 문법상 경어법(또는 대우법)이라고 부를 만한 문법범주를 통해서보다, 주로 호칭이나 요청의 표현, 경어적 부사 표현 등에서 비교적 명시적이며 직접 나타난다. 그런데 이와 같은 좀 더 직접적이고 명시적이며 정확한 언어표현은 미국, 프랑스, 독일, 영국 같은 저맥락 문화권 사람들에게서 나타나는 특성이다. 즉 저맥락 문화권에서는 사회적 동의를 얻기 위해서는 언어적 표현이 정확하고 명시적이며 솔직하고 직접적이어야 한다. 경어적 부사 표현과 관례적인 구문들을 살펴보면 다음과 같다.

영어에는 우선 지시 화행의 강제적 효력을 감소시키기 위해 사용되는 다음과 같은 완화 표지(attenuator)라 부르는 부사 상당 어구가 있다:

please, kindly, a little, just, just a little bit, slightly, maybe, possibly, perhaps

Please take a seat. (점원이 방문객에게)

A cup of coffee, please. (고객이 점원에게)

please의 경우 유의할 점은 please가 문장의 끝에 사용되면 화자 자신이 권리가 있다는 것을 전제하기 때문에 권리가 없이 상대방의 호의를 구하는 상황에서는 예를 들어, 다른 집을 방문해서 주인에게 커피 한 잔을 부탁할 때 please를 문장 뒤에 사용하지 않는 게 좋다. 구문으로는 다음과 같은 관례적인 구문들이 요청이나 질문을 할 때 공손함을 표현하기 위해 전형적으로 사용된다.:

Would you…?	Could you…?	Would you mind…?
May I ask if…?	I wonder if…	Excuse me, but…
Shouldn't we…?	I was hoping that…	I was thinking…

I was wondering if⋯,   Let me⋯   I'm sorry to interrupt, but⋯
I'm afraid⋯

또한 행위자인 주어가 어떤 동작의 대상이 되어 문장에 나타나지 않는 수
동태 구문과 명사화 구문을 사용하여 공손함을 표현하기도 한다.

• 단수 일인칭 대명사 'I'의 필수적 이용/ 대문자 'I'
  - 개인주의 문화('나'라는 말을 쓰는 것이 장려된다.)
  개인주의 문화에서 쓰이는 언어는 '나(I)' 대명사를 필수적으로 이용하도록
요구하는 경향이 있는데 이런 점에서 가장 개인주의적인 국가의 언어인 영어
에서 '나(I)' 대명사를 대문자 'I'로 쓰는 것은 그렇게 놀라운 일이 아니다.

• 영어(서구문화권)의 부정적 체면 의식과 부정적 공손(체면 유지) 전략
  - 개인주의 문화('느슨한 유대')
  대부분의 서구문화권(미국, 영국 등)에서는 개인주의와 자율성을 존중
하여 부정적 체면 의식을 더욱 중요시하기 때문에 상대방의 영역과 거리
를 유지하려는 회피 지향적 전략의 방식인 '부정적 체면 유지전략(Negative
Politeness, NP)'이 상대적으로 중요성을 지닌다. Brown & Levinson(1987)
에 의하면 NP가 PP에 우선하는 것이 언어 보편적 현상이다.

• 영어 공손 어법(부정적 체면 의식을 강화하는 부정적 공손 전략)
  - 개인주의 문화
  〈사례 1〉 대화자: Dumbledore ⇒ McGonagall

My dear Professor, surely a sensible person like yourself can call him by his name?

〈사례 2〉 대화자: McGonagall ⟹ Dumbledore

And I don't suppose you're going to tell me why you're here of all places?

〈사례 3〉 대화자: Hagrid ⟹ Uncle Vernon

Couldn't make us a cup of tea, could you?

〈사례 4〉 대화자: Uncle Vernon ⟹ Hagrid

Stop! Stop right there, sir! I forbid you to tell the boy anything!

〈사례 5〉 대화자: Uncle Vernon ⟹ Hagrid

Haven't I told you he's not going?

〈사례 6〉 대화자: Hagrid ⟹ Harry

Be grateful if you didn't mention that to anyone at Hogwarts

〈사례 7〉 대화자: Harry ⟹ Ron의 어머니

The thing is⋯the thing is, I don't know how to⋯?

상대방의 방해받지 않으려는 부정적 체면 의식을 고려하여 부정적 공손 전략을 사용한 영어 텍스트에 대한 예이다(『*Harry Potter and the Sorcerer's*

Stone』). Dumbledore는 마법 학교의 교장이고, McGonagall은 교감으로 직위에 의한 수직적 상하관계에 있으나 서로 믿고 같은 뜻을 도모하는 동료로서 둘 사이의 사회적 거리는 상대적으로 가깝다. 방해받지 않으려는 NF(Negative Face: 부정적 체면 의식)를 위협하는 충고/요청의 FTA(Face Threatening Act: 체면 위협행위)를 하되 단도직입적인 방식 대신에 이에 대한 공손 어법으로 McGonagall의 능력을 서술하는 소위 충고/요청의 예비 조건을 언급함으로써 앞으로 그렇게 하라는 간접화행의 형태를 취하고 있다('can call'). 또 다른 한편으로 McGonagall의 PF(Positive Face: 긍정적 체면 의식)를 만족시켜주는 공손 어법, 즉 PP(Positive Politeness: 긍정적 공손)의 전략으로 구체적 어휘를 사용하고 있다('My dear', 'a sensible person like yourself'). 〈사례 1〉

McGonagall이 Dumbledore에게 '이곳'에 있는 이유를 질문하면서 Dumbledore의 NF를 위협하는 정보요구의 FTA를 하고 있다. 동시에 McGonagall은 이러한 NF에 대한 FTA의 정도를 약화하는 완화 수단의 공손 어법으로 직접 의문문이 아닌 함축 및 간접화행의 방식을 사용하고 이에 더하여 가능성에 대한 부정('don't suppose')과 Dumbledore의 자발적 정보제공 가능성을 명제화('you're going to tell')함으로써 적극적으로 체면 위협행위를 완화하고 있다. 〈사례 2〉

마법 학교의 심부름꾼 Hagrid와 Harry를 양육한 Uncle Vernon은 처음 만나는 자리인데다 Hagrid는 마법사 세계의 일원이고 Uncle Vernon은 마법 세계에 대해 적대감을 지니고 있어서 둘 사이의 수평적인 사회적 거리는 최대치이다. 힘의 관계에 있어서는 어느 한쪽도 상대적으로 힘의 우위를 갖고 있지 못하다. 이런 상황에서 Hagrid는 차(茶)를 부탁하는 행위를 통해서 Uncle Vernon의 NF를 위협하는 요청의 FTA를 하는 만큼 FTA의 강도는 크다고 할 수 있다. FTA의 강도를 완화시키기 위하여 inclusive 'us' 사용, 가능성 부정('Couldn't'), 부가 의문문('could you?'), 간접화행을 사용하고 있다. 〈사례 3〉

Uncle Vernon은 Hagrid에게 마법과 신체조건에서 주눅이 들고 도덕적 우위를 상실한 상태이다. 이런 상황에서 Harry에게 아무 말도 하지 말라는 행위를 통해서 Hagrid의 NF를 위협하는 명령의 FTA를 하고 있기에 Uncle Vernon은 일방적인 FTA를 하지 못한다. 따라서 Hagrid에게 "sir"라는 호칭어를 사용한다. 그러나 다른 한편으로 "Stop!"이라는 가장 간결하고 노골적인 FTA 형태를 사용하여 공손 어법을 위배하는 것은 상황의 급박성 및 심각성 때문이다. 즉 상황의 절박감 때문에 완화 수단이 없이 FTA의 강도가 최대인 공손 어법을 사용한 것이다. 〈사례 4〉

Uncle Vernon은 Harry의 마법 학교 진학에 반대 의사를 표명하는 행위를 통해서 Hagrid의 NF를 위협하는 명령/상대방 결정에 대한 반대의 FTA를 하고 있으며 이에 대한 체면 유지전략으로 자신이 보내고 싶지 않다고 말을 하지 않았느냐는 함축적인 간접화행, 행위 주체를 'I'가 아닌 'he(Harry)'로 어휘화, 그리고 부정문('Haven't')의 형태를 사용하고 있다. 〈사례 5〉

Hagrid와 Harry의 수평적 거리는 가까워졌고, 마법 세계에 대한 지식과 나이를 고려할 때 Hagrid는 훨씬 힘의 우위에 있다. 이런 상황에서 Harry에게 비밀을 지켜달라는 요청을 통해서 Harry의 NF를 위협하는 FTA를 하는 것이기 때문에 매우 간결한 직접적인 요청을 할 수 있다. 그러나 아무에게도 말하지 않는다는 조건이 충족되면 감사할 것이라는 가정법 문장을 통해서 간접화행 형태를 취하고 있으며, 그것도 가정법 과거시제로 표현하고 있다. 이것은 화자와 청자 간의 수직적, 수평적 거리에 걸맞지 않은 이례적인 완화 장치의 공손 어법이 사용된 것인데 그 이유는 Hagrid가 전달할 메시지가 주는 요청의 FTA의 강도가 지나치게 크기 때문이다. 즉 금지된 마법을 사용하였다는 치명적인 정보를 공개하지 말라는 요청을 하는 상황이기 때문에, 이에 대한 보상으로 지극히 공손한 효과를 지닌 적극적인 완화 장치를 사용하였다. 〈사례 6〉

Harry는 Ron의 어머니와 초면이라 사회적 거리가 큰 데다 수직적인 힘의 관계를 살펴보아도 나이를 고려할 때 상대적으로 열세에 있다. 더군다나 마법 학교로 가기 위해 지나쳐야 할 플랫폼이 존재할 것 같지 않은 이름(9와 3/4 플랫폼)인 곳에 대해 정보를 요청하는 것은 FTA의 강도도 또한 지극히 높은 상황임을 말해준다. 이러한 상황에서 Ron 어머니의 NF에 대한 FTA를 하는 것이기 때문에 적극적인 완화 장치로 단도직입적인 질문을 하지 못하는 의도적인 모호함('The thing is…the thing is,')과 함축 및 간접화행의 공손 어법을 사용하고 있다. 〈사례 7〉

요약하면 방해받지 않으려는 NF를 위협하는 FTA가 많았고 그 강도를 완화하고 보상하기 위해 다양한 공손 어법들이 쓰였다. 특히 이 가운데 함축과 관례적인 간접화행, 헤징, 부가 의문문 사용 그리고 가능성의 부정 등 영미 문화권에서 더 중시하는 NF를 유지하고 살리는데 효과적인 공손 어법인

NP(Negative Politeness: 부정적 공손) 전략은 영미 문화권에서 중요한 역할을 하고 있으며 Brown & Levinson에 의하면 일반적으로 PP에 우선하는 언어 보편적인 현상이라고 한다.

- 전략적 공손 표현의 영어 – 개인주의 문화('자율성')

영어에 주로 나타나는 전략적 공손 표현(strategic politeness)은 공손 표현을 사회생활에서 대인관계를 강화하기 위한 전략으로 보는 관점으로 Brown & Levinson(1987)의 공손 표현 측면과 같은 의도적인 언어 사용을 말한다. 이러한 공손 표현은 화자의 개인적인 의사소통 의도에서 비롯되는, 서구권 언어의 비의무적인 공손 표현 측면을 지칭한다.

- 영어의 적극적(긍정적) 공손 표현전략 – 집단주의 문화('조화/통합')

(1) 'Let's get on with dinner.'

(2) 'Goodness, you cut your hair. By the way, I came to borrow some flour.'

(3) 'Help me with this bag here, will you pal?'

(1) 적극적 공손 전략으로 '우리(we)'라는 1인칭 복수 대명사의 개념이 포함된 *let's*를 사용하여 청자가 인정받고자 하는 적극적 체면의 욕구를 충족시키고 있다. 청자의 행위를 화자에 관련시킴으로써 서로 같은 이해관계에 있다는 것을 상기시키는 효과가 있다.

(2) 적극적 공손 전략 중의 하나로 청자의 조건에 관심을 표명하여 청자의 체면을 적극적으로 세워주고 있다('상대방 칭찬하기').

(3) 적극적 공손 전략으로 'pal, buddy, honey, mate'와 같은 소속감을 높이는 내집단 식별표지(in-group identity markers)를 사용하여 청자에게 같은 집단의 일원임을 환기하면서 체면 위협행위를 완화하고 있다.

• 영어의 문체: 격식체(소극적 공손 표현전략과 구조적 공통점)
 – 개인주의 문화('느슨한 유대')/형식주의 문화('외형/법식')

격식체(formal style)는 설교가, 강연자, 재판관 그리고 뉴스 해설자 등이 서로 대화하지 않고 홀로 청중의 관심과 주의를 끌면서 이야기하는 설명적인 논술의 문체이다. 그러므로 이 문체의 문법은 친밀체, 평상체, 상담체의 문법보다 더 엄밀하여 생략 구문은 제외되고 풍부하고 정선된 어휘, 세밀한 발음이 특징적이다. 그런데 영어의 문체로서의 격식체는 영어 구조 특성상 공손 표현의 소극적 공손 표현전략과 공통점이 있다. 즉 공손 표현과 관련이 있는 제안, 거절, 요청의 상황에서 나타나는 문체를 살펴보면 문체가 더욱 격식적일수록(친밀체보다 격식체) 공손 표현을 나타내는 전략을 더 많이 포함한다(적극적 공손 표현전략보다 소극적 공손 표현전략). 이들 간에는 또한 서로 다른 영역을 나타낸다는 차이점이 있다. 영어에서의 문체의 선택은(격식체) 발화할 때마다 반드시 고려해야 하는 사항이지만 영어의 공손 표현(소극적 공손 표현)은 언어 기능을 정보전달의 기능과 대인관계 강화의 기능으로 구분할 때, 이 중에서 주로 대인관계 강화를 주요 목적으로 하는 경우, 예를 들어 상대방에게 체면 위협행위를 하는 상황에서 의도적으로 적절한 전략을 사용하는 것이다.

- 영어의 친밀체(적극적 공손 표현전략과 구조적 공통점)
  - 집단주의 문화('조화')/실용주의 문화('능률')

친밀체(intimate style)는 표정과 몸짓만으로도 의사를 전달할 수 있고 절대적인 협력과 신뢰를 바탕으로 한 아주 친밀한 사이, 예를 들어 부부나 형제 또는 운동경기의 같은 팀 사이에 사용하는 문체이다. 그러므로 이런 문체는 최대한도로 생략되는 문법과 어휘. 특수한 뜻으로 사용되는 단어, 억양만을 통해 가능한 의미 전달이 특징적이며 문자로 표현되는 경우가 적다. 그런데 이러한 영어의 문체로서의 친밀체는 영어 구조 특성상 공손 표현의 적극적 공손 표현전략과 공통점이 있다. 즉 공손 표현과 관련이 있는 제안, 거절, 요청의 상황에서 나타나는 문체를 살펴보면 문체의 격식성의 정도가 낮을수록 예를 들어 격식체보다 친밀체의 경우에 공손 표현을 나타내는 전략을 덜 포함하여 소극적 공손 표현전략보다 적극적 공손 표현전략을 사용한다.

- 과거시제와 진행형의 공손 표현(문법)
  - 고맥락 문화('비명시적인 방식')

(1) I wonder if you could help me.

(2) I wondered if you could help me.

(3) I hope you would give me some advice.

(4) I was hoping you would give me some advice.

현재시제가 쓰인 예문(1), 예문(3)은 현재의 생각과 바라는 마음을 나타내고 있다면 예문(2), 예문(4)는 과거의 생각과 바라는 마음을 표현하고 있으므로 지금은 도와주지 않아도 된다는 뜻으로 해석될 여지가 있다. 따라서 상대방의 심리적 부담감을 비명시적인 방식을 통해 덜어줄 수 있으므로 예문(2)는 예문(1)보다 더 공손한 표현이라고 할 수 있다. 그리고 요청이나 청유의 문맥에서 I wondered 대신에 I was wondering의 진행형도 자주 쓰인다.

- 조동사와 조동사의 과거형을 통한 간접적 표현(구문)
  - 고맥락 문화('간접적')/개인주의 문화('거리감: 관례화된 간접화행의 부정적 공손')

(1) ① Close the door. ② Will you close the door? ③ Would you close the door?

(2) ① Do you like some tea? ② Would you like some tea?

(3) What's your name?

(4) Could I have your name, please?

예문 (1), (2) 중에서 각자 조동사 과거형 would를 사용한 예문③, ②가 가장 공손한 표현이다. 화자의 심적 상태를 나타내는 '법 과거(modal preterite)' would는 청자에 대해 간접적이면서 또한 거리감 있음을 표현함으로써 청자가 요청에 대해 거절할 수 있는 선택적인 여유를 갖도록 하기 때문이다. 조동사 과거형 could 역시 더욱 공손한 효과를 지니는데 즉 예문 (3), (4)의 차이는 전자가 이름을 물어보는 말을 직설적으로 나타내고 있는 반면에, 후자는 그와 같은 뜻을 조동사의 과거형을 통해 간접적으로 나타내고 있다는 데 있다. 영어에서는 흔히 정중하게 무슨 요청이나 명령할 때, 문장이 I wonder/I wondered/I was wondering if …의 구문으로 시작하는데, 이와 같은 평서문의 형식을 포함해서 상기한 비 직설적인 의문문은 요청이나 명령을 간접적으로 바꾸어 주면서 더욱 공손한 효과를 지닌다.

- Please 등의 격식 부사
  - 저맥락 문화('명백한 코드')/형식주의 문화('외형/법식')

공손함을 나타내는 부사에는 가장 일반적으로 사용되는 please와 더불어 kindly, humbly, graciously, cordially 등이 있다.

(1) I'd like some more pudding, please.

(2) Can I have some more pudding, please.

(3) Give me some more pudding, please.

(4) Kindly leave the room.

(5) We cordially invite you to the party.

(6) *He ate more pudding, please.

(7) *Do you want to come to a party, please?

(8) *Give me more pudding or I'll hit you, please.

please는 의미상 명령이나 요청으로 해석되는 문장(평서문, 의문문, 명령문)에 같이 사용하는 반면에 진술(statement), 약속(promise), 제안(offers), 초대(invitation), 위협(threats)을 나타내는 문장에는 사용하지 않는 제약을 가한다.

- 영어권의 공간 관리(상대방과의 거리를 더 많이 두려고 한다)
  - 개인주의 문화('느슨한 유대')

영어권에서는 상대방과의 거리를 더 많이 두려고 한다. 비언어적 의사소통에서는 상대방과의 거리 조절이 중요한데 영어권에서는 통상 애인과 같이 절친한 사람에게는 45cm(친밀 공간)까지, 친구들에게는 45cm(개인 공간)에서 1.2m까지, 일반인들에게는 1.2m에서 3.6m까지(사회 공간), 그리고 대중들과는 그 이상의 거리(공중 공간)를 유지한다. 이것은 한국인들의 거리 분할보다 좀 더 거리가 멀다. 따라서 한국인이 영어권 사람들과 대화를 나눌 때 자신이 편안한 거리를 유지하려 하면 상대방은 거리가 너무 짧아서 불편할 가능성이 있다.

- 영어의 긍정과 부정: Yes, No의 올바른 사용법
  - 개인주의 문화('자기중심')/저맥락 문화('단순명료')

  영어의 긍정과 부정은 한국어와 다른 점들이 있어서 유의해야 한다. 영어의 부정 의문문 사용은 한국어 사용자들에게 매우 어려운 용법이다. 우선 부정 의문문 '너 우산 안 가져왔어?'의 경우에 한국어에서는 '응, 안 가져왔어.' '아니, 가져왔어.'라고 하지만 영어의 경우에는 'No, I didn't bring one. Yes, I brought one.'과 같이 Yes와 No가 바뀌게 된다. 이것은 한국어에서는 상대방이 부정문을 사용했다는 사실을 중요하게 받아들여서 거기에 맞춰 '예', '아니오'를 사용하는 반면(상대방 중심의 집단주의 문화), 영어에서는 상대방이 사용한 문장이 부정문이든 긍정문이든 현실에 있어서 '우산을 가져왔는지 아닌지'를 중요하게 받아들여서 거기에 맞춰 Yes, No를 사용하기 때문이다. 즉 영어에서는 질문을 하는 사람이 긍정문으로 묻든, 부정문으로 묻든 답을 하는 사람의 Yes, No는 변함이 없다(자기중심의 개인주의 문화). 또한 영어의 부정문 중 특이한 한 가지는 대개의 언어처럼 동사만 부정하는 것이 아니라, 명사를 부정하여 부정문을 만들기도 한다. 예를 들어, 'Nobody came.'은 '없는

이가 왔다'가 아니라 '아무도 오지 않았다.'이며, 'I ate nothing.'은 '나는 없는 것을 먹었다.'가 아니라 '나는 아무것도 먹지 못했다.'이다. 아울러, 스페인어나 프랑스어에서는 부정문을 만들 때 부정 표현을 두 번 사용하는 이중부정 체계를 갖고 있는데 영어에서는 이중부정을 사용하지 않는다. 영어에서도 중세영어까지는 이중부정 체계를 갖고 있었다. 현대영어에서는 이중부정은 긍정으로 바뀐 것으로 간주하는데 통상 긍정을 위한 이중부정은 좋은 어법이라고 간주하지 않는다.

- 영어의 논리/글 구조: 직선적이고 분명하고 간략하다
  - 저맥락 문화('단순명료')/개인주의 문화('개인의 이익/의도')

영어의 논리 구조는 매우 직선적이고 분명하고 간략하다. 영어의 논리 구조는 매우 단선적이어서 통상 "주장하라(Claim) 〉 정당화하라(Justify) 〉 결론을 내려라(Conclude)"의 순서를 따른다. 즉 하고자 하는 말을 먼저 하고 그 이유를 설명하고 다시 주장을 요약하는 방식이다. 이러한 논리 구조는 한국어의 논리에 익숙한 사람들에게는 매우 도발적이고 직선적으로 느껴져서 불편할 수 있다. 이뿐만 아니라 한국문화에서는 편지글의 시작 부분에 계절 인사와 자세한 안부 인사가 나온 후에 "다름 아니라"와 같은 주제 전환 표지와 함께 본론을 시작하는데 영어권 문화에서는 글의 시작에 글쓴이의 의도를 먼저 표시하기 때문에 한국식의 편지글을 이해하기 어렵다.

6. 비속어/금기어와 문화

금기어/비속어를 매개로 한 한국어와 영어가 반영하고 있는 문화 차원은 개인주의 문화/집단주의 문화, 평등 문화/불평등 문화, 감성주의 문화/이성주의 문화, 농경문화/유목 · 상업 문화와 유교 문화/기독교 문화와 관련하여서는 큰 차이를 보이지 않는다. 큰 차이를 보이는 경우는 불확실성 회피 문화/불확실성 수용 문화와 자적 문화/자제 문화와 관련된 문화에서다. Hofstede et al(2010/2018: 223, 319, 323)에 따르면 한국 사회는 높은 불확실성 회피 지수와 낮은 자적 지수의 집단에 속하고 영/미 사회는 자적 지수가 높은 집단에 속한다. 이와 유사하게 한국어는 많은 경우에 불확실성 회피 문화의 특성을 보이나 반면에 더 많은 자적 문화의 경향을 보이고 있으며 또한 영어 경우에도 자제 문화의 면모가 상당히 나타나고 있는 점이 있다.

영어에 나타나는 자제 문화는 '비속어(욕)의 금기, 죽음의 금기어(완곡어 사용), 금기어(음식/광고/정치 분야: 다양한 문화 레퍼토리의 영향), 금기어 '성병'(금기 표현 〈 완곡 표현), 배설 관련 금기어 사용(금기 표현 〈 완곡 표현)'을 통해 반영되고 있으며 한국어의 자적 문화는 '비속어 증가, '해학은 욕의 세계를 엿본다.', 죽음 관련 금기어 사용(금기 표현 〉 완곡 표현), 질병(성병 포함) 관련 금기어 사용(금기 표현 〉 완곡 표현), 배설 관련 금기어 사용(금기 표현 〉 완곡 표현)'을 통해 표현되고 있다.

한편 큰 차이는 아니지만, 예상대로 한국어에는 집단주의 문화, 불평등 문화, 감성주의 문화, 유교 문화 그리고 농경문화와 상관관계를 보이고 있으며 반면에 영어는 평등 문화, 이성주의 문화, 기독교 문화의 경향을 보인다. 한국어의 집단주의 문화를 반영하는 비속어는 신체, 정신, 태도와 관련된 욕설과 동식물에 비유한 욕설에서 나타나는데 신체, 정신, 태도와 관련된 욕설에서는 매우 세분되어 그 수가 엄청나다. 일반인의 정상적인 것과 다른 특징들을 상세하게 분류해 놓은 데 더하여 여러 지역에서 쓰이는 비유적 표현에 이르기까지 다양하다. 신체, 정신, 태도와 관련된 '결함'의 비속어(정상/비정상)와 마찬가지로 식물 관련 욕설에서도 식용버섯/독버섯, 알맹이/쭉정이의 이항 대립의 속성을 지니고 있으며 외집단에 속하는 대상들을 배척하여 욕설로 사용하는 집단주의 문화를 반영한다. 특이한 점은 영어에 감성주의 문화의 면모가 상당히 나타나고 있는 점이다. 금기어/비속어와 관련해서 영어에 나타나는 감성주의 문화는 '완화/해제의 비속어, 성의 금기어/외설적 농담/근친상간(성 표현 언어의 발달), 성을 소재로 한 비어(욕설)의 에로스, 죽음 관련 금기어 사용(금기 표현 〉 완곡 표현), 질병 관련 금기어 사용(금기 표현 〉 완곡 표현), 성 관련 금기어 사용(자유로운 성 표현의 경향: 금기 표현 〉 완곡 표현)'을 통해 표현되고 있다. 금기어/비속어를 매개로 한 한국어와 영어에 담겨 있는 문화를 구체적인 예시와 함께 살펴보면 다음과 같다.

6.1 한국어(비속어/금기어/완곡어)와 문화

• 비속어의 증가
　– 자적 문화('방종')/감성주의 문화('감정의 발산')/남성적 문화('거칠고 공격적')
　'나 완전히 새됐어', '이게 왔다야', '열라 좋아', '죽여줘요', '집 나가면 개고생이다'
　이와 같은 비속어를 포함한 표현들이 사회계층, 성, 연령대를 막론하고 방송 매체를 통해 공공연하게 등장하고 있는 현실이다. 불과 얼마 전의 과거와 비교해볼 때 지금 우리 한국 사회가 이러한 어휘들(상말, 비속어 혹은 욕설)로 이루어진 표현에 점점 익숙해져 가고 있다는 사실을 말해주고 있다.

- '해학은 욕의 세계를 엿본다.'(농욕) – 자적 문화('해학')

'그 참! 오늘 밤 문단속을 잘해야겠는걸. 초저녁부터 개가 짖고 지나가니!'

무안을 주는 나그네에게 우물가에서 빨래하던 아낙이 한 이 말은 농이자 동시에 욕인 '농욕'이다. 해학은 이처럼 나무랄 데 없는 재치, 기민성 그리고 기지를 담고 있는 말재주로 시작하여 파괴력이 있는 통쾌함을 주는 속성이 있는 동시에 윤리성과 정의감을 동반하는 비판 정신이다.

- 비속어(정서적 언외의 뜻) 완화(예의 문화)

– 유교 문화('사회 도덕의 기강')

'이 늙은 비렁뱅이 놈이 누구 장사를 망치려고 환장을 했나.' (악필서생 1)

'거지 같은 게 어디 와서 행패야?' (표준국어대사전)

거지를 낮잡아 이르는 말인 '비렁뱅이'와 '놈'을 사용하지 않고 감정을 표현함으로써 강한 정서적 언외의 뜻을 완화시키고 있다. 금기시되는 말을 할 때 완곡어법과 은유법을 만들어 강한 정서적 언외의 뜻을 완화시키는 금기어 대체 어법의 발달은 언어 보편적인 현상이라 할 수 있는 데, 이는 영어의 경우에 영미인들의 예절을 중시하는 문화가치에, 그리고 한국어의 경우 유교 문화에 바탕을 두고 있다.

- '하늘에 대고 주먹질하면 벼락 맞는다.'(금기담: 정령신앙)
  - 민간신앙('자연을 신성시')/불확실성 회피 문화('다른 것은 위험시')

 정령신앙은 우리 문화에 가장 오랫동안 뿌리내린 대표적인 민간신앙이다. 원시사회에서는 인간의 나약함과 무지로 자연을 두려워하며 자연에 생명이 있다고 생각하였기에 인간은 두려운 자연을 신성시하고 자연에 거슬리는 행위를 하는 것을 금기시하였다. 우리 속언에 나타나는 이러한 금기담은 정령신앙에서 비롯된 것이다.

- '구설수가 있으니 입을 조심하라.'(금기담: 토정비결) – 도교 문화

 한국인은 세시풍속으로 새해 정초에 토정비결이란 책으로 그 해의 신수를 알아보는데 이러한 세시풍속에는 도교 사상이 반영되어 있다. 토정비결은 열두 달의 운세를 4언 3구로 풀이하고 있는데 주로 부귀, 화복, 구설 등 개인의 길흉화복에 관한 것이다.

- 오래된 금기어의 완곡 표현(아이: 예쁘다. 잘 생기다 〉 '밉다')
  - 민간신앙('미신')/ 불확실성 회피 문화('다른 것은 위험시')

 한국인들은 예로부터 태어난 지 얼마 안 된 아이를 '예쁘다' 또는 '잘생겼다' 등의 말로 귀여워하면 신이 질투해서 아이에게 해를 끼친다고 생각하여 오히려 반대로 '밉다'라고 표현해서 재앙을 막을 수 있다고 생각하였는데, 미신과 같은 민간신앙에서 유래한 완곡 표현이다.

- 성(性)과 어머니에 관련된 욕설 – 불평등 문화('여성 차별적')

 한국어에서 성과 관련된 욕설들은 수적으로도 많고 다양하기도 하다. 이

는 역사적으로 성과 관련하여 억압된 인간 감정이 간접적으로 드러난 것으로 이해할 수 있다. 기본어휘인 남성의 성기('좆')와 여성의 성기('씹')에서 파생된 욕설의 수는 엄청나며 남·여의 역할 분리 측면에서 여성 차별적인 양상을 보인다. 즉 욕설의 주를 이루는 사용자는 남성이며 최근에 와서는 청소년층, 그 가운데 특히 사회의 하류 계층에서 높은 사용 빈도를 보인다. 다른 한편으로 남성의 전유물이던 이러한 욕설을 여성이 급격하게 사용하게 되었다는 점이 흥미로운데, 특히 '끝내주게, 죽이게, 열나게, 열라'를 의미하는 부사 '좆나게'를 근래 여학생들이 '졸라'의 형태로 많이 사용하고 있기는 하나 한국어에는, 여전히 성차별에서 비롯된 남성에 해당하는 표현이 없는 욕설들('갈보, 걸레, 화냥년, 씹질')이 잘 반영하듯이 여성에 대한 욕설이 훨씬 많다. 더나아가서 한국어 욕설 중에는 성행위를 남성이 아닌 여성에 치우치게 부정적으로 바라보았음을 말해주는 어휘들('씨발, 씹팔')이 있으며 특히 어머니를 빙 둘러서 근친상간적 의미를 나타내는 어휘들('지미/니미 씹할': 영어의 'motherfucker')을 통해 극대화된 강렬함을 표출하기도 하는데 이들 모두 여성을 차별적으로 대우하는 것이다.

- 한국(전통) 사회의 삼대 부정
  - 불확실성 회피 문화('위생/청결')/불평등 문화('성차별')

  한국 전통사회에서 여성은 남(타처, 외지), 죽음과 더불어서 삼대 부정으로 간주하였다. 깨끗함과 맑음을 경건함의 지표로 삼아왔던 무당굿이나 마을굿에서 이들은 재앙을 불러일으키는 '더러운 것', '궂은 것', 즉 부정으로 금기되었다. 여성의 부정은 여성 경도를 말하는데 창조의 신비이기도 하면서 부정의 징후이기도 한 것이다. 神聖(신성)사회에서 소외당한 여성 경도 때문에 여성은 별신굿에 참여할 수 없었다. 이러한 여성의 피의 부정은 죽음과 타인, 타처의 他(타)와 함께 별신굿의 3대 금기가 된다. 이러한 삼대 부정을 금기한 다는 것은 깨끗함과 맑음을 중시하는 사회라는 것을 알 수 있는데 Hofstede et al(238-239)은 이를 불확실성 회피 문화의 특성으로 분류하고 있다.

- 신체나 정신, 태도 관련 한국어 욕설(결함)
  - 집단주의 문화('정상/통합')

한국어의 욕설은 다른 언어와 비교할 수 없을 만큼 정신, 신체, 태도 등과 다양하게 관련이 되어 있다. 예를 들면, '병신'을 포함한 신체적 결함을 두드러지게 나타내는 [+경멸]의 욕설은 한국어에서 많이 쓰이는 욕설인데 인간의 행위와 부류를 구분해서 '정상'에서 벗어나는 형태를 질타한 것이다. 이를 통해 다른 사람의 존재를 민감하게 인식하고 주의 깊게 관찰했으며 동시에 그들의 시선에 노출되고 평가받아야 했음을 말해준다. 한국인들의 집단의식이 강한 모습을 그대로 반영하는 증거이다.

- 객체적 사유에 의한 위협('죽음' 비속어)
  - 집단주의 문화('상대방 중심')

한국어는 객체적 사유에서 비롯된 언어인데 상대를 위협하는 '죽음' 비속어의 경우('너 죽는다!')에 주관적 의지를 나타내는 중국어의 경우('너를 죽여 버리겠다!')와 다르게 객관적인 정황을 나타낸다.

- 동물 관련 한국어 욕설('개')

  - 농경문화('농경사회 대표 가축')

  동물과 관련된 욕설은 여러 언어공동체가 사용해 오고 있는 욕설 가운데 예상외로 많이 있는데 특히 한국어의 경우는 이를 한민족의 풍부한 상상력과 이를 실생활에 활용하는 풍부한 표현력에서 그 원인을 찾을 수 있겠다. 사람의 단점을 그 외모, 성격 또는 품행에서 찾아내어 그것을 동물의 특성이나 성질과 연관을 지어서 표현하는데 이 동물들과 관련되어 떠오르는 인간의 언행이 상당히 부정적일 뿐만 아니라 "개+똥, 개+백정, 개+쌍놈, 개+새끼, 개+잡놈, 개+지랄" 등과 같이 험구의 강도가 훨씬 높은 욕설로 쓰기 위하여 또 다른 욕설을 덧붙이기도 한다. 농경사회 대표 가축인 '개'의 경우를 예로 들었는데 여러 종류의 동물 중 격언, 속담 그리고 비속어 등에 매우 빈번하게 등장하는 만큼, 한국인에게 특히 친근한 '개'는 명사에서 접두사로 그 쓰임새가 확대되어 폭넓은 의미로 사용되고 있다.

- 식물 관련 한국어 욕설('쭉정이, 독버섯')

  - 집단주의 문화('정상/비정상')

  '그래 넌 원래부터 독버섯 같은 놈이었지? 외팔이나 춘식이는 실상 빈 쭉정이에 불과했다.'

  한국어에서 '쭉정이, 독버섯' 등의 식물과 연관된 욕설의 경우 욕설로서의 강도가 뚜렷이 떨어지는데 식물의 정적이며 피동적인 측면이 상대방에게 강한 감정적인 손상을 입힐 목적의 욕설로 기능하기 어렵기 때문이다. 이들은 모두 '결함'의 비속어(정상/비정상)와 마찬가지로 식용버섯/독버섯, 알맹이/껍질의 양항 대립의 속성을 지니고 있으며 이를 이용하여 내집단에 속하지 않는 대상들을 배척하고 차별하는 집단주의 문화를 반영하는 비속어에 속한다.

- 배설/분뇨의 비속어(위생문화)
  - 불확실성 회피 문화('위생/청결')/불평등 문화('성차별')

배설/분뇨와 관련된 욕설은 오늘날 성적인 욕설에 뒤처지어 욕설로서 기능을 점점 상실해가는 추세이나 여전히 여러 언어공동체가 두루 가지고 있는 욕설의 다른 한 축을 이루고 있다. 인간사회에서 관습적으로 더러운 것을 꺼리어 피하는, '암묵적인 규약을 위반함으로써 수치심을 상대방에게 유발하는 욕설을 만들어낸 것이다. 한국어에는 명사 그 자체로 쓰이기보다 접두사의 형태로 심하게 욕설을 퍼붓거나("똥파리, 똥개, 똥물, 똥걸레" 등) 아니면 수식어로서 기능하는("똥물에 튀길, 똥물에 빠져 죽을" 등) '똥'의 욕설이 있는가 하면 '걸레(똥걸레)'는 흔히 성적으로 문란한 여성을 질타하는 대표적인 욕설로 더러움의 대명사라고 할 수 있다. 이러한 배설/분뇨의 비속어를 사용한다는 것은 위생과 청결을 중시하는 위생문화의 사회라는 것을 말해주는데 Hofstede et al(238-239)은 이를 불확실성 회피 문화의 특성으로 분류하고 있다.

- 종교와 질병/죽음/형벌의 비속어(역사성, 저주)
  - 불교 문화('중')/기독교 문화('예수')/민간신앙('동티')/단기지향 문화('과거의 언어 유산')/불확실성 회피 문화('저주/혐오증')/불확실성 수용 문화('중국/포용력')

이따금 "중놈의 새끼", "까까중 대가리", "예수쟁이" 그리고 민간신앙과 관련한 "동티날 놈/년" 등의 종교와 관련된 욕설이 쓰이고 있으나 압도적으로 많은 수의 욕설은 '죽음'과 관련이 되어 있다. 기아와 여러 질병에 시달리고, 수많은 외적의 침입을 받았던 세월이 길었던 까닭에 죽음을 일상적으로 흔히 있는 일로 받아들이게 되었다. 엄청난 수의 "씹어 죽일, 쳐 죽일, 뒈질, 급살 맞을, 조살 할, 염병할, 벼락 맞을, 썩을 놈/년" 등의 죽음과 관련된 사납고 악하기 그지없는 욕설이 여기저기에서 사용되었다. 여기에 더해 이제는 과거의 유산으로 인식되는 "젠장 맞을, 경을 칠, 육시할, 오살할, 우라질, 주리 틀, 치도곤 맞을, 육 장 낼 놈/년" 등의 조선 시대 형벌과 관련된 욕설이 얼마 전까지도 특히 노년층에서 자주 쓰였는데, 모두 저주에 가까운 욕설로 "~할 놈/년"이란 구조로 이루어졌다. 한국의 역사적이며 사회언어학적 배경에서 비롯된 이와 같은 욕설을 통해 언어가 사회상을 그대로 반영하고 있는 그릇이라는 사실을 잘 이해할 수 있다.

형벌 관련 욕설('오라질/우라질 년과 경칠 놈')에서 오라질의 '오라'는 죄인을 결박하는 홍줄을 의미하고 '오라질'은 '오라를 지다'의 준말로 오랏줄에 묶인 몸을 가리킨다. '우라질'은 '오라질'의 모음교체의 결과이다. '경칠'의 '경'은 묵형(墨刑) 또는 자자(刺字)라 부르기도 하는데 죄인의 몸이나 얼굴에 살을 따고 흠을 내어 먹물로 죄명을 찍는 형벌이다. 이들 형벌 관련 욕설의 대부분이 한자어에서 유래한 것을 볼 때 이들 극형이 중국에서 먼저 행해졌음을 짐작할 수 있다. 이러한 저주의 비속어를 사용한다는 것은 미워하는 상대, 즉 타인을 멀리하고 안전을 중시하는 사회라는 것을 알 수 있는데 Hofstede et al(238-239)은 이를 불확실성 회피 문화의 특성으로 분류하고 있다.

• 외국인 비하와 외국어의 비속어
  - 불확실성 수용 문화('포용력')/불확실성 회피 문화('외국인 혐오증')
문화 개방과 20세기의 전쟁으로 인하여 외국의 욕설이 우리말 욕설 체계 안에 들어오게 되자 형벌 관련 욕설과 같은 역사적 배경을 지닌 고유의 욕설뿐 아니라 외국어에서 온 욕설도 사용하게 되었다. 예를 들어 "퍼큐(fuck you), 빠가야로, 싸이코, 호모, 게이, 빠순이" 등과 같이 외국어의 욕설을 그대로 차용어로 쓰던지 우리말 욕설과 결합하여 사용하기도 하는데 이에 더하여 외국인을 업신여겨 "짱깨, 깜둥이, 되놈, 짱꼴라, 때국놈, 왜놈, 쪽발이, 로스께, 양키" 등의 대수롭지 않게 비하하는 욕설이 사용되고 있다. 열강의 틈바구니에서 전쟁과 식민지를 경험한 한민족으로서 이민족과의 상호 접촉이 긍정적인 결과로 이어지지 않다 보니, 이웃 국가의 국민에 대한 다양하고 부정적인 어휘를 지니게 되었다.

• 죽음의 비속어/완곡어(우원법: '돌아가다, 골로 가다, 밥숟가락 놓다')
  – 자제 문화('엄격한 사회적 규범')/이성주의 문화('감정 배제')/불교 문화('환생')
    고맥락 문화('맥락/배경/환경과 연관')/농경문화('밥숟가락')

죽음에 대한 간접적인 표현들로 '숨지다, 돌아가다, 눈감다, 세상을 하직하다, 영면하다 등'이 있다. 이러한 표현들은 죽음을 죽음의 결과인 여러 현상에 의해서 비유적으로 간접 표현하는 방식의 우원법을 사용하고 있는데 더나아가 '골로 가다, 밥숟가락 놓다 등'의 비속어를 볼 때 죽음에는 다양한 우원법이 사용되고 있음을 알 수 있다. '돌아가다'라는 말에서는 사람이 죽으면 다시 내세로 돌아가 환생한다는 불교사상에서 유래한 말이라는 것을 알 수 있다.

'골로 간다'라는 말은 맥락과 연관된 여러 의미를 지니는 데 우선 민간어원설에 의하면 '6·25 전쟁 때에 인민군이 우리 포로를 골짜기로 끌고 가서 처형하였다. 이때부터 산골짜기로 끌려가는 것이 죽음을 나타내는 말이 되었다.'라고 한다. 또한 '골로 간다'라는 말은 '고택골로 간다'라는 말의 준말이다.

'고택(高宅)골'은 지금의 서울특별시 은평구 신사동에 해당하는 마을의 옛 이름으로서 공동묘지가 많이 있었다. 고택골이라는 말은 산대놀이의 사설에서도 나온다. 그래서 여기에서 유래하여 '죽다'의 속된 말로 '골로 가다'가 된 것이다. 마지막으로 또한 '골로 가다'라는 말은 '골'이 시신을 담는 나무 관을 일컫는 말이기에 '칠성판 지다'와 같이 관속에 들어가 결국 무덤으로 들어간다는 의미이기도 하다.

- 무덤의 아날로지('죽음도 삶과 똑같이 움직인다.')
  - 여성적 문화('동일 잣대/조화')

한국인의 공간구조물은 해와 더불어 움직이는가 하면 강과 함께 흐르기도 하는 자연과 우주의 아날로지이다. 예를 들어 상고대 무덤은 연어와 역류하는 물줄기처럼 죽은 이를 생명의 원천으로 돌리고자 머리를 물줄기의 상류를 향해 놓아 생명의 근원으로 귀소하는 죽음을 상징한다. 다른 한편으로 경주 지역의 원삼국시대 해바라기 무덤은 죽은 이의 머리 방향을 아침 해돋이 방위로 하고 있어 죽음과 삶의 방위를 구별하지 않으며 모든 동식물의 본능과 생리를 반영하고 있다.

- 죽음 관련 금기어 사용(금기 표현 〉 완곡 표현)
  - 감성주의 문화('감정의 발산')/자적 문화('규범 위반')

국어와 영어에서 죽음을 지시할 때 양 국어가 모두 완곡 표현보다 금기 표현을 많이 사용했다. 그러나 완곡 표현과 금기 표현의 사용 비율을 살펴보면 국어보다 영어에서 금기 표현을 사용한 비중이 훨씬 높았다.

- 질병(성병 포함) 관련 금기어 사용(금기 표현 〉 완곡 표현)
  - 감성주의 문화('감정의 발산')/자적 문화('규범 위반')

  질병과 관련된 금기·완곡 표현에서 한국어와 영어 모두 금기 표현을 완곡 표현보다 더 많이 사용했으나 '성병'과 관련하여서는 영어에서 완곡 표현인 'STD'를 금기 표현보다 더 많이 사용하는 경향을 보이고 한국어는 반대로 금기 표현을 더 많이 사용하였다.

- 배설 관련 금기어 사용(금기 표현 〉 완곡 표현)
  - 감성주의 문화('감정의 발산')/자적 문화('규범 위반')

  배설과 관련된 금기·완곡 표현에서 '오줌을 누다, 똥을 누다, 변소'의 세 가지 표현을 대조하였을 때 대조된 표현들은 모두 영어보다 국어에서 금기 표현을 더 많이 사용하는 것으로 나타난다. 이를 통해 한국문화보다 영어권 문화에서 배설과 관련된 어휘가 금기인 것으로 파악할 수 있다.

- 성 관련 금기어 사용(금기 표현 〈 완곡 표현)
  - 이성주의 문화('감정 배제')/자제 문화('엄격한 사회적 규범')

  성과 관련된 금기·완곡 표현에서는 한국어의 경우에 영어보다 극도로 성을 표현하지 않는 경향이 있었는데 이것은 배설과 관련된 표현의 경우와 정반대의 결과이다. '임신, 아이를 낳다, 월경, 입 맞추다, 젖·유방, 볼기'의 여섯 가지 금기 표현이 성과 관련하여 한국어에서 사용되었는데 이 중에서 특히 '아이를 낳다', '월경', 그리고 '볼기'의 표현들이 대응되는 영어의 금기 표현보다 더 많이 사용되었던 점을 고려하면 이러한 세 가지 금기 표현은 한국어에서 더 이상 금기가 아니라는 것을 말해준다. 다른 한편으로 이러한 세 가지 금기 표현을 제외한 나머지 표현들(pregnant, kiss, breasts)은 영어에서 한국어보다 더 많이 사용되었는데 이것은 영미권 문화가 역사적으로 성과 관련된 주제에 있어서 상대적으로 한국문화보다 더 자유롭다는 것을 말해준다.

6.2 영어(비속어/금기어/완곡어)와 문화

- 비속어(욕)의 금기
  - 이성주의 문화('감정 배제')/자제 문화('엄격한 사회적 규범/예의성')
  동물과 욕('You swine!, vixen, son of bitch')
  성기/성행위와 욕('asshole, You cocksucker!, fuck off 썩 꺼져')
  아이들의 욕('shit: 똥, 제기랄, 빌어먹을(Bull shit!)'), ('chickenshit: 겁쟁이 - coward')

  비속어(욕)의 금기는 비속어를 사용해서는 안 된다는 예절 차원에서 이해될 수 있는데 이러한 예의는 미국인의 중요한 가치관으로서 능률과 더불어 미국 사회에서 많은 금기어를 만들어내고 있다. 오늘날 미국 사회를 유지하는 대들보라 할 수 있는 예의성은 과거 영국의 기사도 정신에 뿌리를 두고 있는 미국인들의 미덕이다.

- 비속어 금기의 완화/해제(성과 해부의 표현/직업명: 문화적 가치변화/문화변동)
  - 감성주의 문화('감정의 발산')/자적 문화('느슨한 규범')/남성적 문화('거칠고 공격적')/평등 문화('평등주의')
  'fuck, cunt, demolition engineer (house-wrecker), sanitary engineer

(garbageman), extermination engineer(ratcatcher)'

한 사회의 문화적 가치의 변화는 언어에 변화를 주어서 과거에 금기였던 금기어가 완화되거나 해제되기도 한다. 예를 들어 얼마 전까지만 해도 법으로 금지되었던 fuck이나 cunt 등의 단어들이 최근의 출판물에 쓰이고 있으며 다른 한편으로 비천한 직업들에 권위를 살려주려는 "감상적인 평등주의"를 내세우며 미국 사회는 이들에게 근사한 이름을 부여하고 있다.

이와 같은 자적 문화와 평등 문화의 양상은 미국의 대중문화로서 오락영화와 대중예술의 대명사라 불리는 미국의 할리우드 영화에도 잘 나타나 있다. 할리우드가 파는 상품은 꿈, 즉 전 세계인을 즐겁게 해주는 오락이며 또한 영화를 통한, 여러 감정과 센세이션을 함께 나누는 경험이라 할 수 있다.

- 비속어(신과 관련된 신성모독: 저주)
  - 기독교 문화('God/Devil/hell')/불확실성 회피 문화('저주/혐오증')
  (1) 'Oh, God [My (God)]!', 'Oh, for goodness sake!', 'Oh, dear!'
  (2) 'Go to the Devil!', 'Damn [Dash, Blast, Bother] it!'
  (3) 'He was running like hell [the devil].' 'What in hell is the matter with you?' - J. Steinbeck

신과 관련된 비속어들이 영어에는 많이 있는데 이들은 본래는 신을 두고 맹세한다는 의미의 이른바 맹세의 표현이었는데 신을 결부시키는 강한 단언이 발전하여 분노와 경악 그리고 당혹 등의 감정 표현이 되고 다른 한편으로 강의어 용법(intensive)도 생겨난 것이다. 즉, 처음에는 신의 이름을 함부로 부르는 것은 신성을 모독하는 일이 된다는 의미에서 '더러운 말을 쓴다.'라는 뜻으로 쓰이다가 더 악화하여 나중에는 '욕설, 상스러운 말들의 뜻'을 가지게 되었다. 이러한 표현은 기독교적 문화에서만 나타나는데 문화적 배경에 따라 크게 다양하다. 예문(1)은 신과 관련된 욕설(감정 표현)의 대표적인 경우이다. 욕설은 억눌린 감정의 발산으로 억누르는 힘이 강함에 따라서 그만큼 폭발력은 더 크다. 짧은 명령문의 형태로 저주를 나타내는 욕설과 강의어 용법으로 예문(2), (3)의 표현들이 있다. 이러한 저주의 비속어를 사용한다는 것은 미워하는 상대, 즉 타인을 멀리하고 안전을 중시하는 사회라는 것을 알 수 있는데 Hofstede et al(238-239)은 이를 불확실성 회피 문화의 특성으로 분류하고 있다.

• 성을 소재로 한 비어(욕설)의 에로스
  - 감성주의 문화('감정의 발산')/자적 문화('규범 위반')

성은 종잡기 힘든 것으로 변덕이 심하고 자유이자 쾌락이며 동시에 억압이다. 죄악인 성 그것은 또한 에로스다. 이러한 특성의 성에 대한 혐오감과 성의 억압에 대한 반발로 인간은 욕설에 성을 즐겨 사용한 것이다. 이때 남녀 성기와 그들 사이의 성행위가 주로 소재가 된다.

• 속어의 사회적 색채
  - 집단주의 문화('동류감')
  (1) 학생 속어(Students' Slang): exam(examination), lab(laboratory), gym(gymnasium)
  (2) 병사 속어(Soldiers' Slang)와 군대 속어(Army Slang): go west (die)
  (3) 죽음의 속어(Death Slang): drop off, fade out, kick the bucket

(4) 전쟁 속어(War Slang): pineapple (수류탄 = hand grenade: 형태에서
유래한 애칭)

속어는 특수한 사회적 색채를 지니고 있어서 속어의 어구를 사용함으로써
해당하는 특정 사회집단에 속하는 사람들은 그 사회에 속하고 있다는 것을
나타내려고 하며 동시에 동류감과 친근감을 느낄 수 있다.

• '광기'의 매카시즘 시대(순응의 시대)
　- 남성적 문화('거칠고 공격적')
　매카시즘은 극우파 상원의원 매카시에 의한 좌파 사냥의 광기의 이데올로
기인데 이러한 미국의 1950년대 광기의 매카시즘 시대는 비평가 어빙 하우
(Irving Howe)에 의해 '순응의 시대'(This Age of Conformity)라 불리었다.

• 죽음의 금기어(완곡어 사용)
　- 여성적 문화('세속화')/이성주의 문화('감정 배제')/자제 문화('엄격한 사회적
　　규범')
　('going on to a better place, pass away, funeral director, casket')

　기독교는 죽음을 초월적인 경험으로 보고 구원을 얻는다고 말하지만, 오늘
날 미국인들은 이러한 종교적인 죽음과의 친밀감을 상실하였다. 즉, 미국 사
회의 세속화로 인하여 오늘날 많은 미국인은 초월적인 견해를 지니는 전통
적 의식과 가치에 대해서 확신을 갖지 못하여 이를 거부한다. 예를 들면 직면
한 고통스러운 현실을 회피하고 죽음을 부인하기 위해서 'die, death, dead'와
같은 말의 사용을 회피하고 'going on to a better place, departed, expire, pass

away, just passed, sleep'과 같은 완곡어법과 'funeral director, casket, hearses, the loved one'과 같은 완곡어를 사용하고 있다.

- 성 차별어 완화/타파(여권신장운동을 통한 금기어의 확대)
  - 평등 문화('불평등의 최소화')
  ('fireman, freshman, chairman' → 'firefighter, freshperson, chairperson'
  'transvestism, transsexualism, pregnant, leg, 수많은 prostitute에 대한 속어의 금기')
  슐츠(Schultz 1975)의 자료에 따르면 prostitute에 대한 500여 가지가 넘는 영어의 속어에 비해 whoremonger에 대한 속어는 65가지 정도에 불과하다고 하는데 페미니스트들은 이러한 성차별적이고 여성을 모욕하는 비속어의 사용을 여권신장을 통해서 더욱 금기시한다. 즉, 여성에 관련된 금기어의 완곡어 표현이 다시 금기어가 되었다. 예를 들면 prostitute에 대한 완곡어법들이 있다(Fasold 1999: 159, 류춘희 2000: 55 참조).

- 성 표현 언어의 발달(성의 금기어/외설적 농담/근친상간)
  - 감성주의 문화('감정의 발산')/자적 문화('느슨한 규범')
  '소도미(Sodomy), 소돔마이트(Sodomite), 버거리(Buggery), 수음(Masturbation), 월경(Menstruation), 낙태(Abortion), 포르노그라피(Pornography), 외설(Obscenity), 동성애(Homosexality). 종족혼교(Miscegenation), 성병(Venereal Disease), 거세(Castration), 근친상간(Incest)'

성문화는 강한 금기의 대상으로 인간의 역사와 오랫동안 함께하는데 인간은 이러한 억누를 수 없는 성을 억눌림 당한 데 대한 반격으로 성을 많은 욕의 소재로 삼아 즐겨 사용하게 되었다. 이러한 상황에서 욕설 이외에도 위에 열거한 성과 관련된 금기어와 외설적 농담 그리고 근친상간 등과 같은 성 표현 언어가 발달하게 되었다.

- 다양한 문화영역의 금기어(음식/광고/정치 분야 등)
  - 이성주의 문화('감정 배제')/자제 문화('예의성/엄격한 사회적 규범')
  "He's a nut." "Your car is lemon." "My daughter is the apple of my eye."
  "They were too yellow to fight. The black ox has trod on his foot."
  "흑인(nigger, coon, Raccoon, main coon, dusky, darky, darkie, sambo),
  스페인계 미국인(spic), 중국인(Chink, Chinkie), 인디언(red skin), 미국인
  (yank), 백인(whity)"

고도의 산업사회는 다양한 문화 레퍼토리를 갖는데 이러한 문화의 각 영역에는 다음과 같이 나름대로 금기가 있다. 음식은 영양분으로서 우리에게 복잡한 상징과 은유를 제공하면서 우리의 문화에 침투하여 우리의 삶에 일상생활이나 종교적 의례에서 어떤 대상에 대한 언행을 제한하는 영향을 끼친다(nut: 괴짜/미친 사람, lemon: 쓸모없는 것, 불량품, 바보, 멍청이 apple: 가장 아끼고 사랑하는 사람). 광고의 경우 문화적 요인의 차이로 개별 문화권 사람들의 지각과 정서를 고려하여야 한다. 따라서 미국에서 광고를 내는 경우 예를 들어 음식과 더불어 색채 역시 일반적으로 청색(영예), 적색(축제), 자색(위험), 핑크(건강), 황색(태양), 녹색(자연), 백색(청결), 흑색(재앙) 등의 심

원한 상징적 의미를 지니고 있으므로 색채와 관련한 상호 문화적 금기 사항을 알아야 한다. 미국인은 순색을 선호하고 있으며 황색은 비겁을 암시하여서 그리고 흑색은 죽음의 색이라 하여서 그들이 혐오하며 꺼리는 금기의 색이다. 정치 분야도 예외는 아니다. 다민족으로 이루어진 미국 사회에서 정치지도자는 특정한 민족 출신의 사람들을 비하해서 지칭하는 것은 강한 금기이다.

• 죽음 관련 금기어 사용(금기 표현 〉 완곡 표현)
  - 감성주의 문화('감정의 발산')/자적 문화('규범 위반')
  한 · 영 간 금기 · 완곡 표현의 사용 빈도를 살펴보면 한국어와 영어에서 죽음을 가리킬 때 두 언어에서 모두 금기 표현을 완곡 표현보다 더 많이 사용했다. 그러나 금기 표현과 완곡 표현의 사용 비율을 더 분석하면 영어에서 금기 표현을 사용한 정도가 국어의 경우보다 매우 더 높았다.

• 질병 관련 금기어 사용(금기 표현 〉 완곡 표현), 금기어 '성병'(금기 표현 〈 완곡 표현)
  - 감성주의 문화('감정의 발산')/자적 문화('규범 위반'), 이성주의 문화('감정 배제')/자제 문화('예의성')
  질병과 관련된 금기 · 완곡 표현에서 한국어와 영어 모두 금기 표현을 완곡 표현보다 더 많이 사용했으나 '성병'과 관련하여서는 영어에서 완곡 표현인 'STD'를 금기 표현보다 더 많이 사용하는 경향을 보이고 한국어는 반대로 금기 표현을 더 많이 사용하였다.

- 배설 관련 금기어 사용(영어: 금기 표현 〈 완곡 표현)
  - 이성주의 문화('감정 배제')/자제 문화(예의성)

  배설과 관련된 금기·완곡 표현에서 '오줌을 누다, 똥을 누다, 변소'의 세 가지 표현을 대조하였을 때 대조된 표현들은 모두 영어보다 국어에서 금기 표현을 더 많이 사용하는 것으로 드러난다. 이를 통해 한국문화보다 영어권 문화에서 배설과 관련된 어휘가 금기인 것으로 파악할 수 있다.

- 성 관련 금기어 사용(자유로운 성 표현의 경향: 금기 표현 〉 완곡 표현)
  - 감성주의 문화('감정의 발산')/자적 문화('규범 위반')

  성과 관련된 금기·완곡 표현에서는 한국어의 경우에 영어보다 극도로 성을 표현하지 않는 경향이 있었는데 이것은 배설과 관련된 표현의 경우와 정반대의 결과이다. '임신, 아이를 낳다, 월경, 입 맞추다, 젖·유방, 볼기'의 여섯 가지 금기 표현이 성과 관련하여 한국어에서 사용되었는데 이 중에서 특히 '아이를 낳다', '월경', 그리고 '볼기'의 표현들이 대응되는 영어의 금기 표현보다 더 많이 사용되었던 점을 고려하면 이러한 세 가지 금기 표현은 한국어에서 더 이상 금기가 아니라는 것을 말해준다. 다른 한편으로 이러한 세 가지 금기 표현을 제외한 나머지 표현들(pregnant, kiss, breasts)은 영어에서 한국어보다 더 많이 사용되었는데 이것은 영미권 문화가 역사적으로 성과 관련된 주제에 있어서 상대적으로 한국문화보다 더 자유롭다는 것을 말해준다.

- 영국인의 Kenning(완곡 대칭법) 언어습관
  - 고맥락 문화('우회적/간접적')/불확실성 회피 문화('다른 것은 위험시: 긴장')

  영국인은 직접적인 표현보다는 케닝이라고 하는 우회적이고 간접적인 전통적 표현법을 선호하는 언어습관을 지니는데 자신의 의도와 속마음을 잘 드러내지 않으려는 태도에서 유래한다고 볼 수 있다.

7. 비유/상징과 문화

비유/상징을 매개로 한 한국어와 영어가 반영하고 있는 문화 차원은 남성적 문화/여성적 문화, 단기지향 문화/장기지향 문화, 감성주의 문화/이성주의 문화와 관련하여서는 큰 차이를 보이지 않는다. 큰 차이를 보이는 경우는 개인주의 문화/집단주의 문화, 평등 문화/불평등 문화, 유교 문화/기독교 문화, 농경문화/유목·상업 문화와 관련된 문화에서다. Hofstede et al(2010/2018: 84, 122, 129)에 따르면 한국 사회는 낮은 개인주의 지수와 높은 권력거리 지수의 집단에 속하고 영/미 사회는 개인주의 지수가 높고 권력거리 지수가 낮은 집단에 속한다. 이와 유사하게 한국어는 많은 경우에 집단주의 문화와 불평등 문화를, 영어는 개인주의 문화와 평등 문화를 나타내는 특성을 보인다.

영어에 나타나는 개인주의 문화는 '보스턴 차 사건(미국 건국의 원인), 미국의 건국 역사(혁명을 통해 세워진 나라), 독립선언서(자유와 평등 주창/이상주의의 자취), 미국의 문화적 유형, 다양다색한 다원성의 미국문화의 가치와 미국의 다문화주의, 미국인의 성격과 사상의 기원, 미국인 행동의 원천(자기중심과 책임 의식), 미국인 활동의 원동력, [시야는 그릇이다. VISUAL FIELDS ARE CONTAINERS], *bull* metaphor, 미국 법/사법제도(문제점), 미국문화의 상징(영웅주의), Mark Twain 문학(미국 문학의 진수: '해학, 풍자'), 미국의 지적 전통(범유럽적 계몽주의운동의 영향), 미국인의 꿈과 경향(정부/관청에 대한 불신), 미국의 배심원 평결제도, *dog* metaphor, 미국의 법문화(투철한 준법정신), *fox* metaphor, 프런티어 정신(서부 황야의 개척정신), '빨강' 상징('무의미한, 공식적인'), 미국인의 American Dream(Land of Opportunity), 서부 개척 시대(정당방위권과 사유지수호권), 미국인의 가정관의 근원(서부 개척 시대 홈스테드 액트)' 등을 통해 반영되고 있으며 평등문화는 '미국예술(대중성/문화의 평등성), 미식축구(미국의 대중문화/스포츠), *bull* metaphor, *chicken* metaphor, *dog* metaphor, 미국의 문화적 유형, 다양다색한 다원성의 미국문화의 가치와 미국의 다문화주의, 미국의 지적 전통(범유럽적 계몽주의운동의 영향), 미국의 사회제도(평등한 사회), 미국의 법문화(투철한 준법정신), *fox* metaphor, *pig/hog* metaphor, 프런티어 정신(서부 황야의 개척정신)' 등을 통해 표현되고 있다.

위에서 언급한 '빨강 상징(무의미한, 공식적인)'을 통해 표현되는 영어에 나타나는 개인주의 문화는 'red tape'라는 관용구에서 비롯된 언어상징에 의한 것으로 'red tape'는 '(영국에서 공문서 묶는 데 쓴 빨간 끈에서) 의미 없는 공식적인 서류, 일을 지연시키는 모든 것, 관료적 형식주의'를 의미한다. 즉, '빨강'은 여러 관용구에서 '무의미한, 공식적인'이라는 상징적인 의미를 나타내는데 'red tape'를 통하여 또한 '의미 없는, 일을 지연시키는, 형식주의'라는 부정적인 의미를 드러내고 있다. 이것으로 형식주의 문화와 더불어 관료를 싫어하고 꺼리는 영미권의 개인주의 문화의 단면을 이해할 수 있다.

한편 한국어에는 유교 문화와 많은 상관관계를 보이고 있으며, 영어는 유목·상업 문화의 경향을 상당히 보인다. 큰 차이는 아니지만, 예상대로 한국어에는 여성적 문화, 감성주의 문화와 상관관계를 보이고 있으며 반면에 영어는 남성적 문화, 이성주의 문화의 경향을 보인다. 특이한 점은 한국어에 단기지향 문화의 면모가 상당히 나타나고 있는 점이다. 비유/상징과 관련해서 한국어에 나타나는 단기지향 문화는 '한복(전통미와 전근대를 상징: 치마와 저고리의 직선과 곡선, 균형), 진도 씻김굿(원시 형태의 주술적 자연 신앙), 1 (하나: '기수, 시작, 일등, 한번, 동일, 적음, 짧은 시간'), 성황당/서낭당(무속신앙), 백설기와 수수팥떡(민간신앙: 백일, 돌), 산통 깨다(무속신앙), 고맙습니다(무속신앙: 고마 = 신, 신령), 미역국을 먹다(전통문화 풍속: 음식문화), 알나리깔나리'를 통해 표현되고 있다. 비유/상징을 매개로 한 한국어와 영어에 담겨 있는 문화를 구체적인 예시와 함께 살펴보면 다음과 같다.

7.1 한국어(비유/상징)와 문화

- '산통 깨다'(무속신앙)
  - 민간신앙('무속')/불확실성 회피 문화('다른 것은 위험/두려움')/단기지향 문화 ('전통 존중')

  '산통점'을 칠 때 사용하는 '산가지'를 넣어 두는 통을 일컬어서 '산통'이라 하는데 '산통 깨다'는 이 중요한 도구가 깨진다는 말이니 점쟁이가 아무 일도 할 수 없게 되는, 이른바 다된 일을 이루지 못했을 때 하는 말이다.

- '고맙습니다'(무속신앙: 고마 = 신, 신령)
  - 민간신앙('무속')/불확실성 회피 문화('신성시')/단기지향 문화('전통 존중')

  어원 분석을 통해 제반 문화 요소들을 찾아내는 어원 연구는 고유어의 기원을 통해서 민족문화의 저변을 찾을 수 있게 한다. '고맙습니다'의 예를 살펴보면 어간 '고마'는 신, 또는 신령을 의미하는 토박이말로서 신령의 은혜를 입었다는 의미를 지닌다. 신이 은혜의 대상으로 위대한 존재인 신령에 대한 감사와 외경의 표시인 것을 알 수 있다. 단순한 사의 표시인 한자어 '감사합니다'보다 더 정중하고 고상하다 할 수 있다.

- '아름다움' 어원 분석(아리땁다/어엿브다/곱다)
  - 여성적 문화('수동성, 작은 것/약자 지지')

어원을 통해 선조들의 의식구조를 찾아낼 수 있는데 '아름다움'의 예를 들면 우선 핵심이 되는 '아름'의 어원이 불투명하므로 이와 유사한 '아리땁다', '예쁘다', '곱다'란 낱말로 미루어 추측할 수 있다. '아리땁다'의 '아리-'는 '-아리'(병아리)나 '-아지'(송아지)와 마찬가지로 어린 것, 작은 것을 나타내는 말이다. 예쁘다는 '어엿브다'가 변한 말인데 '불쌍하다/가엽다/가련하다'를 뜻하는 말로 연약하고 수동적인 아름다움이다. '굽(곱)은 것', 즉 곡선을 가리키는 '곱다'는 아름다움과 굽은 선의 연관성을 암시하고 있다. '아름답다'의 어원 분석을 통해 한국인 조상들은 가련미를 포함한 '작은 것이 아름답다'라는 미의식을 지니며 일직선이 아닌 굽은 선에서 더한 아름다움을 느끼는 것이다.

- '미역국(을) 먹다'(전통문화 풍속: 음식문화)
  - 단기지향 문화('전통 존중')/여성적 문화('수동적: 강점/해산')

미역이 미끌미끌한 데 빗대어서 시험에 불합격하거나 취직자리에서 떨어졌을 때를 속되게 이르는 말로 쓰이는 데 일제강점기 시대에 조선군대가 해산당하게 되었을 때, 해산이라는 말이 아이를 낳는 해산과 말소리가 같으므로 아이를 낳고 미역국을 먹던 풍속과 관련하여 '미역국(을) 먹다'라는 말이 생겨난 것이다.

- '곤죽'(밥, 땅, 일, 몸)
  - 농경문화('죽: 주식의 쌀')

  본래 '곯아서 썩은 죽'을 의미하는 말인데 '밥이 몹시 질거나 땅이 질퍽질퍽한 상태' 또는 '일이 엉망진창이 되어 갈피를 잡기 어려운 상태나 사람의 몸이 몹시 피곤하여 늘어진 상태'를 비유할 때 쓴다.

- '알나리깔나리'
  - 유교 문화('나리')/단기지향 문화('전통 존중')/자적 문화('조롱/방종')

  '알나리'의 '알'은 '알바가지, 알요강, 알항아리' 등의 '알 –'과 같은 '작은'의 뜻을 갖는 접두사이다. '나리'는 '지체가 높거나 권세가 있는 사람'을 뜻한다. 결국 '알나리'는 '나이가 어리고 키가 작은 나리'라는 뜻이 된다. 여기에 운(韻)을 맞추기 위해 별다른 의미가 없이 '깔나리'가 첨가되어 '알나리깔나리'는 이제 나이가 어리고 키가 작은 사람이 벼슬을 한 경우에 놀리는 말로 쓰이게 되었다. 이어서 표준어 '알나리깔나리'가 변하여 '얼레리꼴레리'로, '얼레리꼴레리'의 중복되는 '리'가 생략되어 '얼레꼴레리'가 생겨난 것이다.

- '독상'(윗사람 존경 문화)
  - 유교 문화('장유유서')/불평등 문화('나이에 의한 상하 구분')

  "할아버지께는 독상을 차려드린다."

  단문으로 문화를 창조하는 예로 윗사람 존경 문화를 나타내고 있다.

- '밥벌이/밥값/밥줄/밥숟가락'(밥을 중시하는 밥 문화)
  - 농경문화('밥: 쌀 관련 어휘의 분화')

  "그 애가 밥벌이는 하니?"

환유적 표현으로 밥을 중시하는 문화를 표현하고 있다. 밥의 재료 가운데 가장 고급재료는 쌀이다. 한국인에게 쌀은 매우 중요해서 쌀과 관련된 어휘가 다양하게 분화되어 있다(볍씨, 모, 벼, 나락, 짚, 싸라기, 겨). 쌀과 관련한 다양한 어휘의 분화를 통해 한국문화의 농경문화적 특성을 엿볼 수 있다.

• '국물'(한국인의 필수 식단: 밥과 국)
 – 농경문화('밥과 국: 쌀 관련 어휘의 분화')/모노크로닉한 문화('신속성')
 "말 안 들으면 국물도 없다."
 접속절을 가진 복문으로 문화를 창조하는 예로, 뭔가를 먹는 데는 국을 먹어야 하는 식생활 문화를 나타내고 있다. 국과 비빔밥을 즐겨 먹는 한국인의 식생활 문화는 상대적으로 짧은 식사 시간의 원인이 되는데 국을 함께 먹으면 입안에서 음식을 빨리 넘기게 되고 비빔밥을 먹으면 반찬을 따로 먹는 시간이 필요하지 않기 때문이다.

• '샘물 대기' 행사("빛 좋고 맛 좋은 물아, 콸콸 솟아라!")
 – 모노크로닉한 문화('스케줄/계획 일정')
 '샘물 대기'는 정월 대보름에 "물아 펑펑 나와라. 빛 좋고 맛 좋은 물아, 콸콸 솟아라!"라고 소리치며 물이 잘 나는 우물에서 물을 길어다가 잘 나지 않는 쪽으로 붓는 행사이다. 물은 이처럼 투명하게 맑고 시원하고 달아야 한다. 다산 초정의 샘, 광주 소쇄원의 석간수 그리고 지리산 쌍계사의 쌍둥이 우물이 이를 대변하고 있다.

- 온돌문화('아랫목/구들은 야성의 불길을 길들인 예다.')
  - 남성적 문화('환경지배/통제')

"어머니께서 아랫목에 이불을 깔아 놓으셨다."

주생활 문화를 표현한 단문으로 온돌문화를 나타내고 있다. 구들은 한국인이 가장 성공적으로 길들인 사례에 속한다. 돌의 오랜 열 보관성과 흙의 빠른 열 전도성을 상보적으로 잘 안배하였으며 불길의 타오르는 기세, 열의 분산 회전과 분산배치 그리고 보온기능을 잘 유도하는 일련의 난방시설, 구들은 또한 취사 시설이기도 하다. 이러한 구들로 인해 불은 이제 안식이고 온기이며 단란과 화해가 된다. 한국인의 오랜 행복한 삶의 지표인 '배부르기'와 '등 따스하기'는 구들로 가능한 것이다. '등짝이 펴진다.'와 '뼈가 노글노글하다.'라는 말은 이러한 삶의 안식을 대변해 주는 말이다.

- 주택의 개방문화('마당/이사 떡/집들이')
  - 집단주의 문화('친밀한 관계')

"마당에 아이들이 놀고 있다."

마당이 있는 주택의 개방문화를 만들어내는 단문의 예이다. 한옥의 개방적 구조는 같은 마을에 사는 사람 간에 서로를 알고 친밀한 관계를 유지할 수 있게 해주는데 이와 함께 한국인은 사는 사람 간에 어울려 소통하면서 집단문화적 특성을 갖게 된다. 또한 한국인은 이사하면 이사 떡을 돌려 인사를 나누고 이웃 사람과 친지를 불러 집들이하는 등 어울려 사는 생활 모습을 보인다.

- 호박('호박 같다')

  − 농경문화('후한 농촌 인심')/불평등 문화('성차별')

  "얘 얼굴은 호박 같은데 마음은 천사 같다." 〈경희3(문)-4〉

  한국어에서 '호박 같다'라고 하면 '외모가 못생겼다.'라는 의미로 못생긴 여자를 놀리는 말투로 이르는 말이다. '호박 같다'라는 비유 표현에 사용된 호박은 가을에 농촌에서 쉽게 볼 수 있는 울퉁불퉁한 늙은 호박인데 호박은 이와 같은 부정적 의미 외에 다른 한편으로 정겨운 농촌풍경을 연상시키며 풍요로움과 후한 농촌 인심을 상징한다. 우리 주변에 호박은 '호박 덩굴이 뻗을 적 같아서야, 호박에 말뚝 박기, 호박에 침 주기, 호박이 넝쿨째로 굴러떨어졌다' 등의 예에서 보듯이 속담에도 많이 등장한다.

- 백합('순수, 순결, 결백, 예수의 재림과 부활')

  − 기독교 문화('예수의 재림과 부활')/불확실성 수용 문화('포용력')

  "한명숙 유죄 확정 '백합' 들고 결백 외쳤지만…결국 꺾였다." 〈2015년 8월 21일, 국민일보〉

  '백합'은 "순수, 순결, 결백"의 상징이다. 기사 전문을 읽어 보면 백합이 '청렴', '결백'을 상징하고 있다는 것을 이해할 수 있는데, 서양의 상징임에도 이와 같은 백합의 상징은 아무런 거부감을 불러일으키지 않은 채 현대 한국 사회에서 널리 통용되고 있다. 이것은 상징이 유동적인 것으로 한 문화에서만 고정적으로 사용되는 것이 아니며 다른 한편으로는 백합의 흰색은 한국에서의 흰색의 상징인 "순수, 청렴, 결백"과 연관되어 무리 없이 한국문화에서 수용된 것에서 연유한다. 백합의 꽃말은 위와 같이 순결이 가장 유명하나, 이외에도 순수한 사랑, 깨끗한 사랑, 변함없는 사랑 등이 있다. 백합꽃은 성모마리아의 순결함을 상징하는 꽃이며 부활절의 꽃이다. 예수의 재림과 부활을 상징하는 꽃이라고 한다.

- '쪽도 못 쓰다.' – 남성적 문화('씨름판/승부')

씨름판에서 유래한 말로 상대에게 배지기로 들렸을 때 대항하는 기술인 '발 쪽을 붙인다'라는 기술을 써보지도 못하고 지면 '쪽도 못 썼다'라고 한다. 따라서 '쪽도 못 쓰다'라는 말은 '제대로 상대도 못 하고 기가 눌리어 꼼짝을 못하는 것'을 비유하는 말이다.

- 무역 대립(전쟁에 비유: '포위망 뚫는다')
  – 남성적 문화('전쟁: 공격적/적대적')
  "中 경협강화로 對中 포위망 뚫는다." (동아일보, 2010.12.15.)

'포위망 뚫는다.'라는 전쟁용어를 사용하여 중국과 서방 세계 간의 무역 대립을 전쟁에 비유하여 표현하고 있는데 비유적 표현이 자주 쓰이는 신문의 제목에 통상 언어문화가 녹아있듯이 여기서는 남성적 문화를 반영하고 있다.

- '개' metaphor('개망신')
  – 남성적 문화('강조: 큰 것/강자 지지')/집단주의 문화('부정적 의미만 내포')
    평등 문화('남성/여성 동등 적용')
  "그는 말도 안 되는 소리를 했다가 개망신을 당했다."

예문에서 '망신'이라는 단어는 행동이나 말을 잘못하여 자신의 체면이나 지위, 명예 등을 망침을 의미하고 '개망신'이라는 표현은 아주 큰 망신, 즉 남에게 억눌리어 아주 큰 업신여김을 받는 막심한 굴욕과 창피 따위를 의미하여 '개'는 강조를 나타내는 접두사로 '정도가 심함'의 뜻을 더하고 있다. 이 문장은 부정적인 의미를 내포하고 있는데 여기서 성별은 중요하지 않다.

- '여우' metaphor
  - 집단주의 문화('부정적 의미만 내포')/불평등 문화('여성 차별 적용')
  (1) "선술집을 한 지 10년이 다 된 주인 여자는 여우가 다 됐다."
  (2) "동네 아낙들은 그녀를 보고 온 동네 남정네들을 홀릴 구미호라고 수군거렸다."

예문(1)에 등장하는 '여우'는 매우 교활한 여자로 묘사되고 있다. 즉 여주인을 귀엽지만 남을 속이는 사악한 여자로 여우의 특성에 빗대어 비유적으로 표현하고 있다. 예문(2)에서 '그녀' 역시 여우 중 제일 무서운, 꼬리가 아홉 개 달린 구미호로 은유 되어 매우 악의적이고 교활한 여자로 나타나고 있다. 이처럼 '여우'는 한국문화에서 매우 교활한 사람을 비유적으로 이르는 부정적 의미를 주로 지니는데 영어와 달리 통상 여성에게만 적용되어 불평등 문화를 반영하고 있다.

- '돼지' metaphor
  - 개인주의 문화('긍정/부정 의미 내포')/불평등 문화('여성 차별 적용')
  (1) "돼지꿈을 꾸고 복권을 샀다."
  (2) "그 돼지가 내 몫까지 챙긴 것이 틀림없다."
  (3) "살이 돼지처럼 펑펑 찐 여자가 어울리지 않는 양장에 술이 정도를 넘은 꼴이 구역질이 날 정도였다."

영어로 '돼지'의 의미는 거의 항상 부정적이지만 한국어의 '돼지'는 극도로 긍정적이거나 극도로 부정적이다. '돼지'라는 단어는 비유적으로 부를 의미해서 사람이 꿈에서 돼지를 본다면 그것은 넉넉한 재산의 형성을 암시하는 것이어서 '돼지꿈'이라는 단어는 매우 긍정적인 의미를 내포하고 있다. 즉 사람들이 꿈에서 돼지를 본다면 재산이 많은 부자가 될 것으로 기대한다. 다른 한편으로 '돼지'는 아무리 가지고 있어도 더 많이 가지려고 하는 탐욕스러운 사람이란 부정적인 의미를 지니는데 이것은 돼지의 탐욕스러운 행동으로 쉽게 이해된다. 은유적 표현이 여성을 지칭할 때는 거의 항상 부정적인 의미를 내포하고 있다.

• 한국인의 생활 문화(생태학적 지혜: '곰삭음과 자연스러움')
  – 유교 문화('천인합일')/여성적 문화('협상과 화해')/장기지향 문화('곰삭음')
  한국인의 의식주(한복, 막사발, 발효음식, 한옥) 생활문화를 살펴보면 한국인의 문화 유전자 가운데 생태학적 지혜를 대표적으로 보여주는 '곰삭음과 자연스러움'이 깊이 뿌리박혀있다. 이는 천인합일의 사상에 따라 한국문화에는 전통적으로 자연과 더불어 사는 정신과 지혜가 스며들어 있기 때문이다.

• 한국문화(인간학적 지혜: '어울림, 정')
  – 집단주의 문화('우리' 공동체 의식)/감성주의 문화('정')/여성적 문화('어울림: 조화')
  한국문화는 혼자가 아닌 남들과 함께 살아가는 정신의 인간학적 지혜로 이루어져 있다. 이러한 인간과 인간의 어울림의 정신은 조각보, 비빔밥, '우리' 공동체 의식, 음식점에서의 호칭어(언니/이모)를 통한 정의 문화 그리고 정을 매개로 한 마을과 가족의 공동체 등을 통해서 잘 나타난다.

- 한국 문화(얼과 흥의 조화: 예의/끈기와 역동성/해학)
  - 유교 문화('예의')/장기지향 문화('끈기')/자적 문화('해학')/모노크로닉한 문화
    ('역동성')

한국문화는 역동성과 끈기, 해학과 예의를 아우르는 흥과 얼이 조화를 이룬다. 이 가운데 역동성(빨리빨리/얼리어답터 문화)과 해학(하회 탈춤, 통영 오광대, 개그 프로그램, 인터넷 풍자 프로그램)은 한국문화에서 흥으로 구현되고 끈기(한글 창제, 고려청자, 국가적 위기 극복)와 예의(선비 '예의염치', 동방예의지국, 선비정신)는 얼로 표상되고 있다. 이러한 인내와 끈기의 미덕을 중시하는 사회를 Hofstede et al(2010/2018: 277)은 장기지향 문화로 분류하고 있으며 신속성과 역동성을 강조하는 사회를 Hall(1976/2017: 37)은 모노크로닉한 문화로 명명하고 있다.

- 한국인의 문화 유전자('공동체: 가족과 효')
  - 유교 문화('효')/집단주의 문화('친밀한 유대감')/남성적 문화('가부장주의')
    감성주의 문화('정')

한국인의 공동체 문화 유전자에서는 중요한 요소로 가족과 효가 작용하고 있다. 따라서 한류(조사)의 핵심 키워드로 등장하는 것 역시 '가족주의'와 '효'이다. 가족주의는 인본주의(인간미), 가정윤리, 유교 문화(효도와 충성의 순정), 대가족주의(친밀한 유대감), 가부장주의(남성성 기질), 가정의 정을 주요 내용으로 한다. 한국문화에서 중요한 요소로 정착한 '효'는 유교 문화의 기본적인 규범이며 생활윤리로서 오랜 기간을 거쳐 한국인의 생활양식 속에 깊이 뿌리내리고 있는데 원래 '자효'라 하여 부모는 자녀에게 인자함을 베풀고 자녀는 부모에게 효도를 다 하는 덕목이자 규범이다.

• 한국문화: 다종교 공존 사회의 표본(유연성)

  - 불확실성 수용 문화('포용력')/감성주의 문화('감성 지향성')/장기지향 문화
    ('유연성')

  감성 지향성은 한국인을 종교적 민족으로 만들었으며 그 결과 세계의 여러
종교가 유입되었고 종교 간 갈등도 없는 편이다. 이에 한국은 '다종교 공존
사회의 표본'이라 부르기도 한다. 이와 같은 한국문화의 유연성은 개인행동
과 국가정책에 있어서 강한 포용력으로 나타나는데 이는 국제결혼을 통한 다
문화가정의 증가, 한국어의 활발한 외국어 수용, 그리고 대기업들의 민첩한
현지화 적응 등이 대변하고 있다.

• 한국 사회: 교통과 통신문화의 발달(소통과 교류의 문화: 대중화)

  - 평등 문화('대중화/균형')

  평등사회를 지향하며 대중적 통신과 교통을 도모한 결과 교통과 통신문화
가 발달하였고 이를 통해 교류와 소통이 원활하게 되어 지역 간에 균형 있는
발전을 할 수 있게 되었다.

• 한국 사회의 유통문화(대량생산과 편리성)

  - 평등 문화('대중화')/불확실성 수용 문화('편리함 추구')

  현대 한국 사회의 유통 물품은 기업체에서 대량으로 생산되어 백화점과 대
형매장에 직접 유통되고 있으며 상설종합시장인 한 곳에서 필요한 물품을 모
두 구매한다. 또한 소비자가 언제나 이용할 수 있는 편의점이 있으며 시장을
가지 않고 구매할 수 있는 방송 매체를 통한 홈쇼핑, 그리고 인터넷 시장이
있어 편리한 유통문화를 형성하고 있다.

• 한복: 전통미와 전근대를 상징(치마와 저고리의 직선과 곡선의
　　　조화, 균형미)
　　　문화적 특성(신분, 남성 중심, 형식 중시, 성인 중시)
　- 단기지향 문화('전통 존중')/불평등 문화('신분/남녀 구분')/남성적 문화('남성
　　중심')/형식주의 문화('의관 정제')/개인주의 문화('성인 중시: 독립')

우리의 전통미를 상징하는 전통의상인 한복(치마와 저고리)은 직선과 곡
선이 조화를 이루어 단아하고도 화려한 자태를 풍기는 멋이 특징적이다. 또
한 저고리는 팔을 끼워 넣어 입어 상체를 작게 보이게 하고, 치마는 허리에
감아 입어 하체를 풍성하게 보이도록 만들어 균형이 알맞게 잡힌 데서 나타
나는 아름다움이 있다. 한복의 문화적 특성을 보면 첫째, 신분 문화가 반영되
어 있다. 남성의 갓은 신분이나 관직에 따라 재료가 달랐다. 여성들도 신분에
따라 장신구의 재료가 다르다. 둘째, 남녀를 구분하는 문화와 남성 중심 문화
가 반영되어 있다. 남자는 갓을 쓰고 바지를 입고 여자는 비녀를 꽂고 치마를
입는다. 정장을 차려입는 것을 의관을 정제한다고 하고, 성인이 되어 갓을 쓰
거나 비녀를 꽂는 의례인 관례도 갓을 쓰는 남자를 중심으로 말을 만든 것이
다. 셋째, 형식을 중시하는 유교 문화가 반영되어 있다. 정장 차림에 옷가지
가 많은 것은 형식을 통해 격을 높이고자 하는 것이며 의관 정제라는 말과 옷
차림새를 중시하는 것도 형식을 중시하는 문화를 반영하는 것이다. 넷째, 예
복인 관례복과 혼례복에는 성인됨을 중시하는 문화가 담겨 있다. 즉, 관례나
혼례 때에 사모관대를 한 관복을 입는 것은 성인됨에 무게를 둠을 뜻한다.

- 노리개(가풍과 데리고 노는 여자를 상징)

  - 불평등 문화('가풍/부귀다남')

  노리개는 고대부터 조선까지 여성의 몸단장에 쓰인 장식물이자 장신구의 일종으로 이에는 여인들의 부귀다남에 대한 집착과 소망이 담겨 있다. 노리개의 재료와 형태 등은 가풍을 상징하여 부유한 상류층 가문에서는 자제에게 이를 물려주는 오랜 풍습이 있었으며 일반적으로 고려 말부터 저고리가 짧아지면서 노리개는 저고리 밑으로 올라오게 되었는데 그 이전 고려 시대까지는 허리춤에 위치하였다. 노리개는 또한 그 역할로 인해서 데리고 노는 여자를 빙 둘러서 가리켜 말하는 데에 쓰이기도 한다.

- 양복(활동성, 자유와 평등을 중시)

  - 실용주의 문화('활동복: 능률')/평등 문화('평등 중시')/개인주의 문화('자유 중시')

  현대 사회에서 한국인은 양복이 활동하기 좋기에 양복을 입는다. 유아복이나 아동복을 입고 재학시절에는 교복과 사복을 입으며 남녀 구분 없이 입는 옷도 생겼다. 자유와 평등을 중시하는 사회로 변한 결과의 현상들이다.

- 도복(Taekwondo Uniform) (천지인 삼태극을 상징)

  - 도교 문화('음양오행설')

  도복 한 벌은 저고리, 바지 그리고 띠를 말하는데 이 셋이 하나가 될 때 마침내 도복 한 벌이라 부른다. 천지인 삼태극(三太極)의 원리가 바로 도복의 철학적 의미이다. 한 벌의 도복에서 바지는 음의 땅을, 저고리는 양의 하늘을, 그리고 띠는 하늘과 땅을 연결하여 서로 맺어주는 역할의 매개체로서 사람을 상징한다는 사실에서 음양의 원리를 찾을 수 있다. 또한 태권도복은 한복의 재단법과 유사성을 지니는데 바지 · 저고리의 재단 형태로 볼 때 천지인 삼태극을 상징하는 원 · 방 · 각(○ · □ · △)의 세 가지 모양새를 갖추고 있다. 예를 들어 설명하면 바지에서 허리는 ○, 마루폭은 □, 그리고 사폭은 △의 모양으로 되어있으며 저고리에서도 서로 똑같은 생김새의 원리가 적용되고 있다.

- 김치(저장과 보존 방식)
  - 장기지향 문화('곰삭음: 인내/끈기')

  지금은 냉장고도 널리 보편화 되어있고 겨울에도 채소를 재배하여, 겨울에 채소를 섭취하는 일이 도무지 어렵지 않지만, 예전만 해도 김치 담그기는 냉장고가 새로 발명되기 전까지 채소를 겨우내 싱싱한 상태로 보존 및 저장하는 가장 뛰어난 방식이었다. 생존을 위하여 비타민C를 먹어야 하는 인류는 채소를 통해서 주로 이를 해결했는데 겨울엔 채소를 먹을 수 없어 많은 저장 방법을 생각해냈다. 이 중 많이 썼던 방법으로 말리든지 소금에 절여서 보관하는 방법이 있는데 이런 방식의 단점은 아무리 하여도 맛이 없고 영양이 많이 파괴된다는 점이다. 바로 이런 문제를 해결한 것이 김치인데 김치의 위대함은 겨우내 채소의 신선함을 그대로 유지할 수 있게끔 저장하는 방법으로 만든, 우리 고유의 발효시킨 저장식품이라는 데 있다.

- '그릇의 의례화'(그릇은 먹기를 문화로 승화한다.)
  - 형식주의 문화('의례')/불확실성 회피 문화('정화/청결')

  한국 전통문화는 그릇의 의례화를 꾸준히 실천해 왔다. 제사와 명절을 전후한 그릇 닦기는 부정을 물리치는 성화 작업이자 정화작업이어서 기왓장 가루로 놋그릇을 닦아내고 솔불로 술독과 떡시루를 깨끗이 씻어서 더러운 것이 없게 하였다. 음식가지를 '시니피에'라 하고 그릇을 '시니피앙'이라고 할 때 시니피앙이 강조되어 그릇이라는 시니피앙의 의례성은 그릇이 지닌 우월성과 독자성을 통해 뒷받침되고 있다. 또한 제사와 명절을 전후한 그릇 닦기는 위생과 청결을 중시하는 사회라는 사실을 알 수 있는데 Hofstede et al(238-239)은 이를 불확실성 회피 문화의 특성으로 분류하고 있다.

• 백설기와 수수팥떡(민간신앙: 정결/장수와 축귀)
  – 민간신앙('무속')/불확실성 회피 문화('축귀')/단기지향 문화('전통 존중')
    집단주의 문화('유대')
  백일상과 돌상에는 백설기와 수수팥떡(수수경단)을 올리는데 백설기는 정결과 장수를 상징하고 붉은색의 수수팥떡(수수경단)은 축귀를 상징한다. 이러한 출생, 백일, 돌, 생일이란 한국인의 통과의례에는 민간신앙이 반영되어 있는데 출생을 경건하고 신성시하는 민간신앙과 더불어 친인척, 지인과 함께 축하하며 어울려 사는 집단주의 문화가 담겨 있다.

• 산삼(인삼)(지성(至誠)이면 감천(感天)이라는 인식과 만병의 영약을
    상징) – 장기지향 문화('고진감래')
  원래 산속에서 자생한 인삼을 일컬어 산삼이라 하는데 영주시 풍기읍 도솔봉과 소백산 일대에 많이 자생하고 있으나 좀처럼 발견되지 않는다. 이 때문에 '人' 자와 흡사한 형태를 지닌 산삼 또는 인삼은 민간 설화에서 정성을 다하고 선을 행하는 사람이 고진감래 끝에 마침내 얻게 되는 하나의 대가로 상징되는데 다른 한편 직접 사람처럼 행동하고 사람의 모습으로 나타나기도 한다. 만병의 영약이며 백약(百藥)의 영초(靈草)인 산삼 또는 인삼은 이와 같은

지성(至誠)이면 감천(感天)이라는 인식을 바탕으로 하고 있으며 조선 전기에 인위적으로 재배되기 시작하였는데, 산삼 종자를 받아 경상도 풍기에서 먼저 시작하여 경기도 개성, 충청남도 금산, 기타 산간 지방에서 재배하게 되었다. 그중 풍기인삼이 기후풍토가 알맞은 소백산 밑에서 재배되어 충분한 약성, 탄탄한 육질, 무거운 중량, 강한 인삼 향, 그리고 매우 높은 유효 사포닌 함량을 지니고 있어서 최상의 상품(上品)으로서 가장 높은 위상을 지켜오고 있다.

• 반찬 문화(발효음식: 장. 젓갈. 김치)
 – 농경문화('정착 생활')/장기지향 문화('느린 결과/인내')
 한국의 반찬은 대개 장이나 젓갈 등 발효음식을 이용해 만든다. 발효음식의 발달은 정착 생활과 관련되어 있다. 발효음식을 만드는 데는 긴 시일을 요구하기 때문이다. 정착 생활이 아닌 유목 생활을 하는 사람은 조리하는데 장기간을 요구하는 음식을 마련하기 어렵다.

• 물 사상('물 같은 치성, 치성 같은 물')
 – 장기지향 문화('치성: 인내와 자기희생')/불확실성 회피 문화('위생과 청결')
 우리는 물이 순결, 정결, 결백의 으뜸이라는 데서 한국인의 물 사상의 원형에 접하게 된다. '부정거리'에는 물이 절대적이었으며 한국의 민간신앙에서 '맑음'은 중요한 의미를 지니는데 이 맑음이 정화수로 표상되었다. 신령께 바칠 우리 마음의 맑음이 곧 정화수라 믿었기에 '천지신명이시여, 일월성신이시여…'라고 아주 나직하게 읊조리며 정화수로 치성을 드리는 '손빌이, 비념'을 하였다. 한국인의 전통사회는 이러한 정화수로 표상되는 맑음을 중시하는 위생문화의 사회라는 것을 알 수 있는데 Hofstede et al(238-239)은 이를 불확실성 회피 문화의 특성으로 분류하고 있다.

• 음식문화(먹기/안 먹기의 원칙: 불가원 불가근의 기준)

  개고기 먹거리 문화('개는 집짐승. 곧 가축이다.')

  – 이성주의 문화('기준')/상업 문화('비용효과')/모노크로닉한 문화('시식/절식')

  농경문화('가축/농사')

한국의 개고기 먹거리 문화는 다음의 네 가지 기준 위에서 구축되었다. 첫째 '可食(가식)/불가식'의 기준으로 지나치게 소원하거나 친숙하면 먹기의 대상이 될 수 없다는 '불가원(불가원)과 불가근(불가근)'의 기준인데 개는 '不遠不近'(불원불근)으로 소, 돼지와 닭처럼 뜰과 마당 안에 따로 자기 자리가 있다. '불가원 불가근'의 기준이 개를 가식 대상에 들게 한다. 같은 기준에서 한국인은 한 방의 한 이부자리를 나누어 쓰는 고양이는 먹으려 하지 않는다. 둘째, 기준으로 마빈 해리스의 '비용효과'가 있는데 동물이 금기되는 것은 '특정 동물의 식용 소비와 관련한 그 사회의 비용과 이득의 비율이 악화하는 경우'라는 것이다. 한국의 전통 농촌공동체에서 강아지는 서로 나누어 주었고 먹여 키우는 일 역시 노력을 많이 들일 필요가 없었다. 셋째로 '時食'(시식)과 '節食'(절식)의 시절 먹거리라는 것이다. 시식은 노동, 굿, 놀이의 계절성에 수반되어 같이 하나의 계열체를 이루는 세시풍속이다. 窮食期(궁식기)인 복중에 벌어지는 '먹자판 축제'는 생존을 위한 방편이기도 하여 농가월령가를 통해 권장되고 있다. 넷째로는 '食補(식보)'의 개념으로 '보신탕'은 '약 음식'과 더불어 한국 음식의 특수하면서도 보편적인 범주를 이루는 '보신 음식'이다.

- 안방과 사랑방

 – 불평등 문화('남녀 차별')/남성적 문화('성 역할의 구분')/유교 문화('부부유별')
 안방에는 어머니(할머니), 사랑방에는 가장인 아버지(할아버지)가 거주한
다. 유교의 부부유별과 관련된 것이라 할 수 있다.

- 주택의 위치와 방향(풍수지리설: 배산임수, 길일 이사)

 – 도교 문화
 배산임수라고 하여 뒤로는 산을 등지고 앞으로는 물이 흐르는 곳에 동향이
나 남향으로 주택의 위치와 방향을 잡았으며 이사도 길일(손 없는 날)에 택
해야 한다고 생각했다. 도교에서 비롯된 풍수지리 사상이 반영된 것이다.

- 한국인 공간관의 원형인 마을

 – 집단주의 문화('유대성: 응집력이 있는 내집단')
 대지에 중심이 생기면 마을이 된다. 차별성을 지닌, 개성화된 '유의의 공간'
이 창조되는 것이다. 뒷산과 방풍림이 합세한 보금자리 혹은 큰 둥지는 우리
존재의 보호이고 정착이며 응집인 동시에 마을의 부중심(副中心)을 이루는
공동우물, 타작마당, 정자 그리고 서낭나무는 마을의 유대성과 긴밀성을 드
높인다. 그리고 생울(산나무 울타리)과 낮은 흙 담장은 마을 사람들의 개방
성과 포용성을 상징한다.

- 현대 한국의 주택 형태(아파트) – 개인주의 문화('폐쇄성')

 사랑방이 따로 없으니 사랑방 문화가 오래전에 사라졌고 마당이 없는 아파
트 생활은 이웃 간에 소통이 없는 폐쇄된 문화로 바뀌었고 집단중심 문화가
개인 중심 문화로 바뀌어 가고 있음을 반영한다.

- 성황당/서낭당(무속신앙: 마을의 수호신)
  - 민간신앙('무속')/불확실성 회피 문화('다른 것은 위험/두려움')/단기지향 문화
    ('전통 존중')

　마을의 수호신으로 서낭을 모셔놓은 신당으로 장승, 솟대와 더불어 마을
(수호)신 역할을 한다. 마을(수호)신은 자연신, 인간신(영혼, 조상신 등)과 함
께 무속의 신에 해당한다.

- 불국사/석굴암 – 불교 문화('불교를 위한 건축물')/도교 문화('설계원리')
  '석굴암은 음, 불국사는 양'

　조화를 이루도록 서로 다른 양과 음을 동시에 한 곳에 병치하는 것이 도교
사상의 핵심이다. 즉 도교는 음과 양의 조화로 세상을 이해하는데 불교를 위
한 건축물인 석굴암과 불국사는 실제로 설계의 원리에 있어서 도교 사상이
바탕이 되어 있다. 이는 통일신라 시대의 '멀티컬처'를 헤아려 볼 수 있는 주
목할 만한 점이다. 도교 사상이 불교사찰에 접합된 것, '석굴암의 기하학적인
디자인'과 '불국사의 기단의 규모'를 통해 당시 통일신라가 얼마나 열린 사회
였으며 부유했는지 짐작할 수가 있다(중앙선데이 2019.11.30. 663호 22면).

- 진도 씻김굿(원시 형태의 주술적 자연 신앙, 의례성, 상징성)
  - 민간신앙('무속')/불확실성 회피 문화('천도')/단기지향 문화('전통 존중')
    형식주의 문화('의식')/불교 문화('극락세계')

　한국무속은 민중의 생활 종교이자 생활현상으로 원시 형태의 주술적 자연
신앙에 속한다.

　진도 씻김굿은 죽은 자의 영혼을 극락세계로 천도하기 위해 무당이 하는
제사로, 호남지역의 대표적인 굿이며 극적인 형식과 절차를 갖춘 의식이다.

여기서 씻김이란 오늘날 천주교나 기독교의 의식 속에서도 찾아볼 수 있는 세례 의식으로 천주교와 기독교의 세례 의식이나 우리 무속의 씻김굿이나 모두 종교적 원리로서는 서로 똑같은 세계 보편적인 종교적 의식인데 이는 우리나라의 통과의례에서도 나타나는 내용이다. 씻김굿이 이루어지는 굿판은 죽음과 삶의 화해가 이루어지고, 살아 있는 사람끼리 슬픔을 나누면서 서로 용서하고 위로하는 자리이다. 진도 씻김굿은 불교적인 성격을 담고 있으며 뛰어난 예술적 요소와 수준 높은 자료 가치를 지닌 음악과 춤 때문에 국가무형문화재로 지정되었다.

• 종묘제례악(융합과 합일의 상징)
 - 유교 문화('제사')/여성적 문화('조화')

종묘제례악을 만들고 연주하고 누려온 한국인의 핏줄 속에는 멀리 상고시대의 제천의식에서 기원하는 천인합일의 혼연일체와 무교적인 자기 몰입의 디오니소스적 문화 기질이 존재한다. 그런데 이러한 종묘제례악이 연행되던 조선왕조는 유교를 국시로 한 시대로 법도와 예식을 강조하는 유가 사상과 조화를 이루지 않을 수 없어 종묘제례악은 아폴로적 형식미로 균형을 유지해야 했다. 그 결과 종묘제례악은 디오니소스적인 속성과 아폴로적 속성이 융화되고 하늘과 인간, 피안(彼岸)과 차안(此岸), 성(聖)과 속(俗)이 하나로 통합되어 융합과 합일이라는 새로운 예술적 경지를 창조해내었다. 즉 종묘제례악의 가장 중심이 되는 문화사적 개념은 극과 극을 중화시킨 합일과 융합이란 다양성을 포괄하는 개념으로 종묘제례악은 속(俗)과 성(聖)을 넘나드는 한국문화 특유의 예술사조를 상징적으로 재현해내는 귀중한 체험예술이며 통과 의례적 행위예술이다.

- 무속 신화인 바리공주
  - 유교 문화('효행')/장기지향 문화('인내/난관')

  바리공주의 효행 이야기로 바리공주는 아버지 왕이 숨지자 갖은 난관을 겪은 끝에 서천국의 생명수를 얻어와 숨진 아버지를 살린다. 한국인의 물에 부친 절대적인 신앙과 신임, 그리고 저승이란 죽음 너머의 세계에 생명수가 있다고 믿는 한국인의 복된 내세관을 엿보게 한다.

- 관혼상제
  - 유교 문화('예')/형식주의 문화('복잡한 형식')

  관혼상제는 예(禮)를 중시한 유교 문화의 영향을 많이 받아 지나칠 정도로 형식이 복잡한데 이는 복잡한 형식이 내용을 만들어낸다고 생각하였기 때문이다. 순자는 유교의 덕목인 인의예지신(仁義禮智信) 가운데 '예'를 중시하여 인간사회의 질서를 바로 세울 수 있다고 생각하였다.

- 성년례(전통 관례)
  - 유교 문화('예')/개인주의 문화('성인 대우/독립')

  '성년의 날에 성균관에서는 전통 격식에 따라 성년례를 치른다.'

  관례는 성인을 미성년과 구별하는 의식으로 관례와 관련해서 성인을 대우하는 한국문화의 특성이 있다. 첫째, '하게'체 문말어미로 대우한다. 둘째, 아랫사람이라도 이인칭 대명사로 '너' 대신 '자네'로 대우해서 표현한다. 셋째, 부름말도 달리하여 '00 아비/00 어미/00댁'으로 결혼해 성인이 된 사람을 대우한다.

- 사십구재/칠칠재와 전통 상례
  - 유교 문화('효')/불교 문화('내세')/집단주의 문화('상포계')/불평등 문화('장자 중심')/불확실성 회피 문화('정령신앙')

  사십구재는 죽은 다음 7일마다 불경을 외면서 일곱 번 제(齋)를 올려 죽은 이가 다음 세상에서 좋은 곳에 태어나기를 비는 불교 문화에서 비롯된 제례 의식이다. 전통 상례의 문화적 특성을 살펴보면 첫째, 집단문화적 특성을 보인다. 장례를 대비해 상포계를 만들어 초상 때 일이나 비용을 공동으로 대처했다. 둘째, '효'를 중시한다. 유교 문화의 영향으로 부모가 돌아가신 후에도 여러 절차의 장례를 치르고 빈소에 조석으로 음식을 올리는 '효'를 실천한다. 셋째, 장자 중심 문화로 장자가 상주가 되어 장자의 집에서 장례도 치르고 빈소도 차린다. 넷째, 남녀를 구별하는 유교 문화로 여자는 발인하는 날 장지에 가지 않는다. 다섯째, 정령신앙을 믿어 자연에 영혼이 있다고 생각하여 '산신제, 평토제, 노제'를 지낸다. 여섯째, 내세를 기원하는 불교사상이 반영되어 위령제인 삼우제를 지낸다.

- 두레(공동노동조직)/계(상호협동조직)
  - 농경문화('농사')/집단주의 문화('상호의존성: 화합')

  한국인의 집단문화를 반영하는 공동노동조직과 상호협동조직으로 오래전에 만들어져 집단 구성원 간에 상호 도우며 살았다. 이러한 집단문화는 농경 사회에서 친족을 중심으로, 서구문화의 도입 후에는 학교와 직장을 중심으로 새로이 형성되었다.

- 전통적인 한방의술서 태아 감별법(굽힌 팔꿈치: 여아/혹)
  - 불평등 문화('남아선호')

의술서에 임산부의 배를 만져서 평탄하면 남아이고 불룩하게 불거진 굽힌 팔뚝 모양이면 여아라고 하고 있다. 平(평)/凸(철)이 남/여로 대비되어 정상/비정상, 편안함/불거짐으로, 굽힌 팔꿈치는 혹, 공연한 돌출과 이상한 돌기이며 왜곡과 불구로 해석되었다. 그리하여 임신 초기에 여아로 감별되었을 경우 남아로 성전환시키는 治方(치방)이 의술서에 있다.

- 건강보험제도(헬스 스포츠, 사회 체육)/사회복지제도(복지사)
  - 자적 문화('즐겁고 건강한 삶')/여성적 문화('복지: 사회의 이상')

현대 한국 사회에서 한국인들은 즐겁고 건강한 삶을 추구하고 있으며 국가도 사회복지제도와 건강보험제도를 통해 돕고 있는 가운데 건강과 복지 중시 문화가 형성되고 있다.

- 한글(음양오행의 원리에 의한 창제/과학성)
  - 도교 문화('음양오행설')/실용주의 문화('적용/활용')

훈민정음 제자 작업을 할 때 천·지·인 삼재와 발음 기관을 상형 대상으로 삼았는데 이때 천·지·인 삼재를 본으로 삼아 기본적인 모음 글자를 만들고 발음 기관의 모양을 본떠서 기본적인 자음 글자를 만든 것이다:

(1) '모음은 음양의 원리를 기본으로 만들어졌다.'

기본 모음 'ㆍ, ㅡ, ㅣ'를 살펴보면 'ㆍ'(아래아)는 양(陽)인 하늘(天)을 본보기로 삼아 만들고, 'ㅡ'는 음(陰)인 땅(地)을 본을 떠 만들었으며, 'ㅣ'는 양과 음의 중간자인 인간(人)의 형상을 본떠 만들었다. 즉 단군 사상에서 유래한

천지인(天地人)은 우주를 형성하는 중요한 요소로 하늘(ㆍ)과 땅(ㅡ) 그리고 사람(ㅣ)을 나타낸다.

(2) '자음은 오행을 바탕으로 만들어졌다.'

(자음과 오행의 관계를 나타내는 표)

속성	계절	방위	음성	음계
목(木, 나무)	춘(春, 봄)	동(東, 동녘)	어금닛소리(ㄱ, ㅋ, ㄲ)	각(角)
화(火, 불)	하(夏, 여름)	남(南, 남녘)	혓소리(ㄴ, ㄷ, ㅌ, ㄸ)	치(徵)
토(土, 흙)	계하(季夏, 늦여름)	중앙(中, 無定)	입술소리(ㅁ, ㅂ, ㅍ, ㅃ)	궁(宮)
금(金, 쇠)	추(秋, 가을)	서(西, 서녘)	잇소리(ㅅ, ㅆ, ㅈ, ㅊ, ㅉ)	상(商)
수(水, 물)	동(冬, 겨울)	북(北, 북녘)	목소리(ㅇ, ㅎ)	우(羽)

한글의 자음자와 모음자에는 과학적 원리가 내재해 있기에 현대의 첨단 기술 제품에 잘 적용되고 있다. 자음 글자의 제자원리인 상형의 원리(음성기관), 가획의 원리(소리의 세기) 그리고 합성의 원리는 핵심 요소로서 한글을 과학적 문자로 만든 바탕이다. 모음 글자의 제자원리인 합성의 원리 또한 체계적이고 질서정연하여 휴대전화 문자 생성 방법에 활용되고 있다.

• 태권도 이름의 상징
  – 남성적 문화('무술')/도교 문화('음양오행설')
  올림픽 정식 경기종목으로 채택되어 세계화에 성공한 한국 고유의 무술, 태권도에 대한 상징화는 다음의 세 가지 측면에서 이루어지고 있다. 기술적 특징에서 태는 겨루기이고 권은 품새이며 도는 균형과 조화를 상징하고, 사람됨의 특징에서 태와 권은 바른 실천적 행위를, 도는 인품과 바른 생각을 드러나게 한다. 태권과 도와의 관계에서는 태권은 동작의 동태성을 의미하며 도는 의식, 원리 그리고 시선 등을 의미한다.

- 강강술래(놀이문화: 민속놀이)
  - 농경문화('풍농 기원/추수 감사')/자적 문화('놀이')/모노크로닉한 문화('세시
    풍속')

  정월 보름과 추석(팔월 보름)에 즐기는 전라도 지역의 놀이로 풍농을 기원하
고 추수를 감사하며 즐기는 놀이이다. 이러한 민속놀이는 농경사회에서 계절의
변화에 따른 농사력과 관련하여 세시풍속이 형성되고 놀이도 실행되어왔다.

- 한국인의 놀이문화(민속놀이와 레저 활동)

  민속놀이 – 집단주의 문화('집단적')/자적 문화('놀이')/불확실성 회피 문화('보수주의')

  　　　　　농업 문화('농사')/평등 문화('동등')

  레저 활동 – 개인주의 문화('개인/소집단')/자적 문화('취미 활동')/불확실성 수용 문

  　　　　　화('서구 화')/상업 문화('상업화')/불평등 문화('차등')

  민속놀이는 명절이나 농경과 관련된 절기에 집단을 이루어 실현하는 반면
레저 활동은 개인의 여가나 휴일에 개인이나 소집단에 의해 이루어진다. 현대
사회의 레저문화는 여가나 휴일을 활용해 삶을 즐기려고 만들어온 문화인데 그
내용은 여행이나 스포츠, 예술 활동과 같은 서구화된 놀이인 취미 활동이다. 찜
질방 문화와 피서 문화도 이에 속하는데 상업화된 놀이가 많다는 점이 현대 놀
이문화의 특성이다. 상업화된 놀이 공간(놀이공원, 노래방)에서 상품화된 놀이
를 구매하고 청소년들의 놀이는 IT산업의 발달로 주로 휴대전화와 컴퓨터를
이용한 놀이가 되었다. 즉 자본주의 사회에서 레저문화는 상업화와 고급화가
되었으며 그 결과 개인의 경제 능력에 따른 차등 문화가 형성되고 있다.

• 한국의 탈춤(익명성이 보장된 비판과 해학, 화해의 상징)

 – 불평등 문화('도덕적인 모순/계급사회의 부조리')/자적 문화('예술/놀이')

　여성적 문화('조화와 화해')

　한국의 탈춤은 춤, 노래, 연극의 요소가 전부 들어있는 종합예술이며 무엇보다 관객의 야유나 동조와 같은 능동적인 참여를 포함하는 소통의 공연예술이며 놀이이다. 주로 풍자를 통해서 전근대 시대의 도덕적인 모순과 계급사회의 부조리함을 유쾌하고 역동적이며 해학적으로 드러낸다. 그러나 유형화한 탈을 쓰고 노래와 춤, 연극을 통해 등장인물의 성격을 과장하고 의미를 전달할 때 갈등과 부조리를 단순히 풍자하는 데 그치지 않고 화해의 춤으로 끝맺음을 한다는 점에서 조화와 화해를 위한 전통 유산이라는 가치가 있다. 또한 사회 비판적인 주제와 더불어 형식과 내용의 자유로움으로 인하여 현대의 예술창작에 끊임없는 영감을 제공하고 있으며 이렇게 재창조되는 문화적 전통으로서 공동체에 연속성과 정체성을 부여하는 까닭에 유네스코 무형 문화유산 보호 협약의 정신에 잘 들어맞는 무형유산이라고 말할 수 있다.

• 인간(육신)과 우주(은유적 대비)

 – 여성적 문화('환경과의 자연스러운 조화')

　우주와 인간 육신의 관계를 살펴볼 때 은유적 대비를 상정하여 흙(바위)이 살(뼈)이라면 바람은 숨이 되고 불은 체온에 그리고 물은 피에 견줄 수 있다. 따라서 물, 불, 바람 그리고 흙(바위)의 네 가지 요소로 이루어진 유기체가 인간 육신이 된다.

- 호랑이

  - 자적 문화('풍자/해학')/불교 문화('산신도')

  호랑이는 한국문화를 상징하는 동물 가운데 가장 중요한 동물이다. 호랑이는 한국문화에서 '맹수, 수호신, 산신, 길상의 동물, 짐승의 우두머리, 친근한 동물' 등 다양한 의미를 지니며 네 방위를 맡은 사신(四神: 청룡, 백호, 주작, 현무) 중의 하나이다. 호랑이에 대해 한국인이 가지는 상징의미는 한국문화에서 양면성을 가진다. 호랑이는 사찰의 산신각에 산신 또는 산신의 사자로 모셔져 있으며 산신도(山神圖)에는 호랑이 숭배 사상이 산악숭배 사상과 융합되어 나타나 있다. 그러나 호랑이는 이와 같은 신성(神性)을 갖춘 두려움의 대상일 뿐 아니라 설화와 민화에서는 각자 욕심 많고 어리석은 모습과 우스꽝스러운 모습으로 그려지고 있다. 해학적이고 유머러스한 호랑이의 모습은 특히 '옛날 호랑이 담배 피우던(먹던) 시절…'로 옛날이야기를 시작할 때 상투적으로 사용되는 표현에 잘 드러난다. 즉, 한국인의 상징체계에서 호랑이는 무서운 경외의 대상으로서 그리고 다른 한편으로는 어리석고 친근한 대상으로서 이중적인 특성의 동물로 존재하고 있다.

- 곰

  - 도교 문화('단군신화')/장기지향 문화('인내성')/개인주의 문화('자아실현/자립')

  '곰'은 한국문화에서 매우 다양한 상징의미를 지니고 있는데 단군신화에서 "새로운 세상을 알리는 부활의 상징"으로 나타나고 있으며 이 밖에도 "한민족의 모신적 존재, 여신, 인내성, 변신력, 여성, 미련함, 토템, 한민족의 생명력" 등을 상징한다.

- 쥐

  – 민간신앙('부자/현자')/농경문화('곡식')/유교 문화('수탈자/간신')/집단주의 문
    화('번식력')

  쥐는 열두 띠 동물 중의 하나로 실생활에서 움직임이 빠르고 한 번에 새끼
를 여러 마리 낳는 다산의 습성이 있어 쥐의 해에 태어난 사람은 부지런히 일
하기 때문에 부자가 된다는 민간에서 행해지는 신앙관습인 속신도 존재한다.
또한 이와 같은 긍정적인 존재로뿐만 아니라 곡식을 축내는 인간에게 해로운
부정적 동물로도 인식되었다. 쥐는 신화와 무속·민속에서 각자 현자와 신성
을 상징하는 반면에 속담에서는 '약자, 재빠름, 도둑, 왜소함'을 그리고 유교
에서는 '수탈자, 간신'을 의미한다.

- '벽창호' – 농경문화('소재: 소/농사')

  '벽창호'는 '벽창우'에서 비롯된 말로 '벽창우'는 평안북도 '벽동'과 '창성'지
방의 소를 일컫는다. 이 지방의 소는 유난히 고집스럽고 힘센 특성이 있는데
이러한 특성에 빗대어 '고집이 세고 무뚝뚝한 사람'을 '벽창우'라고 부르게 된
것이다.

- 용 – 민간신앙('용신제/용왕굿')/불교 문화('불법 수호의 용신/용왕')

    농경문화('용알뜨기/용경')/불평등 문화('천자/군왕')

  벌써 22명 … 잠룡과 잡룡들의 '대권 줄타기' 〈2017년 6월 24일, 한국경제〉

  예문에서 '잠룡'의 사전적인 정의는 "아직 하늘에 오르지 않고 물속에 숨어
있는 용"이다. 그런데 용은 상서로운 동물로 여기며 천자·군왕에 비유하므

로 기사 제목에는 '유력한 대통령 후보', '차기 대권 후보'를 '잠룡'으로 묘사했다. '잠룡'은 "왕위를 잠시 피해 있는 임금이나 기회를 아직 얻지 못하고 묻혀 있는 영웅을 비유적으로 이르는 말"이라는 사전적 의미를 또한 포함하고 있기 때문이다. 한국에서 용은 농어업에 영향을 끼치는 풍운 조화와 기후의 변화를 다스리는 존재로서 우주에 존재하는 신성한 질서와 힘을 상징한다. 민간에서 용은 다음과 같이 물을 관장하는 수신이자 물고기들과 풍파를 다스리는 바다의 신, 즉 농경사회에서 풍요와 생명을 주재하는 자연신으로 숭배된다. 샘과 우물에 살면서 불법을 수호하는 용신(용왕)이 있다고 믿고 마을마다 용신제(龍神祭)나 용왕굿을 지냈으며 물이 풍부한 우물과 연못은 용우물[龍井]과 용못[龍沼]으로 불렸고, 음력 정월 보름에 풍작과 임신을 기원하며 새벽 일찍 남보다 먼저 우물의 물(정화수)을 떠다 먹는 '용알뜨기'의 풍습도 있었다. 또한 겨울에 연못의 얼음이 언 모양을 보고 다음 해 농사의 풍흉을 점치는 '용경(龍耕)'의 풍습이 있었다.

• 기러기 – 장기지향 문화('꿋꿋한 의지/자기희생 정신')

전통 혼례에서 신랑이 신붓집으로 들고 가는 나무 기러기가 지조를 상징하는 것은 기러기가 한번 짝을 지으면 평생 지조를 지킨다는 것에서 비롯된 것이다. 그런데 문화는 고정된 것이 아니라 유동적이기에 지금도 계속해서 변화하고 있으며 이러한 문화의 변화는 문화 내에서의 변화뿐만 아니라 외래문화와의 교류로 인한 변화가 있다. 기러기의 상징에서 예를 들어보면 '기러기 아빠'는 아내와 아이들을 유학 보내고 혼자 생활하며 교육비와 생활비를 마련하고 있는 아버지를 일컫는데 이 표현은 조기 유학이란 비교적 최근에 생겨난 사회현상을 표현한 한국의 높은 교육열과 관련하여 사회적 문제로 대두되고 있다. 한국어 교재에도 제시된 '기러기 아빠'는 한국에서 전통적인 '기러기'(겨울 철새)의 상징이 현대에 와서 어떻게 수용되고 있는지를 보여주는 하나의 좋은 예가 된다.

• 매란국죽(사군자) – 유교 문화('군자')

현재까지 이어져 내려오는 한국인의 사고방식과 정서에 대한 이해는 상징을 통해 전통문화를 해석함으로써 가능하다. 예를 들어 한국에서 '매란국죽(梅蘭菊竹)'은 고결한 사군자라 하며 그 덕을 높이 기리는데, 더 나아가서 개별적으로 옛 그림과 도자기 문양, 장식 등에서 많이 나타나는 사군자 각각이 지니는 상징을 파악하면 이를 통해 한국문화에 대한 이해를 더 높일 수 있다.

• 소나무(유교적 절의와 지조, 유불선 삼위일체의 표상)
  – 유교 문화('지조와 절의'), 불교 문화('선: 무아의 경지')/도교 문화('무위허정')
  개인주의 문화('독야청청: 자유/독립')

문화관광부에서 정한 '100대 민족문화 상징'에 포함된 소나무는 죽지 않고 오래 산다는 십장생 중의 하나이며 한국문화의 대표적인 상징 요소로 '유교적 지조와 절의, 장수, 탈속과 풍류'를 상징한다. 소나무는 전통문화에서 잣나무(松柏)와 더불어('송백') 절의와 지조의 상징으로 유교적 윤리 규범을 중시하는 선비 화가들이 선호하였는데 대표적인 작품으로 김정희의 '세한도'가 있다. 오랜 세월 한국인의 이념이 되어 왔던 까닭은 소나무 자체의 모습(학, 용틀임), 소리(송뢰) 그리고 지리(천 길 낭떠러지 위, 절벽 위)로 인한 것인데. 유불선 삼위일체의 표상으로 유에서는 誠(성), 불에서는 선, 도가에서는 무위허정을 도출하여 하나로 어울리게 하였다.

- 대나무(절개) – 유교 문화('군자/선비')

사군자 중의 하나로 식물 상징에서 소나무와 함께 매우 중요한 '대나무'는 구부러지지 않는 특성과 사시사철 푸른 특성으로 인하여 '절개'를 상징하는데 이러한 상징성은 소나무의 상징과 더불어('송죽') 선비는 물론이고 혼인하는 남녀에게 중요한 덕목이 되었다. 한국문화에서 사군자가 차지하는 중요성을 고려하면 조선 선비들의 고결한 정신과 순결한 미를 나타내는 매화와 예로부터 고귀한 인품을 갖춘 군자를 연상하게 하는 난초의 상징을 소나무와 대나무의 상징에 더하여 이해할 필요가 있다. 특히 난초의 우아한 꽃과 곧게 뻗은 잎은 고고한 선비의 모습을 떠오르게 하며 그윽한 향기는 선비의 인품으로 주위를 감화시키는 군자의 덕을 나타낸다.

- 무궁화('은근과 끈기'로 표현되는 민족성의 상징)
  – 장기지향 문화('인내/끈기')

한국의 상징으로 태극기와 함께 자주 언급되는 한국의 국화, 무궁화는 문자 그대로 '끝이 없이 영원히 피는 꽃'으로 실제 끊임없이 피어나면서 추위에도 잘 견디는 특성으로 인하여 '끈기'를 상징한다. 이와 같은 무궁화가 상징하는 끊임없이 피어나는 끈질긴 생명력은 '은근과 끈기'로 대표되는 한민족 고유의 민족성이 되었다.

- 신라인의 꽃의 은유법/상징론
  – 불교 문화('세속오계')/개인주의 문화('거듭나기/개성')

신라인은 꽃을 은유법 체계 속에 여성적인 아름다움의 상징뿐만 아니라 인간 미덕의 상징으로서 수용하였으며 그 최종적인 목표가 원화이며 화랑도이다. 즉 꽃은 영원한 인간 에토스, 윤리적인 아름다움이며 화랑 세속오계를 수용하는 화랑도의 이념을 상징하는, 화랑도의 통과 의례적 거듭나기의 궁극적 표상이다. '혼돈의 싹, 미결정의 맹아'에서 꽃으로의 변화를 수반하는 화랑도에 의한 변신은 특히 신라적인 개성이라 할 수 있다.

- 고유어(다양하게 발달한 감각어: 색채어/의성어/의태어)
  - 감성주의 문화('섬세한 감동과 느낌')

한국어의 특징으로 다양하게 발달한 감각어 체계를 들 수 있는데 섬세한 감동과 느낌을 자아내는 고유어에는 색채어, 의성어, 의태어가 풍부하다. 예를 들어 비가 내리는 모습을 나타내는 우리말 '찔금찔금, 죽죽, 주룩주룩, 후둑후둑, 후드득후드득'은 비가 오는 소리와 양의 차이까지 미묘하게 묘사하고 있다. 색채어의 경우 한자어나 외래어 계통의 색채어와 다르게 고유어 계통의 색채어에는 미묘한 색감의 차이를 나타내는 풍부한 어휘가 있다('빨갛다': '새빨갛다', '시뻘겋다', '불그레하다', '불그스름하다' 등).

- 흰색('순수', '순결', '죽음', '금(金)', '가을', '서쪽')
  - 도교 문화('음양오행설')

색채 가운데 한국문화를 대표하는 흰색은 태극기에도 사용되는데 그만큼 예로부터 백의민족이라 불리어온 한민족의 순결과 순수함을 상징한다. 음양오행 사상에서 살펴보면 흰색은 '금(金)', '가을', '서쪽'을 의미하는데 한국의 전통적인 상복(喪服)의 색채 또한 흰색이었다. 현대에는 서양의 영향으로 한국에서도 검은색이 주로 장례식에 사용되어 전통적인 색채상징의 변화를 말해주지만 원래 한국에서는 검은색을 죽음의 색으로 여기는 서양과 다르게 흰색이 죽음을 상징하였다.

- 붉은색('불, 남쪽, 여름, 음, 금기, 벽사, 사회주의, 열정')
  - 도교 문화('음양오행설')/집단주의 문화('사회주의')/불확실성 회피 문화('금기/벽사')/남성적 문화('열정')/모노크로닉한 문화('역동성')

붉은색은 음양오행설에 따른 기본 색채 오방색 중 하나로 '불(火)', '남쪽', '여름'과 관련되는 색채이다. 한국문화에서 붉은색은 전통적으로 벽사(辟邪)의 색으로 사용되어왔으며, 액운을 막기 위해 사용하는 부적도 붉은색으로 쓴다. 즉 붉은색에서는 '금기', '벽사'의 상징이 주로 나타나 있다. 현대에 와서 빨강은 '혁명, 사회주의, 공산주의'를 나타내는 정치적인 상징색인 동시에 2002년 월드컵 이후로 한국인의 열정, 역동성을 상징하는 색채로 사용되고 있다. 이러한 열정과 역동성의 미덕, 즉 '일하기 위하여 산다'라는 사회정신을 중시하는 사회를 Hofstede et al(2010/2018: 197)은 남성적 문화로 분류하고 있으며 신속성과 역동성을 강조하는 사회를 Hall(1976/2017: 37)은 모노크로닉한 문화로 명명하고 있다.

- 무지개('물기가 만들어놓은 문, 다문화')
  - 감성주의 문화('무한한 상상력')/불확실성 수용 문화('다문화')

개별 낱말의 뿌리를 분석하는 말 뿌리 캐기에 의하면 무지개는 물과 지게(문)의 결합으로 '물(믈)지게 〉 무(므)지게 〉 무지개'의 어형변화를 거쳤으며 '물기가 만들어 놓은 문'을 뜻한다. 즉 세속을 벗어나 이상세계인 용궁으로 통하는 상상 세계로의 출입문이다. 한국인 조상들의 무한한 상상력과 높은 이상을 느낄 수 있다. '무지개'는 또한 성경에서 인간과 신이 맺은 언약을 증명하는 증표로 사용되었는데 현대 한국 사회에서는 '다문화'와 연관된 상징으로 쓰이고 있다. 실례를 들어보면 '레인보우 합창단'은 미국 뉴욕의 유엔본

부에서 공연을 펼쳤던 국내 최초의 다문화 합창단의 이름이며 '무지개 반'은 다문화가정 자녀들로 구성된 학급 명을 일컫는다.

- 검은색('물(水), 북쪽, 겨울, 죽음, 엄숙함, 장중함')
  - 도교 문화('음양오행설')/불확실성 수용 문화('서양의 영향: 포용력')

  음양오행설에서 검은색은 '북쪽', '물(水)', '겨울'을 나타내는 색채로 전통적인 상징은 뚜렷하지 않고 현대에 와서 주로 '죽음', '장례식', '장중함, 엄숙함'을 상징한다. 이러한 이유로 현대 한국문화에서 장례식 복장, 남성 턱시도, 법복, 졸업식 가운 등에 사용된다. 표준국어대사전에서는 '검다'의 의미를 '속이 엉큼하고 흉측하거나 정체를 알기 어렵다'라고 풀이하고 있는데, 이와 관련한 관용표현으로 '검은 구름', '검은 손', '속이 검다.', '검은 뱃속을 채우다.' 등이 있다.

- 푸른색('나무, 동쪽, 봄, 양(陽), 자연, 환경 친화')
  - 도교 문화('음양오행설')/불확실성 수용 문화('다른 문화의 영향: 포용력')

  한국문화에서 푸른색을 살펴보면 음양오행설에서 '동쪽', '나무(木)', '봄'과 연관되는데, 전통적으로 '녹색(綠色)'과 '청색(靑色)'을 모두 포함하는 색채로 사용되어 신호등의 보행 신호도 '초록 불'이라 하지 않고 '파란불'이라고 하였으며 바닷물과 산의 색깔도 모두 '푸르다'라고 하였다. 전통 혼례에서 혼서를 쓰는 혼서지, 청사초롱, 혼례복 등에 음양의 조화를 나타내기 위하여 사용한 푸른색과 붉은색은 각자 양(陽)과 음(陰)을 상징한다. '환경 친화'와 '자연'을 의미하는 녹색의 상징은 한국문화에서도 '녹색 성장'이라는 표현에서 알 수 있듯이 다른 문화에 나타나는 녹색의 보편적 상징을 받아들였다.

- 1 (하나: '기수, 시작, 일등, 한번, 동일, 적음, 짧은 시간')

  - 도교 문화('음양오행설')/불평등 문화('성차별')/남성적 문화('활동성/남성성')
    단기지향 문화('일등, 제일')

  한국문화에서 기수/우수는 각자 양/음과 남/여의 대립을 의미하며 더 나아
가 '기수/우수'의 대립은 우월/열등, 성/속, 왜곡/정상의 관념적인 대립 상을
통해 인간 생활 전반 그리고 한국문화의 양식 및 체계에 걸쳐 영향을 미치고
있다. 양과 음의 두 부분으로 구성된 태극도는 도교의 상징으로 양은 밝은 반
쪽으로 태양, 활동성, 양지, 남성성, 선명함, 뜨거움 등으로 묘사되는 반면에
어두운 반쪽인 음은 밤, 수동성, 그늘, 여성성, 차가움, 신비 등의 의미를 나타
낸다. 1은 한국문화에서 '시작, 일등, 한번, 동일, 적음, 짧은 시간' 등의 의미
를 지닌다. 예를 들면 다음과 같다:

  첫째 번으로서의 '시작'("천 리 길도 한 걸음부터", "한술 밥에 배부르랴")

  '여럿 가운데 가장', '여럿 가운데서 첫째가는 것'("일등, 제일")

  '한번'("구사일생")

  '동일'("한솥밥", "한 솥의 밥 먹고 송사(訟事) 간다.")

  '적음'("거지가 밥술이나 뜨게 되면 거지 밥 한술 안 준다.")

  　　　　("제 흉 열 가지 가진 놈이 남의 흉 한 가지를 본다.")

  '짧은 시간'("농군이 여름에 하루 놀면 겨울에 열흘 굶는다.")

  　　　　("죽은 정이 하루에 천 리 간다.")

- 2 (둘: '우수', 양분론 '조화와 균형의 상징')

  - 도교 문화('음양오행설')/불교 문화(윤회설: 생/사)/불평등 문화('성차별')
    여성적 문화('수동성/여성성, 조화')

  동화의 '양분론' 및 '쌍분법'은 인물의 성품과 자질을 못난이/잘난이, 가

난/부자로, 주제를 선/악 등으로 결정한다. 동화에서의 역할에 그치지 않고 2는 동양의 우주론에서 건/곤 및 음/양의 양분론 그리고 인간 존재론에 생/사의 양분론이 있다. 또한 인류학에서 좌/우의 문제는 '왼/오른'(왼손잡이/오른손잡이)은 '왜곡/정당'을, '좌/우'(좌의정/우의정)는 '상/하'를 그리고 '왼/오른'(왼새끼/오른새끼)은 '聖/俗(성/속)'을 의미한다. 동양에서 숫자 2는 반대와 공유를 모두 포함하는 음양의 의미다. 음과 양의 두 세계는 평화롭게 공존하기 위해 항상 균형을 이뤄야 한다.

- 3 (셋: '기수', '완전함', '안정')
  – 도교 문화('음양오행설, 단군신화')/불교 문화('삼세')/불평등 문화('성차별')
  고맥락 문화('안정')/남성적 문화('활동성/남성성')

'3'을 비롯한 '양수(陽數)'를 선호하는 한국문화의 특징을 한국 민속에서도 찾아볼 수 있는데 특히 한국문화에서 3은 선호하는 수이다. 따라서 기념식 등의 행사에서 만세를 할 때 만세삼창을 하며 어떠한 일을 가위바위보로 정할 때 '삼세번'을 하고, 내기할 때도 '삼세판'을 한다. 이것은 3이 '안정'과 '완전함'을 상징하기 때문이다. 단군신화에서도 숫자 3이 중요하여 "삼위태백(三危太白)"이란 환웅(桓雄)의 홍익인간(弘益人間)이라는 의지 실현을 위하여 환인(桓因)이 선택한 장소, "환웅이 인간 세상에 가지고 온 천부인(天符印) 세 개", "환웅과 함께 내려온 3천 명의 무리", "곰이 삼칠일 만에 웅녀가 되는 것", "인간의 360여 가지 일" 등 3이라는 숫자가 반복되어 나타난다. 3은 동화에서 큰 몫을 한다. "옛날, 옛날, 아주 옛날에……"라고 시작하는 동화에는 '3 반복의 원칙' 및 '문체 안정의 법칙'이 있다. 동화의 3 반복은 이와 같은 서두뿐만 아니라 동화의 여기저기에 퍼져있다(콩쥐의 세 가지 어려운 일,

「해님과 달님」의 바늘, 밤, 지게). 동양의 우주론에는 天地人(천지인)의 3 才 (재)가 있으며 인간 존재론에는 불교에서 말하는 삼세(전세/현세/내세)의 삼분론이 있다. 동양에서 기수/우수는 각자 양/음과 남/여의 대립을 의미한다. 3은 기수로 성스러움과 우월함을 상징하여 제사상의 세발솥, 탄생 후 삼칠일, 단군신화의 삼칠일만의 화신, 액을 쫓는 세 번의 침 뱉기, 가위-바위-보 삼단위 내기, 3번의 학교 종('땡땡땡') 등에서 알 수 있듯이 한국(전통)문화에서 우대되고 중시되는 기능과 의미를 지닌다.

- 4 (넷: '우수, 세계의 질서/전체성, 기피')
  - 도교 문화('음양오행설')/불평등 문화('성차별')/감성주의 문화('기피: 비논리적/감정적')/불확실성 회피 문화('애매한 상황에 두려움')/여성적 문화('수동성/여성성')

  민속에서 '3'을 비롯한 '기수'를 우수보다 선호하는 것이 한국문화의 특징인데 이에 더하여 한국문화에는 '4'에 대한 두드러진 기피 현상이 있다. 이는 중국에서도 공통적이다. '죽을 사(死)'와 같은 발음으로 인하여 일상생활에서 기피를 하는 것인데 사실 여러 문화에서 4는 세계의 질서와 전체성을 상징한다: 동서남북, 춘하추동, 사군자, 사천왕.

7.2 영어(비유/상징)와 문화

- 블루('왕실/부르주아')
  - 불평등 문화('상위층/하위층')/집단주의 문화('상류층')
  '영국-중국 신 밀월 시대' 시진핑의 로열블루 넥타이가 빛났다. 〈2015년 10월 20일, 매일경제〉

여기서 '로열블루'는 영국 왕실을 상징하는 색채로 사용되었다. 푸른색은 재료가 귀하고 비쌌기에 염료를 추출하기 어려워 중세 이래로 상류층의 전유물이었기 때문에 자연스럽게 권력적 속성을 가진 색채가 되었고, 왕족, 귀족뿐만 아니라 부르주아가 선호하는 색이 되었다. 이후 푸른색은 이들을 상징하는 색이 되었는데 특히 '로열블루'는 영국 왕실을 상징하는 색으로 외교적인 전략의 하나로 중국의 시진핑 주석이 넥타이 색깔에 색채상징을 활용한 것이다.

- '앵커 베이비(anchor baby)'
  - 상업 문화('경제성')/불평등 문화('국적 차별')/불확실성 수용 문화('포용력')

  젭 부시 '앵커 베이비' 발언에 아시아계 미국인 '부글부글' 〈2015년 8월 26일, 연합뉴스〉

  '닻'은 배를 한 곳에 멈추어 있도록 잡아주는 '안전과 지속성'을 상징하는 도구이다. 미국에서는 부모의 국적과 상관없이 자국에서 태어나면 출생시민권을 부여하는데, 이 미국 시민권을 얻기 위해 미국에 가서 낳은 아기를 뜻하는 말이 '앵커 베이비(anchor baby)'이다. 배가 정박하도록 도와주는 '닻'의 속성이 '베이비'라는 단어와 결합하여 '앵커 베이비'라는 상징적인 표현을 만들어냈다.

- 스코틀랜드 새해맞이 "first foot"(새해의 첫 손님)
  - 형식주의 문화('외형')

  스코틀랜드의 새해 축제인 하그머네이 축제(Hogmanay Festival)의 관습으로 집을 방문하는 "새해의 첫 손님"(first foot)이 젊고 잘생기고 키 큰 사람이면 새해에 행운이 깃든다는 믿음이 있다.

• 개념적 은유 [논쟁은 전쟁이다. ARGUMENT IS WAR]

  – 남성적 문화('전쟁: 투쟁/힘의 과시')

  (1) "Your claims are indefensible."

  (2) "He attacked every weak point in my argument."

  (3) "His criticisms were right on target."

  논쟁과 전쟁은 서로 다르지만, 논쟁을 전쟁의 개념을 통해 표현하고 있음을 알 수 있다. 논쟁에 실질적으로 물리적 싸움이 있는 것은 아니지만, 논쟁의 구조(공격, 방어, 목표, 반격 등)에는 이미 전쟁의 개념이 포함되어 있다.

• 개념적 은유 [사랑은 여행이다. LOVE IS　JOURNEY]

  – 유목 문화('이동')

  (1) "Look how far we've come. (우리의 관계가 얼마나 멀리 왔는지 봐라.)"

  (2) "We're at a crossroads. (우리는 갈림길에 서 있다.)"

근원 영역: 여행(JOURNEY) 목표 영역: 사랑(LOVE)

여행자 ⇨ 연인

여행 ⇨ 사랑 관계의 사건들

여행한 거리 ⇨ 진전

여행 중 장애물 ⇨ 관계 속 어려움

여행의 목적지로 가는 길에 대한 선택 ⇨ 사랑 관계의 목표 달성을 위한 할 일의 선택

여러 가지의 특성이 있는 사랑에 대하여 개념적 은유 [사랑은 여행이다]는 우리가 사랑하면서 실제로 해 보거나 겪게 되는 체험을 우리가 여행 중에 쌓는 경험의 관점에서 이해하고 표현한다. 이러한 구조적 은유에 의한 적절한 대응 관계를 통해 우리의 경험적 영역은 구조화되고 체계화된다.

- [많음은 위 MORE IS UP], [적음은 아래 LESS IS DOWN]
- [건강함은 위 HEALTHY IS UP], [아픔은 아래 SICK IS DOWN]
  - 기독교 문화('거룩한 하늘, 속세의 땅')
  (1) "Speak up, please. (크게 말해 주세요)"
  (2) "Keep your voice down, please. (목소리를 낮춰 주세요.)"
  (3) "Lazarus rose from the dead. (라자러스는 죽음에서 일어났다.)"
  (4) "He fell ill. (그는 아파 누웠다.)"

예문을 통해 상향 지향(위쪽)은 양적으로도 많고, 긍정적인 평가(건강/행복/도덕)와 조화를 이루는 특성이 있는 반면에 하향 지향(아래쪽)은 양적으로 적고, 부정적인 평가(아픔/슬픔/악덕)와 연관되어 있다는 것을 이해할 수 있다. 그런데 이러한 은유적 방향은, 공간적 방향에 대한 우리의 체계적인 경험들이 지향적 은유의 기초가 된 것으로 임의로 나타나는 것이 아니다.

- [정신은 부서지기 쉬운 물건이다. THE MIND IS A BRITTLE OBJECT]
  - 상업 문화('자본주의 문화: 물질/정신에 대한 불신임의 저평가')
  (1) "His dream was shattered. (그의 꿈이 깨졌다.)"
  (2) "My hopes were crushed. (나의 희망은 산산조각이 났다.)"

[정신은 부서지기 쉬운 물건이다]의 은유는 추상적인 정신을 구체적인 실체나 물질 즉 부서지기 쉬운 물건으로 이해하고 개념화하여 우리의 심리적 강도에 대해 표현하고 있다. 이와 같은 존재론적 은유는 추상적 경험을 신체에 대한 경험을 바탕으로 물질이나 물체로 이해한다.

- [시야는 그릇이다. VISUAL FIELDS ARE CONTAINERS]
  - 개인주의 문화('경계: 분간되는 한계')/여성적 문화('보호/포용/수용')
  (1) "We came to view of the village. (마을이 시야에 들어왔다.)"
  (2) "The building comes into sight. (그 건물이 시야에 들어왔다.)"
  (3) "A huge lion-shaped rock came into sight just as soon as we turned the corner. (우리가 모퉁이를 돌아가자 커다란 사자 형상의 바위가 눈에 들어왔다.)"

하나의 그릇 또는 용기로 우리의 시야를 개념화하여 우리가 보는 것을 시야 안에 있는 것으로 개념화하고 있다. 이러한 존재론적 은유는 우리가 어떤 지역을 볼 때 그 지역의 경계, 즉 볼 수 있는 부분을 규정짓는 사실에서 비롯된다. 존재론적 은유는 또한 사건, 활동, 행위, 상태를 이해하기 위해서 사용된다.

- *cow* metaphor
  - 불평등 문화('여성 차별 적용')/집단주의 문화('부정적 의미만 내포')
  (1) "Why don't you do it yourself, you old cow?"
  (2) "What the hell does the silly cow think she's doing?"
  (3) "She is a real cow."
  (4) "The people were cowed by the execution of their leaders."

예문에서 늙은 암소와 어리석은 암소를 통해 해당 여성을 어리석고 느린 사람, 불쾌한 존재로 묘사하고 있는데 '암소'는 공격적인 부정적인 의미를 내포하여 뚱뚱하고 매력이 없는 여자로 묘사되기도 한다. 암소라는 단어는 동사로 사용될 때 폭력이나 위협으로 상황이 통제되는 것을 의미한다. 남성에게 적용되는 'bull'은 긍정적인 의미와 부정적인 의미 둘 다 간직하고 있는 반면에 'cow'는 부정적인 의미로만 쓰이면서 여성에게 적용되고 있음을 알 수 있다.

- *bull* metaphor
  - 평등 문화('성 평등')/개인주의 문화('긍정/부정 의미 내포')
  (1) "He is *a bull*."
  (2) "He is *bullheaded*."
  (3) "He *bullies* all the other little boys in the playground."

'bull'은 사람과 관련하여 매우 강하다는 것을 암시하는 긍정적인 의미를 지닌다. 황소는 또한 사나우며 통제하기 어렵고 공격적인 사람으로 은유 되곤 하는데, 이와 연관된 명사형이며 동사형인 'bully'는 동사로 쓰일 때 '괴롭게 하다'라는 의미로 약한 사람들을 다치게 하거나 의도적으로 겁주는 깡패나 불량배처럼 행동하는 것을 나타낸다. 여성에게 적용되는 'cow'는 부정적인 의미로만 쓰이고 있는 반면에 'bull'은 긍정적인 의미와 부정적인 의미 둘 다 간직하고 있으며 남성에게 적용되고 있음을 알 수 있다.

- *chicken* metaphor
  - 집단주의 문화('부정적 의미만 내포')/평등 문화('성 평등')
  (1) "Don't be such a chicken!"
  (2) "I'm scared of the dark. I'm a big chicken."
  (3) "Why are you so chicken, Gregory?"
  (4) "His mother complains that he makes excuses to chicken out of family occasions such as weddings."
  (5) "Don't chicken out. You promised to go with us."

'chicken'은 소심하거나 겁이 많은 사람을 지시하는데 명사형과 같은 의미의 형용사로도 사용된다. 구동사 'chicken out'은 두려워서 아무것도 하지 않고 그만두기로 하는 것을 의미한다. 예문에서 보듯이 치킨이라는 단어는 주로 부정적인 의미를 내포하고 있으며 남성과 여성 모두에게 적용될 수 있음을 알 수 있다.

- *dog* metaphor
  - 남성적 문화('강화사: 자기 주장성')/개인주의 문화('긍정/부정 의미 내포')
    평등 문화('성 평등')
  (1) "He said the old car was an *absolute dog* to drive."
  (2) "The film must be a *real dog*."
  (3) "The men in these films are just *dogs*."
  (4) "He's such a *dog*. I can't believe he would cheat on you like that."
  (5) "He won Lotto! What a *lucky dog* he is!"

(6) "He has been a bit of a *gay dog*."

(7) "By dusk, we were *dog-tired* and heading for home."

'dog'는 질이 매우 좋지 않은 쓸모없는 인간(물건)을 지시함을 오래된 차를 'an *absolute dog*'로 언급하는 예문을 통해 알 수 있다. 자동차와 영화와 같은 물건에 대해 완전 쓸모없는 저질의 물건이나 실패작을 의미하는 'dog'의 개념은 자동차보다 인간에게 더욱 친숙하게 적용되어 의인화되어 사용되는데 이 때 불쾌하거나 신뢰할 수 없는 비열한 인간 따위를 의미한다. 이제까지의 부정적인 의미를 내포하고 있는 'dog'의 개념을 통한 은유적 표현들과는 대조적으로 긍정적인 의미를 지니는 형용사와 함께 사용될 때 'dog'는 a *lucky dog*, a *gay dog*('a fortunate man, a happy man')의 예시에서처럼 긍정적인 의미를 내포한다. 영어와 한국어는 일부 동물들에 대한 비유적 표현 간에 공통점이 있는데 *dog-tired*와 개망신에서 *dog*와 개는 매우 나쁜 상황을 특히 강하게 주장하거나 두드러지게 하는 데 사용되는 단어로 형용사 'extreme'처럼 강화사로서 기능한다. 긍정적인 의미와 부정적인 의미 둘 다 간직하고 있으며 여성과 남성에게 모두 적용되고 있음을 알 수 있다.

• *bitch* metaphor
  – 집단주의 문화('부정적 의미만 내포')/불평등 문화('여성 차별 적용')
  (1) "*Silly little bitch*, what did she think she was playing at?"
  (2) "I wish you'd stop *bitching*."

여성만을 지칭하는 'bitch'는 불쾌하고 무례한 성질이 아주 못된 여자를 묘사하거나 매우 불쾌하거나 다루기 어려운 상황을 나타내는 등 부정적인 의미를 지닌다. 또한 'bitch'가 동사로 쓰일 경우, 계속해서 불평하거나 남을 비방하거나 상처를 주는 말을 하는 것을 의미한다. 이처럼 'bitch'는 'dog'의 긍정적이고 부정적인 두 가지 의미 중에서 부정적인 의미만 추출하여 이것을 여성에게만 적용하고 있음을 알 수 있다.

- *fox* metaphor
  - 개인주의 문화('긍정/부정 의미 내포')/평등 문화('성 평등')
  (1) "He/She was a *sly old fox*!"
  (2) "The *foxy old monk* decided to play one last trick on him."
  (3) "He had wary, *foxy eyes*."
  (4) "Watch out! He's a bit of a *foxy character*."
  (5) "The boy is a *real fox*!"
  (6) "He is a *lucky fox*."
  (7) "She is a *smart fox*."

예문(1)~예문(4)에서 여우를 통한 은유적 표현은 '교활한, 기만적인, 은밀하게 남을 속이는, 신뢰할 수 없는'과 같은 부정적인 의미를 지니고 있다. 그러나 예문(5)에서 소년은 여성처럼 매력적일 수 있는 귀여움의 대상으로 묘사되고 있다. 즉 여성뿐 아니라 남성을 포함한 인간의 매력을 비유적으로 묘사하는데 여우가 사용되고 있다. 이외에도 여우는 예문(6)과 예문(7)에서 인생의 행운아, 지적이고 영리한 여성으로 나타나고 있다. 즉 여우는 지능, 행운, 귀여움 및 매력을 포함하는 인간의 긍정적인 속성을 또한 함축하고 있음을 알 수 있다. 일반적으로 말해서 영어에서 여우는 긍정적인 의미와 부정적인 의미를 둘 다 지니며 동시에 남성과 여성을 모두 지칭할 수 있다.

- *fox/vixen* metaphor
  - fox: 개인주의 문화('긍정/부정 의미 내포')/평등 문화('성 평등')
    vixen: 집단주의 문화('부정적 의미만 내포')/불평등 문화('여성 차별 적용')
  (1) "He/She was a *sly old fox*!"
  (2) "The *foxy old monk* decided to play one last trick on him."
  (3) "He had wary, *foxy eyes*."
  (4) "Watch out! He's a bit of a *foxy character*."
  (5) "The boy is a *real fox*!"
  (6) "He is a *lucky fox*."
  (7) "She is a *smart fox*."
  (8) "She is a *vixen*."
  (9) "? He is a *vixen*."

'fox'는 앞의 예문들을 통해 살펴보았듯이 아주 영리하고 교활한 사람, 기만적인 성격(monk), 영리하고 비밀스러운 방식으로 속이는(eyes), 신뢰받지 못하는 성품(character)을 표현하고 있다. 이와 같은 부정적인 의미를 내포하고 있는 은유적 표현과 더불어 남성도 여우처럼 귀엽고 매력적일 수 있다는 사실을 표현하는 'a real fox'처럼 여성과 남성의 매력을 강조하는 데 사용된다. 또한 'a lucky fox, a smart fox'를 통해 인생에 행운이 있는 사람과 지적인 여성을 나타낼 수 있음을 알 수 있다. 즉 'fox'의 은유적 표현은 긍정적인 의미를 또한 함축하고 있어 일반적으로 지성, 행운, 귀여움 및 매력과 같은 인간의 긍정적인 속성을 나타내는 데 사용된다. 'fox'는 한국어의 경우에('여우') 은 유적으로 여성만을 지시하는데 영어에서는 교활한 여자와 교활한 남자를 모두 의미하므로 여성과 남성에게 모두 적용할 수 있다. 그러나 'vixen'은 남성에 대해 사용하지는 않으며 성미가 급하거나 심술궂은 여자를 가리킨다. 즉 [WOMAN IS A VIXEN]이라는 개념적 은유는 'fox'의 긍정적 의미와 부정적 의미의 두 가지 의미 중에서 부정적 의미만 추출한 결과 부정적인 의미만을 내포하고 있으며 여성에게만으로 사용이 제한되어 있다.

- *pig/hog, swine* metaphor
  - pig/hog: 집단주의 문화('부정적 의미만 내포')/평등 문화('성 평등')
    swine: 집단주의 문화('부정적 의미만 내포')/불평등 문화('남성 차별 적용')
  (1) "You *greedy pig!*"
  (2) "He's been *hogging* the bathroom and no one else can get in."
  (3) "Tell me what you did with the money, *you swine.*"

'pig'는 불쾌한 사람, 특히 너무 많이 먹거나, 공격적인 행동을 하거나, 다른 사람을 고려하지 않는 사람을 나타내며 'hog'는 탐욕스럽거나 무례한 방식으로 모든 것을 먹어 치우거나 행동하는, 즉 사려 깊지 않은 행동을 암시하는 동사로 쓰인다. 'swine'은 종종 극도로 나쁜 행동을 한 사람을 호칭하며 그 사람에게 화를 내거나 불만을 나타낼 때 사용된다. 이 모든 은유적 표현에는 부정적인 의미가 함축되어 있는데 한국어의 경우에는('돼지') 극도로 긍정적이거나 극도로 부정적인 의미를 암시하며 여성을 지칭하는 경우에만 거의 항상 부정적인 의미를 내포한다. 'pig'와 'hog'는 은유적으로 남성과 여성을 모두 지칭할 수 있지만 'swine'은 대부분 남성에게만으로 사용이 국한되어 있다.

- *horse*(비유/상징의 대상)
  - 유목 문화('소재: horse/sheep')
  "He works like a horse."
  "locking the door after the horse is gone."

　문화와 환경에 따라 비유와 상징에 나타나는 동물이 상이하게 나타나는데 한국어에서는 농사일과 밀접하게 관계가 있는 '소'를 대상으로 하는 데 비해 유목 문화를 기반으로 발전해온 영미 문화권에서는 '말'(개척사에서 미국인들의 생활과 '말'은 밀접한 관계가 있음)을 대상으로 한 비유와 상징의 표현들이 많다.

- '빨강' 상징('1센트 동전, 적자') – 상업 문화('소재: money/trade')
  "It's worth not a red cent. (전혀 가치가 없다.)"
  "a red balance sheet (적자 대차대조표)"

　여러 관용구에서 '빨강'은 '1센트 동전, 적자'라는 상징적인 의미를 지닌다. 예에서 돈과 관련지어서 살펴볼 때 '빨강'은 역사적으로 구리로 만든 거의 가치 없는 동전을 의미하며 은전의 흰색과 구별된다. 영어의 **red cent**는 캐나다와 미국에서 1센트짜리의 동전으로 '빨강'은 특히 '공시적으로' '완전히 한 푼도 없음'과 '적자'라는 부정의 의미를 강조하는 기능을 수행하고 있음을 위의 예를 통해서 알 수 있다.

- '빨강' 상징('혁명, 폭력, 선동') – 남성적 문화('공격적/적대적')

"red flag term"

("분노, 호전, 방어 등과 같은 즉각적인 반응을 일으키게 하는 말; 선동적인 표어")

'to wave the red flag'이란 말은 폭력을 자극한다는 의미로 붉은 깃발은 혁명적인 반란자들을 의미하는 오랜 상징이 되어 왔다. 그런데다가 투우장에서 투우사가 붉은색 천(cape)을 흔들면 소가 흥분하게 된다는 믿음이 오랫동안 이어져 왔다. 이런 여러 가지 사연들이 서로 결합이 되어서 붉은 깃발은 형용사적으로 선동적인 말을 의미할 때 쓰이고 있다.

- '빨강' 상징(유다의 교활함) – 기독교 문화('유다/예수')

"crafty as a redhead(사악한, 기만적인, 교활한)"

전체적으로 예수를 배반한 유다의 교활함에서 유래하는 표현으로 이 전설적인 유다의 배반 이래로 이제 붉은 머리는 유다를 연상시킴으로 인해서 불행한 희생자가 되었다. 이러한 믿음은 또한 중세에 '죽은 붉은 머리 사람의 지방이 독약을 만드는 성분의 하나로 여겨졌기 때문에' 수요가 많았는데 이를 계기로 더욱 힘을 얻게 되었다. "cunning as a red-haired person, cunning as a redhead"와 같은 유사한 표현을 더 찾아볼 수 있다.

- '빨강' 상징('건강한, 살아있는') – 남성적 문화('거칠다/강인성')

"red meat": "더 힘이 있는, 혹은 거친 재료(쇠고기 혹은 양고기를 닭이나 송아지고기 같은 소화가 잘되는 것과 대조하여); 실제 정치; 모험; 파워게임"

영어는 프랑스 문화('자유')와 한국문화('이름 회피')에서의 경우와 다르게 많은 관용구에서 '빨강'은 '살아 있는, 건강한'이라는 상징적인 의미를 지닌다.

- '빨강' 상징(사냥 문화: '책략') – 남성적 문화('적대적 공격성')
  "red herring": "주의를 딴 데로 돌리는 수작 혹은 틀린 방향으로 이끄는 실마리, 가짜 단서"

'빨강'은 여기서 '책략'이라는 상징적인 의미를 지닌다. 사냥개를 훈련할 때 색깔이 붉은 말린 훈제 청어의 냄새를 이용하는 데서 나온 표현이다. 즉 17세기에 사냥개의 후각을 자극하여 여우 사냥에 이용하기 위하여 개 조련사가 개에게 이와 같은 훈련을 시켰던 것인데 19세기 후반부터 이 용어가 비유적으로 사용되기 시작하였다고 한다.

- '노랑' 상징(서부 개척 시대: '신뢰할 수 없는, 변덕스러운, 겁 많은, 비겁한'), ('돈'과 '황금')
  – 남성적 문화('힘/투박함')/상업 문화('소재: money')
  "yellow dog under the wagon" "be yellow-bellied/yellow-libered/yellow"
  "yellow belly/yellow" "yellow dirt" (AE) (俗) '돈', '황금'
  "All you know is yellow dirt!"

'노랑'은 여기서 '신뢰할 수 없는, 변덕스러운, 겁 많은, 비겁한'이라는 상징적인 의미를 지닌다. 19세기 중반부터 'yellow'는 미국영어의 일상적인 구어 표현에서 '겁쟁이의, 비겁한'의 의미를 지니고 있다. 서부 개척 시대 아마 정처 없이 여기저기 떠돌며 아무 일이나 닥치는 대로 하는 떠돌이 행상 또는 땜장이가 데리고 다니던 노란 개가, 마차 밑에 숨어 있다가 지나치는 행인을 물었던 것에서 유래된 것으로 보인다. '노랑'은 또한 '돈'과 '황금'을 상징하여 상업 문화의 일면을 엿보게 한다.

- '노랑' 상징('신비한, 중요한, 불확실한')
  – 자적 문화('낙관주의')/불확실성 수용 문화('호기심/포용력')
  "follow the yellow brick road": "한 사람의 문제에 대한 단순한 그리고 놀랄 만한 해결책을 발견하는 것; 삶의 문제로부터 신비한 도피책을 발견하다; 좋은 인생을 찾다"

'노랑'은 여기서 '놀랄 만한, 신비한, 좋은, 중요한, 불확실한'이라는 상징적인 의미를 지닌다. '오즈의 마법사'에서 'yellow brick road'를 따라가면, 사람의 모든 궁금증과 어려움을 해결해 줄 수 있는 신비한 마법사가 사는 에메랄드 시에 도달하게 되는데 여기서 'yellow brick road'는 '좋은 결과를 기대하면서 가는 불확실한 길'이다. 즉 마법의 세계에서 유래한 자적 문화를 반영하고 있으며 또한 불확실한 길을 간다는 의미에서 불확실성 수용의 문화를 엿볼 수 있다.

- '초록' 상징('허가') – 상업 문화('신호등')
  "give somebody the green light": "어떤 일을 승낙하다"
  '초록'은 여기서 '허가'라는 긍정적인 상징적 의미를 지니는데 '초록' 상징이 교통문화를 반영하는 신호등에 비유하여 유래하는 것을 볼 때 상업 문화를 반영하고 있음을 알 수 있다.

- '초록' 상징('번성') – 여성적 문화('협상/화해: 환경과의 자연스러운 조화')

"flourish like the green bay tree": "번성하다; 확실하게 성공적이다"

'초록'은 여기서 '번성'이라는 긍정적인 상징적 의미를 지닌다. 환경친화적인 나무에 비유하여 유래하는 '초록' 상징에서 외적 통제의 문화를 엿볼 수 있다.

- '초록' 상징('친환경적인')

  – 여성적 문화('협상/화해: 환경과의 자연스러운 조화')

"green housing", "build green", "do green"

: "환경친화적인 집을 짓거나 혹은 그러한 환경이 지속되도록 노력하다"

많은 관용구에서('green fingers, Greenpeace, Green Party') '초록'은 '친환경적인'이라는 상징적인 의미를 지닌다. 형용사 environment-friendly, eco-friendly와 더불어 많이 사용되고 있는 '초록' 상징에서, 환경친화적인 외적 통제의 문화를 엿볼 수 있다.

- '초록' 상징('성숙하지 않은, 무경험의')

  – 유목 문화('소재: grass')

"be green as grass": "전혀 경험 없는, 소박한"

많은 관용구에서 '초록'은 '성숙하지 않은, 무경험의'라는 상징적인 의미를 지닌다. 들판에 멀리 떨어져 나 있는 풀(양의 먹이)에 비유하여 유래하는 '초록' 상징에서 유목 문화를 엿볼 수 있다.

- '초록' 상징('단순한, 잘 속는': 어린 황소, 이민)
  - 농경문화('소재: 소')

"greenhorn": "경험 없는, 특별히 도시 출신의 사람이 농촌에 가서 사냥이 나 농사일에 서투를 때 이 용어를 사용한다."

'소박한, 경험 없는 혹은 단순한 사람; 잘 속는 사람 혹은 남에게 이용당하여 손해만 보는 사람; 이민 혹은 신참, 제복 입은 사람'을 의미한다. greenhorn 은 15세기에 뿔이 달려있되 아직 전부 자라지는 않은 어린 황소에 대해 사용된 이래로 1700년대에 이를 때까지 이 말은 경험 없고 투박한 사람(풋내기)을 의미했으며 18세기에 이르러 처음으로 새로 온 '이민(移民)'을 의미했다. 오늘날에는 보통 경멸적으로 남을 전혀 의심하지 않는 물정 모르는 사람 또는 무경험자에 대해 말할 때 이 말을 사용한다.

- 영어(독일어/프랑스어) 문화권의 언어 행위(정교한 코드)
  - 저맥락 문화('빠른 메시지')

Bernstein(1966)은 인간의 언어 행위를 restricted code(한정된 코드)와 elaborated code(정교한 코드)로 나누어 설명하고 있는데 elaborated code를 사용하는 문화권의 사람들은 공유하는 가치관, 역사의식, 체험이 상대적으로 적기 때문에 자기 의사를 구체적이며 분명하게 표현하여야만 상호 간 의사소통이 가능하다. 즉, 정보 대부분이 명시적(explicit messages)으로 전달되고 컴퓨터프로그램 하는 것과 같아서 비언어적 채널보다는 주로 정교하게 뚜렷이 말로 하는 언어 채널(verbal channel or word transmission)에 의존하여 원활한 의사소통을 한다. Bernstein의 restricted code와 elaborated code의 개념을 Edward T. Hall은 각자 high-context culture(고맥락 문화)와 low-context culture(저맥락 문화)의 개념을 가지고 설명한다. 이러한 의미 전달과 파악이 빠른 메시지를 중시하는 사회를 Hall(1983/2000: 106-108)은 저맥락 문화로 분류하고 있다.

- 영어의 시제(세분화)
  - 모노클로닉한 문화('시간 엄수')/불확실성 회피 문화('시간은 돈이다.')
  한국어: '밥을 먹었다'(과거 또는 완료 시제: 과거와 현재완료의 혼용)
  → 영어에서 과거와 현재완료(지금 막 밥 먹기를 끝마친)로 세분화하여 구별

  한국어: '뭐하니?'(비과거 또는 미완료 시제: 현재와 미래시제의 혼용)
  → 영어에서 현재('지금 뭐 하니?')와 미래의 시제('내일 뭐 하니?')로 세분화하여 구별

영어의 시제는 현재와 과거 그리고 미래로 구분되어 있고 여기에 세분하여 동작의 완료와 진행에 따라 동사의 시제를 12 시제로 더욱 구체적으로 구분한다. 세분된 시제의 언어에는 시간개념이 그만큼 발달해 있어서 이러한 문화권의 사람들은 자라면서 시간을 세분화시켜 나누어 사용하는 법을 배우고 시간의 귀중함을 일찍이 깨닫는다. 이러한 '시간은 곧 돈이다.'라고 생각하며 열심히 일하는 것을 중요시하는 사회를 Hofstede et al(2010/2018: 241)은 불확실성 회피 문화로, Hall(1983/2000: 120)은 모노크로닉한 문화로 분류하고 있다.

- 셰익스피어 문학(이원성)
  - 자적 문화('낙관주의')/자제 문화('비관주의')

게르만계(북유럽과 게르만 신화)의 어둡고 비극적인 모습과 라틴계의 밝고 낙천적인 두 인생관과 세계관의 혼합을 통해 셰익스피어 특유의 유머가 나타나며 게르만계의 앵글로색슨어와 라틴계의 프랑스어가 혼합된 가운데 놀랄 만한 표현의 자유로움이 보인다. 이러한 낙관적이며 표현의 자유를 중시하는 사회를, 그리고 어둡고 비극적인 사회를 Hofstede et al(326, 332)은 각자 자적 문화와 자제 문화로 분류하고 있다.

- 영국의 tea break(식민지 인도의 영향)
  - 불확실성 수용 문화('포용력')

차를 즐기는 영국 음식문화에는 오후에 30분 정도를 차 마시는 휴식 시간(tea break)이란 관습이 잘 지켜지고 있는데 이러한 차 문화의 번성은 식민지로 통치하던 인도의 영향이 크다.

- 영국의 빅토리아시대(근면과 성실의 미덕)
  - 장기지향 문화('끈기/꾸준한 노력')/모노크로닉한 문화('신속성/분절화')

빅토리아 사람들은 과다한 공휴일을 없애고 부지런히 일할 만큼 근면과 성실을 미덕으로 알았다.

- 영국인의 'Auld Lang Syne' (the good old days: 우정, 옛날)
  - 자적 문화('새해 축하/즐거운 삶')/집단주의 문화('우정: 관계/정')

영국 스코틀랜드의 가곡인 Auld Lang Syne은 전 세계적으로 이별할 때 불리고 있으나 "어릴 때 함께 자란 친구를 잊어서는 안 돼. 어린 시절에는 함께

데이지를 꺾고 시냇물에서 놀았지. 그 후 오랫동안 헤어져 있다가 다시 만났네. 자아, 한잔 걸치세."라는 내용으로 다시 만났을 때의 기쁨을 노래하고 있다. 영국인들은 휴일이 시작되는 새해 첫날 런던 Trafalgar 광장에 모여 자정을 알리는 종이 울림과 동시에 서로 새해 축하를 하며 이 노래를 부른다. 특히 스코틀랜드 사람들은 삶을 즐길 줄 아는 사람들로 타지에서 모이면 합창하며 술잔을 나눈다.

• 보스턴 차 사건(미국 건국의 원인)
  – 상업 문화('지나친 세금 징수')/개인주의 문화('자유와 독립')
  보스턴 차 사건은 영국과의 상업적 마찰에서 비롯된 미국 독립전쟁의 도화선으로서 미국이 상업주의 국가라는 점을 잘 보여주는 사건이다. 이러한 건국의 원인으로부터 나타나는 미국의 상업주의적인 문화는 상업에서 유래한 수많은 일상 표현을 낳았으며 미국인들이 실리를 추구하고 상도덕과 사회규약 그리고 약속과 신용을 중시하도록 하였다. 따라서 미국에 고급문화가 아닌 필연적으로 상업적일 수밖에 없는 대중문화가 주종을 이루는 것은 놀랄 만한 일이 아니다.

• 미국의 건국 역사(혁명을 통해 세워진 나라)
  – 개인주의 문화('자유/독립')/남성적 문화('혁명/투쟁')
  미국은 1776년 미국식민지를 억압하는 영국에 대항하여 독립을 선언하고 투쟁을 한 혁명을 통해 세워진 나라이다. 이러한 미국의 역사는 다른 약소국가들이 자신의 독립과 자유를 위해 투쟁하는 것을 지지하는 전통이 되었다.

- 독립선언서(자유와 평등 주창/이상주의의 자취)
  - 평등 문화('실천 강령')/개인주의 문화('자유')/장기지향 문화('이상주의')

  근대 민주주의의 핵심 사상을 담은 미국 독립선언서의 실천 강령에 천부인권, 인민의 동의, 평등, 저항권 등을 통해 평등주의적 문화의 성격이 나타나고 있다. 이러한 자유와 평등을 주창하는 독립선언서에는 또한 미국의 이상주의 자취가 남아있는데 이러한 속성은 이미 American Dream이란 말 안에 포함되어 있으며 또한 남북전쟁의 사례에서도 발견된다.

- 미국의 문화적 유형
  - 개인주의 문화('자율/자유')/평등 문화('수평적 인간관계')

  자율적인 개인이 중요시되는 미국 사회에서는 개인의 자유와 평등을 속박하는 일은 허용될 수 없다. 따라서 어떠한 사회나 조직 속에서도 수평적인 인간관계를 형성하고 있는데 예를 들어 미국의 가정은 남녀 간의 사랑을 기반으로 한 평등한 관계에서 가족 구성원들이 함께 생활하고 있는 가장 작은 사회 집단이다. 나이에서 비롯되는 권위 의식을 미국인들에게서는 찾아볼 수 없다.

- 다양다색한 다원성의 미국문화의 가치(다문화의 용인성)와 미국의 다문화주의(다문화 사회)
  - 불확실성 수용 문화('포용력')/개인주의 문화('개인의 존엄성')
    기독교 문화('청교도적 소명 의식')/평등 문화('동등한 공존')

  오늘날 문화는 끊임없이 변동하고 다분화되고 있는데 미국인들은 이러한 현대문화의 변동에 따른 다양성에 익숙한 국민으로 다양한 문화를 수용하면서 급변하는 현대 사회에 발 빠르게 적응하는 가치 문화를 지니고 있다. 즉 미국문화의 특징은 다양다색성에 있다고 할 수 있을 만큼 오늘날 미국에는 백인, 황인 그리고 흑인 등 다양한 인종이 모여 살고 있다. 이러한 다문화적 공존 사회를 이룩한 미국의 문화적 배경에는 미국 생활에 이민 초창기부터 깊숙하게 뿌리박혀서 지금까지 이어져 온 청교도적 소명 의식과 존엄성 그리고 인권 존중 사상에 기초한 미국 교육제도가 있다. 다문화주의는 주변부 소수인종 문화와 백인 중심 문화의 동등한 공존을 주장하는 문예사조, 즉 여러 다양한 문화를 하나의 지배문화와 더불어서 함께 인정하는 문예사조이다.

• 미국인의 성격과 사상의 기원(개인주의) – 개인주의 문화('독립/자립')

미국의 (개인주의) 사상을 탄생시킨 복합적이고 다양한 요인으로 영국 철학자 존 로크의 정치철학, 벤자민 프랭클린의 경제적 개인주의, 청교도들(개신교도)의 독자적 신앙, 19세기 에머슨의 개인주의 사상 그리고 서부 개척과 Frontier 정신을 말할 수 있다.

• 미국인 행동의 원천(자기중심과 책임 의식)
  – 개인주의 문화('나')/이성주의 문화('논리주의')

기독교 정신에 입각한 서구의 개인주의로 말미암아 미국인들은 일찍 어려서부터 모든 행동의 원천을 자기로부터 출발케 하는 자기중심의 개체의식이 발달하였다. 또한 우연성과 운을 고려하기보다는 행위에 대한 원인과 결과의 한계를 분명히 알기 때문에 자기 자신의 행동에 대한 책임을 남에게 돌리는 법이 없다.

• 미국인 활동의 원동력(개인의 성취동기)
  – 개인주의 문화('개인의 자아실현')/이성주의 문화('일의 능률 또는 합리성')

미국인들을 활동하게 만들고 일에 활력을 불어넣어 주는 원동력은 개인의 성취동기라 할 수 있다. 그런데 이러한 일을 성공적으로 수행하는 데 있어서 이들은 경험만으로는 불충분하고 교육과 훈련을 통해서 개개인이 어떠한 일에 좀 더 효과적이고 능률적으로 대처해 나갈 수 있다고 생각한다. 즉, 미국 사람들의 세상을 보는 자세는 합리주의에 근거한다고 할 수 있다.

- 미국(인)의 정신
  - 실용주의 문화('실용적인 지식')/기독교 문화('청교도주의')

  미국인들은 추상적인 지식이나 공론이 아닌 실용적인 지식을 존중하므로 실용성이 없는 지식은 그릇된 지식으로 여기는데 이러한 실용주의는 청교도 주의와 함께 미국 정신의 양대 지주를 이룬다.

- 미국의 지적 전통(범유럽적 계몽주의운동의 영향)
  - 이성주의 문화('계몽주의')/개인주의 문화('개인의 가치 중시')/평등 문화('평등/자유 실현')/불확실성 수용 문화('자유 진보주의')

  계몽주의는 원래 진리 판단의 기준인 이성으로 세계의 불합리를 제거하고 개선하여 인간의 무지와 몽매를 계몽하려던 범유럽적 운동이었으며 진보적으로 평등과 자유를 실현하고 개인의 가치를 중시하고자 하였다. 이러한 자유 진보주의적 성향이 강한 사회를 Hofstede et al(253)은 불확실성 수용 문화로 분류하고 있다.

- 미국인의 꿈과 경향(정부/관청에 대한 불신)
  - 개인주의 문화('이상: 개인의 자유')

  개인의 자유, 즉 통제와 조건이 없는 삶이 미국인들의 영속적인 꿈이며 따라서 미국인들은 권력기관(정부/관청)을 불신하며 그들의 통제와 억압을 싫어하는 경향이 있다.

- 팍스 아메리카나(Pax Americana: 미국이 주도하는 세계평화)
  - 남성적 문화('국외: 폭력')/여성적 문화('국내: 평화')

미국의 지배에 의한 세계의 평화와 질서유지를 함축적으로 표현하는 말인데 문화에서는 미국영화가 미국적 가치관과 아메리칸 드림을 전 세계에 전파하면서 팍스 아메리카나를 선전하는 것으로 나타난다. 한편 미국의 이율배반적인 '팍스 아메리카나'의 실상은 국내적으로는 평화와 민주주의를 추구하는 반면 국외적으로는 패권적이고 반민주적인 폭력을 행사한다는 비판을 받고 있다.

- 미국의 세계주의(외래사상— 특히 유럽의 영향)
  - 불확실성 수용 문화('포용 정책')

외래사상, 특히 유럽은 미국의 정치, 경제, 예술, 문학 및 종교에 영향을 주었으며 미국인들은 이러한 외래사상을 자신의 환경에 맞춰 발전시키면서 미국문화의 지방색을 벗어났다.

- 미국 사회의 충돌과 갈등(보수주의와 자유주의)
  - 불확실성 회피 문화('보수주의')/불확실성 수용 문화('자유주의')

다문화 사회인 미국 사회에는 백인 지배문화와 소수인종 피지배 문화, 서구 중심 문화와 비서구 주변부 문화 그리고 보수주의와 자유(진보)주의의 충돌과 갈등이 존재한다. 보수주의적 성향이 강한 사회와 자유주의적 경향의 사회를 Hofstede et al(253)은 각자 불확실성 회피 문화와 불확실성 수용 문화로 분류하고 있다.

- 미국 사회의 인종 문제(미국의 악몽)

  – 남성적 문화('공격적 성취 지향성/물질적 성공 추구')

  아메리카 신대륙에 낙원을 건설하려는 미국인들의 꿈은 땅을 빼앗기 위한 인디언 멸종과 그 땅을 경작할 인력을 위한 흑인 노예 착취의 원죄라는 악몽으로 오염되고 변질하였다.

- 'alien'(인종적 편견의 언어)

  – 불확실성 회피 문화('비포용력')/불평등 문화('인종차별')

  외계인 이외에 외국인 체류자를 지칭하는 "alien"은 인종차별적인 언어로서 인종 간의 화해는 이루어질 수 없는 불가능하고 소박한 꿈이라는 현실을 반영하고 있으며 실제 미국 사회에서는 여전히 인종적 편견이 존재한다.

- 청교도 정신의 도덕적 개념 – 장기지향 문화('극기, 근면, 절약')

  청교도 정신이란 1620년부터 19세기 초까지 발달한 뉴잉글랜드의 교회를 중심으로 한 극단적인 캘빈주의(Calvinism) 종교와 도덕규범을 말한다. 청교도주의의 주요 요소인 극기와 근면, 절약 정신이 기본적인 개척정신의 요소가 되었고 이러한 도덕적 관념은 오늘날까지 미국인의 의식을 지배한다.

- 미국문화의 상징(영웅주의)

  – 기독교 문화('메시아사상')/개인주의 문화('고독한 싸움')/장기지향 문화('불굴의 의지')

  미국문화의 영웅주의는 유대인들의 메시아사상이 미국문화와 결합한 것으로 위기의 순간에 나타나 사태를 해결하고 구원하는 영웅들은 고독한 싸움의 주인공으로 정체성에 대해 고뇌하며 주위의 도움이 없이 홀로 위기를 극복한다. 이들은 모험을 떠나 자신의 목적을 달성하기 위해서는 죽음을 무릅쓰는 영웅적인 불굴의 의지를 지니고 있다.

- (영웅적) 장애인 – 개인주의 문화('영웅')

영화 〈레인 맨 Rain Man〉(1988)의 주인공 레이먼드는 전형적인 자폐증 환자의 모습뿐 아니라 동시에 천재적인 계산력과 기억력을 지닌 비범한 모습을 보여준다. 이로써 개인주의적 영웅을 중시하는 할리우드의 전통을 답습하는 경향을 보이고 있으며 장애의 문제 또한 미국 사회에서 가족이나 사회의 문제가 아닌 개인이 극복하고 해결해야 하는 철저히 개인적인 문제로 다루어지고 부각하고 있다.

- 미국의 사회제도(평등한 사회) – 평등 문화('동등한 존재')

미국은 특권과 재산을 모두 독점한 귀족이나 지주가 없고 주교나 왕도 없는, 즉 자연 앞에 모두 겸손하고 평등한 사회제도를 특징으로 한다.

- 미국의 법문화(투철한 준법정신)
  - 남성적 문화('서부 개척 시대')/평등 문화('동등한 존재')
    상업 문화('상호약조와 규약')/개인주의 문화('개인 권리 수호')

투철한 준법정신은 무법자들이 난무하여 법치 사회의 필요성을 절감했던 서부 개척 시대에서 이유를 찾을 수 있다. 또한 특권층과 귀족이 없는 상태에서 출발한 미국은 만인이 법 앞에 평등하고 법이 공평하게 적용되므로 법을 잘 지킨다. 상업 국가인 점을 또 다른 이유로 들 수 있는데 상업주의 사회에서는 상호약조와 규약이 중시되고 법이 발달하기 때문이다. 개인의 권리를 수호하면서 더불어 살기 위해서는 법과 사회규약을 준수해야 하는 미국인들의 개인주의적 성향도 법을 잘 지키는 중요한 근원으로 작용한다.

- 미국법/사법제도(문제점) – 개인주의 문화('인권 존중')

미국의 법은 피고인(피의자/범법자)을 처벌하기보다 그 인권을 보호하는데 비중을 더 많이 두고 있어 악용의 경우가 많아 문제점으로 지적되기도 한다.

- 미국의 배심원 평결제도
  – 실용주의 문화('일의 능률화')/개인주의 문화('인권 보호')

배심원제도는 법관의 횡포와 오판을 예방하고 피고를 위한 인권 보호에 긍정적 역할을 한다.

- 미국인의 법 적용(법 집행 전의 융통성 적용: 'bend the rule')
  – 이성주의 문화('논리적 타당성 중시')/고맥락 문화('상황고려')

미국인들은 원칙을 중요시하나 상황에 따라 예외를 두어 법을 유연하게 적용한다. 즉, 논리적 타당성을 중시하고 상황을 고려하여 법 규정을 변경하기에 법 집행 전에 소명의 기회가 주어진다.

- 획일성의 미국문화(의복. 식생활) – 평등 문화('동등')

획일성의 미국문화는 음식 문화에서 가장 잘 나타나는데 규모가 큰 대형슈퍼마켓을 통해 쏟아져 나오는 규격화된 품질과 모양의 음식물을 섭취하기 때문에 이들의 식생활에는 빈부격차와 사회적 지위와 신분의 고하를 막론하고 별 차이가 없다. 미국 생활문화의 획일성은 또한 의복에서도 찾을 수 있는데 대량생산의 과정을 거쳐 쇼윈도에 진열되면 격의가 없고 소박함과 젊음이 넘치는 뚜렷한 특징의 미국적 색채를 띠게 된다.

• 미국예술(대중성/문화의 평등성) – 평등 문화('대중성')

미국예술의 특색은 10센트짜리 책이라 불리는 다임 노블(dime novel)과 재즈, 뮤지컬, 할리우드 영화, 팝아트 등에서 나타나는 대중성이라 할 수 있다. 이른바 미국예술은 문화의 평등성이란 특색이 20세기에 보편화 되었으며 대중으로부터 환영받았다.

• 식민지 시대의 미국 문학
  – 기독교 문화('청교도주의 사상/이신론/초월주의')

식민지 시대의 미국 문학에는 원죄와 영육의 문제, 현세와 내세의 문제, 우주의 질서와 절대자의 문제 등과 같은 청교도주의 사상의 핵심이 다루어지고 기독교 바탕의 이신론적 경향과 자연환경과 생태계의 중요성을 일깨워주는 초월주의적 경향이 나타났다.

• Mark Twain 문학(미국 문학의 진수: '해학, 풍자')
  – 자적 문화('해학과 풍자')/남성적 문화('대립')/개인주의 문화('자유/독립')

해학과 풍자를 통해 미국 문학의 진수를 보인 마크 트웨인은 다른 한편으로 문명과 자연의 대립 그리고 자유의 문제 등을 지방의 방언과 속어에 대한 자유로운 구사와 더불어 다루고 있다.

- 프런티어 정신(서부 황야의 개척정신)

  - 남성적 문화('힘/투박함')/개인주의 문화('자유/독립')/불확실성 수용 문화('창의성')/평등 문화('민주주의: 평등권')

  프런티어는 집단이나 사회가 아닌 개인주의, 통제가 아닌 자유, 규칙이 아닌 폭력과 창의성을 중히 여기는, 독립적이고 굴하지 않는 미국인 상을 확립시켰으며 이러한 개척과정에서 생성된 남성적 힘과 투박함, 개인주의 그리고 민주주의는 프런티어 정신으로 여겨진다.

- 미국인의 서부 개척의 역사(도전과 Frontier 정신)와 프런티어 개척 정신의 영향

  - 개인주의 문화('개인의 독립심/자유/독창성')/단기지향 문화('현실주의')
    이성주의 문화('합리주의')/남성적 문화('강인성/불굴의 용기')/여성적 문화('협동 정신')/평등 문화('균일성과 민주주의')/자적 문화('낙천주의')

  서부의 Frontier는 강인하고 거친 미국인들을 만들었으며 새로운 환경에 적응토록 하는 현실적인 감각과 기지, 끊임없는 에너지 그리고 개인주의적인 독립심과 자유에 대한 열정을 지니게 하였다. 개척정신은 개인주의, 현실주의, 합리주의 그리고 개인의 독창성을 존중하는 성향을 강화하였다. 프런티어에서의 사회적 가치는 불굴의 용기와 협동 정신이었으며 여기에서 사회적 균일성과 민주주의가 실현되었다. 변경의 주민들은 유럽의 종교적 탄압과 계급제도를 벗어나 자신의 힘으로 행복한 삶을 추구할 수 있다는 데서 비롯된 낙천적인 인생관을 갖게 된다.

- 서부 개척 시대(정당방위권과 사유지수호권)
  - 개인주의 문화('개인의 이익')

서부 개척 시대에 인정된 정당방위권과 사유지수호권은 법이 보호하지 못하는 상황에서 자신을 지키고 자신의 터전과 가정을 지킬 수 있는 근거를 마련해 주었다.

- 미국인의 가정관의 근원(서부 개척 시대 홈스테드 액트)
  - 개인주의 문화('자영')

서부 개척 시대의 Homestead Act(1862년의 자영 농지법)는 서부로 이주한 미국인들이 무법자들로부터 가정을 수호하는 임무를 수행하는 데 공헌하였으며 이때부터 가족과 가정의 수호가 미국인들이 소중히 생각하는 가장의 의무가 되어왔다.

- 미식축구(미국의 대중문화/스포츠)
  - 남성적 문화('위험한 경기/체력')/평등 문화('공정: 동등한 존재')
    이성주의 문화('두뇌 플레이')

미국에서 대단한 인기가 있는 미식축구는 서부 개척 시대에 영토 확장을 위한 개척자 정신을 잘 나타내는 대표적인 미국 스포츠이며 몹시 위험한 경기로서 뛰어난 두뇌 플레이와 체력을 요구한다.

- 아메리칸 드림(프런티어 정신)
  - 개인주의 문화('자력/자기혁신')/저맥락 문화('변화에 적응력')

미국 사회에서 존경과 꿈의 대상이 되는 것은 어떠한 가정 배경, 신분 또는 잠재력 없이 갖은 고난 끝에 자력으로 성공을 거둔 사람들인데 이들은 모든 옛날 전통이나 편견 같은 것에서 벗어나 자신을 새로운 환경에 적응시켜가면서 자기혁신을 이룬 것이다. 이와 같은 미국인들 또는 미국으로 건너간 이민자들이 개인의 능력과 열정을 통해 이룩하려는 아메리칸 드림은 미국 서부 개척 시대에 형성된 프런티어 정신이 바탕을 이룬다.

- 미국인의 American Dream(Land of Opportunity: 도전정신)
  - 개인주의 문화('자유/도전')/장기지향 문화('미래지향: 역경과 시련')

미국인의 꿈은 기회의 나라인 미국에서 개개인이 자신이 원하는 기회를 찾아 열심히 살고자 하는 열망을 가리키는데 온갖 역경과 시련 끝에 성공하여 꿈을 실현하는 것이다.

- 미국의 문화적 가치의 변화
  - 집단주의 문화화('단체의 가치/이익 우선시')

미국의 문화적 가치 기준이 개인의 존엄성과 자주성을 기반으로 하는 완고한 개인주의 성향에서 단체의 가치 기준을 중요시하는 성향으로 변화함에 따라 개인의 자율성 보장이 예전과 다르게 점점 줄어들고 있다. 따라서 미국인들은 오늘날 모든 것이 한층 더 조직화, 대형화되고 기계적으로 비인간화되어가는 현실에서 오는 소외감에 잘 대처해 나가야 하는 과제에 당면해 있다.

8. 속담과 문화

속담을 매개로 한 한국어와 영어가 반영하고 있는 문화 차원은 불확실성 회피 문화와 불확실성 수용 문화, 단기지향 문화/장기지향 문화, 감성주의 문화/이성주의 문화와 관련하여서는 큰 차이를 보이지 않는다. 큰 차이를 보이는 경우는 평등 문화/불평등 문화, 개인주의 문화/집단주의 문화, 형식주의 문화/실용주의 문화, 유교 문화/기독교 문화와 농경문화/유목·상업 문화와 관련된 문화에서다. Hofstede et al(2010/2018: 84, 122, 129)에 따르면 한국 사회는 높은 권력거리 지수와 낮은 개인주의 지수의 집단에 속하고 영/미 사회는 권력거리 지수가 낮고 개인주의 지수가 높은 집단에 속한다. 이와 유사하게 한국어는 많은 경우에 불평등 문화와 집단주의 문화를, 영어는 평등 문화와 개인주의 문화를 나타내는 특성을 보인다.

한국어의 속담에 나타나는 불평등 문화는 '떡 본 김에 제사 지낸다, 어른 말을 잘 들으면 자다가도 떡이 생긴다, 초례청에서 웃으면 첫딸을 낳는다(전통 혼례), 개구리 올챙이 적 생각 못 한다, 윗물이 맑아야 아랫물이 맑다, 기러기도 위아래가 있다, 이가 없으면 잇몸으로 살지, 고래 싸움에 새우 등 터진다, 가자니 태산이요 돌아서자니 숭산이라, 부모가 온 효자여야 자식이 반 효자, 효성이 지극하면 돌 위에 풀이 난다, 조상 덕에 쌀밥, 죽어봐야 저승을 안다, 늙은 개가 공연히 짖지 않는다, 여자 팔자 뒤웅박, 남자는 하늘이고 여자는 땅이다, 남자가 여자에게 눌리면 집안 망한다, 때리는 시어미보다 말리는 시누이가 더 밉다, 못생긴 며느리 제삿날에 병난다, 고양이 덕은 알고 며느리 덕은 모른다'를 통해 표현되고 있다. 한편 한국어에는 형식주의 문화, 유교 문화, 농경문화와 그리고 영어에는 기독교 문화와 많은 상관관계를 보인다. 영어에 나타나는 기독교 문화는 'God helps the early riser, God helps those who help themselves, God gives every bird its food, but does not throw it into the nest, The devil temps all but the idle man temps the devil, The devil finds a man for idle hand to do, Haste is from the devil, Diligence outstrips poverty, Labor overcomes all things, Idleness is the root of all evil, Hitch your wagon to a star, Hoist your sail when the wind is fair, Hope springs eternal in the human breast, Religion is in the heart, not in the knee' 의 속담을 통해 반영되고 있다. 큰 차이는 아니지만, 예상대로 한국어에는 불확실성 회피 문화, 장기지향 문화, 감성주의 문화와 상관관계를 보이고 있으며 반면에 영어는 불확실성 수용 문화와 이성주의 문화의 경향을 보인다.

속담 'Knowledge is power, Business is business, First in time, first in right, He who runs after two hares will catch neither, He that puts on a public gown must put off a private person, Who holds the purse rules the house, The only rose without thorns is friendship, Old friend and old wine are best, Little intermeddling makes a good friend, Envy shoots at others and wounds herself, A little pot is soon hot, The love of money is the root of all evil' 등을 통해 표현된 영어에 나타나는 이성주의 문화는 서양의 아리스토텔레스의 직선적인 논리에 바탕을 두고 있으며 이에 따라 영미인은 감정보다 사실을 중시하며 상대방의 감정을 상하게 한다는 것을 알면서도 진실을 토로하는 이성주의 문화를 가지고 있다. 특이한 점은 한국어에도 이성주의 문화의 면모가 상당히 나타나고 있는 점이다. 속담과 관련해서 한국어에 나타나는 이성주의 문화는 '열 길 물속은 알아도 한 길 사람 속은 모른다, 가는 말이 고와야 오는 말이 곱다, 낮말은 새가 듣고 밤말은 쥐가 듣는다, 말 한마디로 천 냥 빚을 갚

는다, 말이 씨가 된다, 발 없는 말이 천 리 간다, 호랑이도 제 말 하면 온다, 아니 땐 굴뚝에 연기 나랴'를 통해 표현되고 있다. 속담 '아니 땐 굴뚝에 연기 나랴'를 통해 표현된 한국어에 나타나는 이성주의 문화는 불교 문화와 더불어 어떤 행위와 그 후에 발생한 사실과의 사이에는 원인과 결과의 관계가 있다는 논리적인 인과관계에 근거한다. 즉 불을 피우면 연기가 나듯이 모든 일에는 반드시 원인이 있다는 것이다. 이를 통해 한민족은 모든 현상에서 원인을 살피는 이성적이며 논리적인 삶의 태도를 엿볼 수 있다. 속담을 매개로 한 한국어와 영어에 담겨 있는 문화를 구체적인 예시와 함께 살펴보면 다음과 같다.

8.1 한국어(속담)와 문화

· '짚신도 짝이 있다.'
  – 농경문화('소재: 짚신')/평등 문화('동등한 존재')
  한국 사람들이 농경을 경제 기반으로 삼던 오래된 지난날 신던 가장 볼품이 없고 싼 볏짚으로 삼은 '짚신'을 소재로 한 속담이다. 아무리 볼품없는 짚신이어도 신발은 항상 두 개이듯이 반드시 짝이 있다는 의미로 어떤 종류의 사람이건 남녀 사이에 자신에게 어울리는 배우자는 있기 마련임을 비유적으로 이르는 말이다.

· '여름에 하루 놀면 겨울에 열흘 굶는다.'
  – 모노크로닉한 문화('빨리빨리/신속성')/남성적 문화('경쟁적 성취 지향성')
  부지런함을 미덕으로 여겨온 한국 사회를 반영하는 속담으로 자연 자원이 부족한 농경사회에서 근면과 일을 빨리 처리하는 능력을 미덕으로 삼았다.

이러한 '빨리빨리' 문화는 한국 사회의 경쟁적 문화를 나타내는 것으로 과거 신분 사회에서도 있었으나 특히 서구 문물제도가 수입된 이후 시작된, 개인의 능력을 공정한 경쟁을 통해 발휘하는 자유경쟁 문화는 한국 사회가 평등 사회가 되었음을 말해준다.

- '그림의 떡', '누워서 떡 먹기', '떡 본 김에 제사 지낸다.'
  - 농경문화('소재: 떡/주식의 쌀')/유교 문화('소재: 제사')/불평등 문화('성차별')
  먹을 수 없는 불가능한 일을 의미하는 '그림의 떡', 서기, 앉기, 눕기 동작 가운데 가장 쉽고 편하게 누워서 떡을 먹는 아주 쉬운 일을 뜻하는 '누워서 떡 먹기', 우연히 좋은 기회에 하려던 일을 해치운다는 의미의 '떡 본 김에 제사 지낸다.' 등 예문에서 알 수 있듯이 식생활 문화에서 떡, 벼, 밥, 쌀, 죽 등의 어휘를 포함하는 눈에 띄는 한국 속담들이 많이 등장하는데 이는 쌀을 주식으로 하는 한국 농경문화의 특성을 잘 반영하고 있다. 제사에 언제나 준비하는 음식인 떡을 소재로 하여 우리 민족의 가난했던 생활 모습과 빈번한 제사 그리고 이에 따른 옛 여인들의 고단함을 담고 있는 속담은 일상생활 깊숙이 스며들어 있는 한국의 유교 제사 문화를 잘 말해준다.

- '남의 떡이 더 커 보인다.'
  - 농경문화('소재: 떡')/형식주의 문화('외형')
  속담에 반영된 한국인의 의식을 살펴볼 때 언어 소재는 그 시대의 환경에 영향을 받기에 소재를 분석하면 민족의 생활상을 엿볼 수 있다. 떡은 한국인의 '(농경)생활'에 먹는 것 이상의 의미를 차지하고 있어서 속담을 포함한 많은 관용구에 '떡'이 소재로 쓰인다. 서로 똑같은 의미의 일본속담으로 '이웃집의 잔디가 더 파랗다'가 있는 것을 보면 잔디가 일본인의 가정생활에 주된 관심사임을 알 수 있다.

- '중이 제 머리 못 깎는다.'
  - 불교 문화('소재; 중')/집단주의 문화('관계/정')

  아무리 긴한 일이라도 제 손으로는 못하고 남의 손을 빌려야만 이루어지는 일을 이르는 말로 집단주의 의식을 반영하고 있으며 실제 우리말의 속담이나 관용표현에는 이러한 불교 관련 어휘가 많이 쓰이고 있어 불교가 우리의 삶에 큰 영향을 끼치고 있음을 알 수 있다. 불교로 형성된 대표적인 문화는 사찰, 연등, 탱화, 탑, 차례 등이다. 차례는 원래 다례라 하여 다(茶)를 올릴 때의 예의범절을 의미하는데 공양과 참선을 통해 다례 문화가 불교에 깊이 관련이 되어 있다.

- '굽은 소나무 선산 지킨다.'
  - 유교 문화('효')

  효와 관련된 표현으로 한국인이 소중히 유지해온 충효 문화는 유교 문화의 삼강오륜이 바탕이 된 것이다. 공자는 사회질서의 회복을 위해 인(仁)을 길러야 하고 효제충신(孝悌忠信)을 실천해야 한다고 하였는데 '효'를 인(仁)을 향한 가장 중요한 것으로 여겼다.

- '어른 말을 잘 들으면 자다가도 떡이 생긴다.'
  - 유교 문화('윗사람 중심 문화')/불평등 문화('연령차별')

  유교의 충효 문화는 윗사람 중심 문화로 발전하는데 이러한 윗사람 중심 문화인 경로 문화는 젊은 사람에게 요구되는 일방적인 불평등한 문화이기에 현대에 들어와서 비판받기도 한다.

- '초례청에서 웃으면 첫딸을 낳는다.'(전통 혼례)
  - 유교 문화('관혼상제')/집단주의 문화('부조')/형식주의 문화('절차')/불평등 문화('경로 문화')/자적 문화('잔치')

초례청은 초례를 치르는 장소를 일컫는데 결혼식을 하는 날에 신부를 보고 쓸데없이 웃지 말라는 말이다. 전통 혼례의 문화적 특성을 살펴보면 첫째, 친인척이 혼례 때 사용할 현물을 보내 부조하는 집단주의 문화적 특성이 있다. 둘째, 형식을 중시하여 여러 절차를 거침으로써 혼인의 의미와 성인의 무거운 책임을 느끼게 하였다. 셋째, 결혼당사자가 아닌 부모가 자식의 배필을 정해주는 어른 중심 문화가 반영되어 있다. 넷째, 친척들이 모이는 큰 잔치인 혼례식은 친척들에 의해 치러지며 친척들이 신붓집에 머물다 돌아가는 친척 중심 문화의 성격을 갖는다.

- '설날 일하면 죽을 때까지 헛손질한다.' – 자적 문화('즐거운 삶')
- '명절날 일하면 자식 두고 먼저 죽는다.'
- '생일날 일하면 가난해진다.'
- '게으른 놈 설날 나무하러 간다.'

한국인에게 명절은 놀이하며 일하지 않고 삶을 즐기는 날이어서 명절날 놀고 쉬는 것을 얼마나 소중히 여겼는지 속담을 통해서도 알 수 있다.

- '비단옷 입고 밤길 걷기'
  - 유교 문화('禮')/형식주의 문화('외형/격식')

  적절한 내용이 없이 형식만 내세우는 것을 비꼰 비유적 표현으로 형식과 체면을 소중히 여기는 한국 사회의 형식주의적 유교 문화를 반영하고 있다.

- '아니 땐 굴뚝에 연기 나랴?'
  - 남성적 문화('온돌문화: 환경통제')/이성주의 문화('인과관계')/불교 문화('인연설')

  온돌은 기본적인 한국 전통가옥의 난방 방식으로 굴뚝이 있다. 이 굴뚝을 통해 불을 피워 생기는 연기는 아궁이에서 집 밖으로 나간다. 따라서 속담에 등장하는 '굴뚝'이라는 어휘가 한국인의 주택구조인 온돌문화를 반영하고 있음을 알 수 있다. 오래전부터 계승되고 끊이지 않고 재창조되어 한국 사회의 대중문화와 주생활에 영향을 미쳐온 온돌문화는 지혜롭게 혹한의 한반도 기후환경에 따라서 변화하고 대처해온 한국인의 창의성이 발휘된 문화로 사회문화적 의의와 중요성 그리고 국가무형문화재(제135호)로서의 가치를 지닌 유산이다. 또한 속담 예문은 아궁이에 불을 때면 반드시 굴뚝에 연기가 나오듯이 모든 일에 원인이 없다면 결과가 있을 수 없다는 사실을 비유적으로 표현하고 있는데 여기에서 모든 일에 원인을 강조하는 우리 민족의 삶(인연설)의 이성적인 태도를 엿볼 수 있다.

- '산 개가 죽은 정승보다 낫다.'(공리적 현세 중심의 불교사상)
  - 불교 문화('현세 중심')/자적 문화('낙관주의')

  속담의 내용을 통해 민족의 의식을 살펴볼 때 선을 행하면 복을 누릴 수 있다는 생활의 윤리(관념론적인 인과론)를 반영하고 있는 인과응보의 속담이 많이 있다. 이와 같은 맥락의 불교 문화를 나타내는 속담으로 "산 개가 죽은 정승보다 낫다"가 있는데 공리적 현세 중심의 불교사상을 나타내고 있다.

- '서당 개 삼 년이면 풍월을 읊는다.'
  - 유교 문화('소재: 서당')/장기지향 문화('끈기/인내')/농경문화('소재: 개')

  환경의 중요성과 은근과 끈기를 강조하는 속담으로 서당에 사는 '개'일지라도 3년 동안 글 읽는 소리를 들으면 똑같이 내게 된다는 의미이다. '개'는 과거에 집에서 한두 마리쯤은 모두 키웠는데 농경시대에 한옥의 구조상 집을 지키는 역할을 했다. 그런데 여기서 서당은 조선 시대에 초등 교육을 맡아 했던 사립학교로 오늘날의 초등학교와 비슷한데 규모는 훨씬 작았고, 주로 유학에 바탕을 둔 한문 교육이 이루어졌다.

- '개구리 올챙이 적 생각 못 한다.'
  - 불평등 문화('상위층/하위층')/장기지향 문화('겸손: Flexhumility')

  옛날 조선 시대 연적에 많이 쓰였던 개구리는 '풍요와 다산'의 상징이다. 올챙이에서 변하는 과정 때문에 개구리는 신비로운 동물로 여겼는데 '개구리 올챙이 적 생각 못 한다.'라는 속담은 지난날 힘들고 형편이 어려웠던 과거의 올챙이 시절을 잊고 처음부터 잘난 듯이 거만하게 행동하지 않도록 주의하고 살펴서 항상 겸손하고 감사할 것을 권하고 있다.

- '짓독에 바람 든다.' - 자제 문화('욕구 규제/억압')

  김치를 먹는 것이 환희를 준다는 사실에 빗대어 지나치게 환락에 빠지면 반드시 재난이 생긴다는 말이다.

- '꿩 먹고 알 먹고'
  - 실용주의 문화('실용성')/장기지향 문화('느린 결과/이익')

예로부터 설날에 일 년 내내 행운이 생긴다고 꿩고기 떡국을 먹었는데 이는 꿩이 맛이 좋을 뿐만 아니라 용맹스러운 '길조'로 여겨졌기 때문이다. '꿩 먹고 알 먹고'라는 속담은 꿩고기도 먹고 알도 먹는다는 말로 실용성이 높게 한 가지 일로 두 가지 이상의 이익을 보게 됨을 의미한다. 이처럼 두 가지 이상의 이익을 한 가지 일로 얻기 위해 당장 눈앞의 이익만 생각하고 서두르기보다 여러모로 한 번 더 생각한 후 행동하는 생활 습관을 권하고 있다.

- '비 온 뒤에 땅이 굳어진다. / 열 번 찍어 안 넘어가는 나무 없다.'
  - 장기지향 문화('인내/끈질김')

'비 온 뒤에 땅이 굳어진다.'와 '열 번 찍어 안 넘어가는 나무 없다.'라는 속담은 한국인의 민족성인 은근과 끈기를 나타내는 대표적인 속담이다. 반복하고 참고 견디면 아무리 어려운 일이라도 반드시 이룰 수 있다는 의미로 용기를 주며 격려하는 말이다.

- '열 길 물속은 알아도 한 길 사람 속은 모른다.'
  - 불확실성 회피 문화('부족한 포용력')/모노크로닉한 문화('신중/사려')
    이성주의 문화('진실/진리: 감각적 능력 배제')

한 길은 사람의 키 정도의 길이를 말하는데 '길'은 옛날에 사용하던 길이의 단위이다. '열 길 물속은 알아도 한 길 사람 속은 모른다.'라는 속담은 아무리 깊다고 하여도 측정하여 알 수 있는 물속과는 다르게 사람의 속마음은 확실하게 알기 어렵다는 의미이다. 사람 얼굴에 나타나는 것만 가지고 사람을 안다고 생각하거나 판단하면 안 되는 인간관계의 어려움과 그에 따라 신중해야

함을 비유적으로 말하고 있다.

- '백지장도 맞들면 낫다/ 등잔 밑이 어둡다/ 밑 빠진 독에 물 붓기'
  – 농경문화('소재: 생활 도구')/집단주의 문화('관계/정', '우리' 집단)

　선조들이 자주 사용하던 백지장, 등잔, 독(항아리) 등 농경 생활의 전통적 도구를 나타내는 어휘들이 속담에 등장하고 있다. 이 가운데 '백지장도 맞들면 낫다'라는 속담은 아주 쉬운 일을 할 때라도 서로 도와주면 훨씬 더 편하고 쉽게 목적한 바를 이룰 수 있다는 의미로 집단주의 문화를 반영하고 있는 속담이다. 관계를 중시하는 집단주의 문화인 한국은 개인이 혈연, 지연, 학연으로 얽매인 집단에 소속되어 개인보다 집단의 조화와 이익을 더 중요시한다. 이러한 집단주의 사회에서는 타인의 마음을 올바르게 읽는 것이 중요하기 때문에 타인을 의식하는 체면 의식과 눈치가 발달하고 내집단 사람들 간의 감정적 관계인 정을 서로 나누고 확인한다. 이처럼 한국인은 '우리'라는 집단의 운명을 중요시하는 경향이 있는데 이 속담 역시 상부상조하는 협동 정신을 강조하고 있다. 이와 같은 생활의 지혜(협동심, 겸손)를 나타내는 속담으로 "빈 수레가 요란하다"가 있는데 이는 예절과 겸양이란 유교적 도덕관을 강조하고 있다.

- '개밥에 도토리' – 집단주의 문화('집단중심')

　집단을 중시하는 한국 사회에서 소외감을 느끼며 따돌림을 받는, 집단에 소속되지 않은 사람을 비유적으로 일컫는 속담으로 젊은 세대가 사용하는 '왕따'라는 말도 이에 해당한다.

- '피는 물보다 진하다.' – 농경문화('친척 중심')/집단주의 문화('혈연중시')
- '똥도 촌수가 있다.'
- '처삼촌 묘에 벌초하듯 한다.'

친족 중심 사회에서 혈연관계를 중시함을 표현하는 속담으로 친척 중심 사회나 친족 중심 사회는 농경사회의 사회구조이다. 즉, 친척 중심의 사회구조로 형성된 문화인 농경사회의 문화를 반영하는 속담이라 할 수 있다.

- '가는 말이 고와야 오는 말이 곱다/ 낮말은 새가 듣고 밤말은 쥐가 듣는다.
- 말 한 마디로 천 냥 빚을 갚는다./ 말이 씨가 된다./ 발 없는 말이 천 리 간다.
- 호랑이도 제 말 하면 온다.'
  – 감성주의 문화('비논리성/기분')/이성주의 문화('논리/인과관계')/유교 문화
  ('도덕적 제약')

한국에는 거짓이 없고 참된 정직한 말 한마디로 큰 빚을 갚을 수도 있다는 '말 한 마디로 천 냥 빚을 갚는다.', 열매가 씨가 자라서 되듯 좋은 일은 좋은 말에서 나쁜 일은 나쁜 말에서 비롯된다는 '말이 씨가 된다.', 사람들 입에서 입으로 전하여 들리는 말은 속도가 매우 빠르므로 말을 전달할 때는 신중하게 올바른 말을 전해야 한다는 '발 없는 말이 천 리 간다.' 등 언어생활과 관련된 속담이 많이 있다. 선조들이 '말에 힘이 있다'라고 생각하고 항상 말조심하도록 신경을 썼음을 알 수 있다. 특히 이 가운데 '발 없는 말이 천 리 간다.'라는 속담은 유교적 전통의 도덕적 제약에서 오는 수동적이고 소극적인 정신

을 반영하고 있으며 행동 규범을 제약하고 있다. 이와 유사한 속담으로 인간의 욕심을 경계하여 분수를 지키며 살아야 한다는 행동 규범을 담고 있는 '오르지 못할 나무는 쳐다보지도 말라'와 '얕은 내도 깊게 건너라'가 있다.

- '같은 값이면 다홍치마/ 보기 좋은 떡이 먹기에도 좋다'
  – 형식주의 문화('외형/격식')

체면과 외모를 중요시함을 비유적으로 이르는 속담으로 한국인의 사회적 행동과 문화를 엿볼 수 있는 중요한 문화적인, 한국인의 심리 현상을 잘 반영하고 있다. 즉 실용성보다는 모양 좋고 보기 좋은 외형에 비중을 두는 한국의 형식주의 문화를 반영하는 속담으로 한국문화는 이처럼 형식에 얽매이고 격식과 외형을 중요시하며 인간관계에 있어서 조화와 체면을 근본토대로 삼는다. 따라서 모든 일에 형식을 갖추는 것을 좋아하는 한국인들은 지연, 학연, 나이 등을 고려한 형식주의적 인간관계를 직장에서 매우 중시하며 친구를 사귈 때도 나이나 지연, 학연의 복잡하고 엄격한 형식적인 기준에 맞는 일부의 사람들하고만 깊은 교제를 한다.

- '옷이 날개라' – 형식주의 문화('외모')

좋은 옷은 사람을 돋보이게 한다는 말로 외모에 대한 관심도가 날이 갈수록 높아가고 자기의 능력을 돋보이게 하고 자신을 표현하는데 옷을 이용하는 사람이 많은 실제의 상황을 반영하는 말이다.

- '냉수 마시고 이 쑤시기'/'양반은 얼어 죽어도 겻불은 안 쬔다.'
  - 형식주의 문화('체면')

  우리 민족은 가족제도와 관련하여 가문의 명예를 위한 체면을 소중히 여겨왔는데 이러한 민족의 뿌리박힌 체면 위주의 생활관이 속담을 통해 잘 드러나 있다.

- '수캐 제 무엇 큰 것 자랑하듯'(문화사와 문화탐색)
  - 형식주의 문화('외형')/남성적 문화('큰 것/강한 사람 지지')

  자랑해서는 안 될 것을 함부로 자랑한다는 의미의 속담인데 직유의 엉뚱함으로 웃음을 유발하고 있다. 속담 사용의 예: 문화사와 문화탐색에 있어서 '수캐 제 무엇 큰 것 자랑하듯' 일종의 '스타주의'와 '대물주의'가 널리 세력을 펼쳐 '유명주의' 또는 '대항목주의'로 대세가 기울어져 왔다. 이와 같은 실정은 문화탐색과 문화사의 권력 지향성을 말해준다.

- '윗물이 맑아야 아랫물이 맑다.'/'기러기도 위아래가 있다.'/'이가 없으면 잇몸으로 살지'
- '고래 싸움에 새우 등 터진다.'/'가자니 태산이요 돌아서자니 숭산이라'
  - 불평등 문화('서열 의식')/집단주의 문화('혈연/학연/지연')/유교 문화('질서유지/순종')

  단일 민족인 한국인들은 오랜 전통과 역사를 유지해오면서 집단의 질서를 유지하기 위해 근원적이고 보편적인 도덕을 바탕으로 하는 유교를 종교로 받아들였다. 이러한 유교의 영향으로 말미암아 사람들은 혈연, 항렬, 권력, 나이, 성 등에 의하여 상하로 나누어졌으며 가정생활에서부터 학교생활 그리고 모든 사회생활에 이르기까지 자신의 지위와 신분에 맞는 행동을 하도록 사회적으로 규범화되었다. 특히 한국의 전통적인 가족 중심 사회현상은 가족을 개인보다 더 소중하게 여기며 가족 내의 위계적 인간관계를 특성으로 하는 유교적인 가치체계에 뿌리를 두고 있다. 더 나아가 정으로 대표되는 한국 사회는 혈연을 넘어 학연, 지연을 중시하며 이와 같은 집단 모임에는 상하 서열에 따라서 갈라 나누는 위계적인 특성이 있다. 이것은 한국어 특징의 하나인 높임말이 발달한 실상에서도 미루어 짐작할 수 있다. 위에 열거한 속담들은 이러한 서열 의식을 잘 반영하고 있다. 이와 관련하여 운명에의 순응을 강조하는 유교적 순종/인종의 속담 '이가 없으면 잇몸으로 살지', '고생 끝에 낙이 온다.', '고래 싸움에 새우 등 터진다.', '가자니 태산이요 돌아서자니 숭산이라'가 있는데 이는 유교의 정책적 윤리인 관존민비의 불평등한 차별적 인간관계를 반영하고 있다.

- '팔은 안으로 굽는다. 가재는 게 편이다.'
  – 집단주의 문화('관계/정', '우리' 집단)
  '우리 가족, 우리나라, 우리 부모님, 우리 아내, 우리 남편, 우리 아이' 등의 표현을 통해서 한국인의 '우리'라는 강한 공동체 의식을 알 수 있듯이 속담을 통하여서도 이러한 집단의식은 자주 나타나는데 정을 소중하게 생각하는 '우리' 공동체 문화를 잘 반영하고 있다. 이러한 인간관계를 (일보다) 중시하는 사회를 Hofstede et al(2010/2018: 152)은 집단주의 문화로 분류하고 있다.

- '염불에는 마음이 없고 잿밥에만 마음이 있다.' '부모가 온 효자여야 자식이 반 효자'.
- '효성이 지극하면 돌 위에 풀이 난다.' (효, 제와 관련된 속담)
  - 유교 문화('소재: 효/제', '가부장제 생활윤리')/불교 문화('염불')/불평등 문화 ('상위/하위')

한국에는 다른 여러 나라의 문화에서는 찾아보기 힘든 효, 제(祭), 처첩과 고부 관계와 관련된 속담이 유교 문화의 영향으로 많이 있는데 '효성'이 지극하면 하늘도 감동하여 돌에 풀이 나는 것처럼 도저히 불가능한 일도 이루게 한다는 의미의 '효성이 지극하면 돌 위에 풀이 난다.'를 포함한 위 속담 예문들 역시 이러한 부모에 대한 효, 조상숭배, 충 등을 미덕으로 여기는 유교 문화를 근본으로 한 한국문화를 반영하고 있다. 이러한 유교 문화는 크게 효 사상, 처첩과 고부 관계 그리고 조상숭배문화의 3가지로 분류할 수 있는데 첫 번째 효 사상은 삼강오륜을 기본으로 하며 군사부일체라 하여 임금에 대한 신하의 도리, 스승에 대한 제자의 무조건적 존경, 부모에 대한 자식의 섬김에서 가장 으뜸 되는 윤리이다. 그리고 "연소자는 연장자에게 복종해야 한다." 라는 사회 도덕의 기강, 즉 어른 공경의 문화가 있다. 두 번째 처첩과 고부 관계 문화는 관혼상제의 의식과 대가족제도가 엄격하게 지켜지던 시대에 생겨난 폐단이 여러 속담에 나타나게 한다. 마지막으로 조상숭배문화는 제사를 조상에 대한 추모와 숭앙하는 마음을 가지고 신성시하며 인간의 근본에 대한 보답으로 여기는 우리 조상들의 보본의식을 담고 있다. 이 가운데 '부모가 온 효자 되어야 자식이 반 효자이다.'라는 속담은 가부장제적인 가족을 중심으로 한 인륜 관계를 규정하는 속담으로 효에 대한 윤리의식을 높이고 있다. 이와 같은 유교의 도덕관과 군자 양성에서 유래된 생활의 윤리를 나타내는 속담으로 '입은 삐뚤어져도 주라는 바로 불어라.'와 '곧은 나무 먼저 꺾인다.'가 있다.

- '조상 덕에 쌀밥'(전통 제례)
  - 유교 문화/('효')/집단주의 문화('혈연/혈족')/불평등 문화('신분/종가중심')
    불확실성 회피 문화('제천의식')

  조상 덕으로 조상이 주신 복주와 음식을 마시고 먹는다는 제사 후 음복하는 데서 온 속담이다. 이러한 전통 제례의 문화적 특성을 살펴보면 첫째, 돌아가신 후에도 실천해야 하는 '효'를 중시하는 문화이다. 둘째, 혈연관계에 있는 사람끼리 지내는 혈연중시 문화이며 사대부(양반)임을 과시하는 신분 문화이다. 셋째, 혈족인 족인이 종가(宗家)를 중심으로 뭉치고 종가에는 여러 특권이 부여되는 종가중심 문화이다. 넷째, 제례는 제천의식에 유교 사상이 접목된 의례로 원시 민간신앙인 정령신앙이 반영되어 있다. 다섯째, 같은 마을에 사는 사람들이 마을 안녕을 위해 지내는 제사는 집단문화적인 속성을 지닌다.

- '죽어봐야 저승을 안다.' – 유교 문화('장유유서')/불평등 문화('연령차별')
- '늙은 개가 공연히 짖지 않는다.'(경험 중시 문화)

  '경험 중시 문화'에서 유래한 속담으로 경험을 중시하는 사상이 반영되어 있다. 이러한 경험을 중시하는 사상은 유교의 장유유서 문화에서 온 것이다.

- '여자 팔자 뒤웅박'(의존의 정체성/가부장제 여필종부)
  - 불평등 문화('성차별')/유교 문화('가부장제')

뒤웅박의 특성은 속 빔이고 무정형을 상징하는 흙과 같은 부서지기 쉬움이다. 어느 남자에게 시집가느냐에 따라 정해지는 여자의 삶의 형태, 그 무정형성을 뒤웅박(흙)에 비유한 것이다. 뒤웅박과 흙인 여자의 무정형은 '주체성의 상실, 팔루스의 결여'를 의미한다. 속도 없고 정착과 안정이 없으며 능동성, 주체성 그리고 개체성이 없는 한국의 여성이다. 즉 여자의 정체성 규정과 관련하여 여자를 주체성이 없으며 종속적이고 의존성이 많은 존재로 규정하고 있다. 이것은 가부장제 가족제도 아래에서 '부창부수', '여필종부', '삼종지도'를 여자의 부덕으로 강요당한 것에서 기인한다.

- '남자는 하늘이고 여자는 땅이다.'(가부장제적인 남존여비 사상)
  - 유교 문화('가부장제')/불평등 문화('남존여비')

유교적 가치체계에 의한 남존여비 사상 및 남아선호 사상을 반영하고 있는 대표적인 속담이다.

- '남자가 여자에게 눌리면 집안 망한다.'(남녀유별: 성차별문화)
  - 유교 문화('남녀유별')/불평등 문화('남성 중심')

남성을 우선시하고 여성의 가치를 깎아내리는 남성 중심 사회를 반영하는 속담으로 유교 사상의 윤리인 남녀유별에서 온 것이다.

- '때리는 시어미보다 말리는 시누이가 더 밉다.'
- '못생긴 며느리 제삿날에 병난다.'
- '고양이 덕은 알고 며느리 덕은 모른다.' (혈연중시 문화)
  - 집단주의 문화('혈연중시')/유교 문화('여필종부')/불평등 문화('며느리와 친족을 구별')

며느리의 고달픈 시집살이를 비유적으로 표현한 것이다. 며느리를 친족이 아닌 (피가 다른) 사람으로 보아 며느리와 친족을 구별하는 코드와 여필종부라는 말에서와 같이 무조건 남편의 집인 시가의 뜻을 따라야 하는 유교 문화 코드가 있기 때문이다.

- '선무당 장고 탓한다.'(샤머니즘)
  - 불확실성 회피 문화('무속신앙')

샤머니즘이란 무속신앙을 속담의 소재로 하여 민중을 혹세무민하던 무당들의 생활 모습을 반영함과 동시에 성실한 생활의 중요성을 일깨우고 있다.

- '아 다르고 어 다르다.'('비논리성/기분'의 속담)
  - 감성주의 문화('비논리성/기분')

대뇌의 구조상 우측 뇌가 발달한 한국인은 지성이나 이성보다는 감성적 성향의 민족성을 가지고 있다. 큰 의미의 차이를 지니고 있지 않은 '아'와 '어'이지만 이 한마디 말의 차이에 의해 상대방의 기분을 움직일 수 있다는 의미의 속담이다. 한국인은 일반적으로 상대방이 태도와 감정을 인정하지 않으면 더 이상 말하지 않는 경향이 있는데 이러한 한국인 특유의 비논리적이며 감정적인 의사소통 양식을 반영하고 있다.

- '허파에 쉬슨 놈' – 남성적 문화('자기 주장성')

선악, 호오, 미추 등에 대한 가치판단과 판단 능력은 주로 오감을 통해 느껴지는 것이기에 신체 부위가 속담에 자주 등장한다. 위의 속담 역시 인체를 소재로 하여 '생각이 없고 주견이 서지 못한 자'를 비유적으로 표현하고 있다.

- '소 잃고 외양간 고친다.'(소재: 자연/날씨/가축의 속담)
    – 농경문화('소재: 소')

예로부터 농사를 천하의 근본이라 여기는 농경사회였던 우리나라는 농사짓는 데 없어서는 안 될 소를 한집에 사는 하인이나 종을 일컫는 말인 '생구'라 부르며 소중히 여겨왔다. 따라서 속담 중에는 소를 비롯하여 농경사회에서 일상생활에 가장 민감하게 영향을 주는 '물, 불, 돌, 바람, 비' 등의 자연이나 날씨가 속담의 소재로 많이 등장한다. 이러한 소재들은 농경문화임을 반영하고 있는 것으로 유목/상업 문화를 기반으로 하는 영미 문화권에서는 말을 소재로 하여 'locking the door after the *horse* is gone'이라 말한다.

8.2 영어(속담)와 문화

- 'God/Devil'의 속담 – 기독교 문화('소재: God/Devil')
    "God helps the early riser." "The devil temps all but the idle man temps the devil." "God helps those who help themselves." "The devil finds a man for idle hand to do." "Haste is from the devil." "God gives every bird its food, but does not throw it into the nest."

예문처럼 영미 문화권은 자유, 평등주의를 바탕으로 하는 기독교 정신에 뿌리를 두고 있어서 신을 의미하는 God, 악마를 의미하는 Devil, Satan 등의 단어를 사용하는 속담들이 매우 많다. 일상생활의 모든 잘되고 못됨이 신(God)과 연관된 내용들을 통하여 표현되고 있으며 게으름이나 나태함은 악마(devil) 또는 악으로 여기며 많은 속담에서 악마와 관련되어 나타나고 있다. 더 나아가 개신교는 프로테스탄트적인 직업윤리를 통해 미국인들의 삶에 막대한 영향을 끼쳐 왔는데 이는 개인의 책임감과 자기 훈련 그리고 직업의 도덕적 가치를 말한다.

• '각인각색' 속담 – 평등 문화('동등한 존재/수평적인 관계')

"Every man has his humor" "Every man for his own tread."

"Love your neighbor as yourself." "All legitimate trades are equally honorable."

두루 '각인각색'이라는 의미를 지닌 속담으로 사람마다 개성이 있고 이를 존중해야 한다는 의미를 내포하고 있다. 자율적인 개인을 존중하여 서열과 권위보다는 평등을 한층 더 중요한 가치로 여기며 사회적, 인종적 차별은 엄연히 존재하지만 대부분 모든 인간관계에서 서로를 평등하다고 생각하며 행동하는 영미 문화권의 수평적인 문화를 엿볼 수 있다.

• '독립/자립' 속담 – 개인주의 문화('자유/독립')

"Better let well alone."

"As you have brewed, so shall(must) you drink."

"As you make your bed, you must lie on(upon) it."

"The squeaky wheel gets the grease."

개인의 자유와 사생활을 중요하게 여기는 영미문화를 잘 반영하는 속담이다. 개인주의에 바탕을 둔 자유, 권위, 그리고 평등을 중히 여기는 영미인은 평등하고 독립하여 존재하는 하나의 개체로서 태어나고 자라기 때문에, 어려서부터 내가 먼저 존재함으로써 타인도 존재하고 또한 나는 타인과 다르다는 사고방식을 가지고 있다. 따라서 영미문화는 속담 예문처럼 필요한 것이 있으면 남에게 의존하기보다 직접 말과 행동을 해서 얻어내고 해결하는 개인주의적이고 독립적인 성향이 강하다.

• "An Englishman's house is his castle."
　– 개인주의 문화('자유/개성')
　개인주의적인 영국에서 유래한 "영국인의 집은 그의 성이다."라는 속담은 내가 내 집에서 뭘 하든, 남이 개입할 수가 없다는 개인의 자유를 표현하고 있는 속담으로 개성이 강하고 독자적인 영국인의 성격을 잘 나타내고 있다. 실제 이러한 개인주의 문화의 사람들은 사생활을 잘 보호하고 폐쇄적이며 또한 배타적인 모습을 보이고 사교적 모임의 장소로 집을 더 선호한다.

• '논리/진실' 속담 – 이성주의 문화('논리/진리')
　"Knowledge is power" "Business is business."
　"First in time, first in right."
　"He who runs after two hares will catch neither."
　"He that puts on a public gown must put off a private person."

"Who holds the purse rules the house."

영미인의 사고방식은 논리주의와 도구 지향적 의사소통 양식을 발달시켜 왔다. 서양의 아리스토텔레스의 직선적인 논리에 바탕을 두고 있는데 기인하는 것으로 이에 따라 영미인은 비교적 감정을 배제한 채 관련된 정보를 교류한다. 즉 이들은 예문을 통해 나타나듯이 감정보다 사실과 진리, 지혜를 중요시하며 상대방의 감정을 상하게 하는 상황에서도 진실을 토로하는 이성주의 문화를 가지고 있다.

• '실리 추구' 속담 – 실용주의 문화('실리/능률')

"Fingers were made before forks." "First catch your hare then cook him."

"It is better to wear out than to rust out." "No song, no supper."

'식사하는데 반드시 격식을 차릴 필요가 없다.' 즉, 형식을 갖추는데 연연해서는 안 된다는 의미의 첫 번째 속담을 시작으로 실용주의 문화를 잘 표현하고 있는 속담들이다. 실리 추구의 실용주의적 가치를 우선시하여 나이에 상관없이 상황에 적응하여 모르는 사람들과도 잘 교제를 하며 또한 항상 미래와 결과를 지향하고 일의 능률을 기하는 데 목적을 두는 영미인의 실용적인 생활을 반영하고 있다. 이와 관련하여 20세기 초 미국에서 개발된 철학 이론인 실용주의는 미국의 독특한 문화적이며 사회적인 운동이라 할 수 있는데 이론보다는 행동을, 추상적인 가치보다는 실제적인 가치 추구를 선택하는 미국의 전통에 그 역사적인 배경이 있다.

- 소재(sheep/trade) 속담 – 유목 · 상업 문화('소재: sheep/trade')

"There is a black sheep in every flock."

"Trade follows the flag."

"One may as well be hanged for a sheep as (for) a lamb."

영미문화가 유목 또는 상업 문화라는 것을 이해할 수 있는 속담이다. 영미문화는 농경문화가 아닌 유목 또는 상업 문화를 바탕으로 발전했는데 'sheep'이라는 표현은 유목 문화를 반영하는 속담들에서 나타나고 있으며 'trade'라는 표현은 상업 문화를 반영하는 속담들에서 사용하였다.

- [돈은 사물이다. MONEY IS A THING]

　– 상업 문화('소재: money/trade, 자본주의 문화')

"Money is a power."(돈은 힘이다.)

"Money is the mother's milk of politics."(돈은 정치적 생명줄이다.)

돈은 사람들이 세상을 살아감에 있어서 가장 가지고 싶어 하는 사물이며 특히 정치 분야에 없어서는 안 될 중요한 사물이다. 돈만 있으면 세상에 못 할 일이 없고 천한 사람도 돈만 있으면 남들이 귀하게 대접해 주는 힘이 있기 때문이다. 지극히 소중히 여기는 돈에 대한 속담과 격언이 많고도 다양한 문화임을 알 수 있다. 이와 관련하여 마크 트웨인(Mark Twain)과 그의 친구 찰스 워너(Charles Dudley Warner)가 소설 형식으로 묘사한 "도금된 시대"(The Gilded Age)는 1848년 미국의 골드러시 이후 순수했던 미국의 꿈이 물질적 성공을 의미하는 용어로 변질하였음을 말하고 있다.

- [사랑은 질병이다. LOVE IS ILLNESS]
  - 불확실성 회피 문화('부정적 태도')/남성적 문화('강자 지지')
  "Love is sweet torment." ('사랑은 감미로운 고통이다.')
  "Love is blind." ('사랑은 장님이다.')
  "A faint heart never won a fair lady." ('허약한 심장으로 미인을 차지할 수 없다.')

이성을 상실하여 분별력 있게 행동하기도 힘들고 제대로 판단할 수도 없는 사랑의 감정은 동서양을 가리지 않고 달콤하면서도 매우 고통스레 나타난다는 것을 알 수 있다.

- [사람은 동물이다. HUMAN IS AN ANIMAL]
  - 집단주의 문화('친구: 내집단/친밀감')/평등 문화('각인각색/개성 존중')
    유목 문화('소재: horse')
  "A dog is man's best friend." ('개는 사람의 가장 절친한 친구이다.')
  "Every dog has his day." ('쥐구멍에도 볕들 날 있다.')
  "Mend the barn after the horse is stolen." ('말 잃고 마구간 고친다.')

사람들의 목표나 사건, 사실의 현상을 동물을 근원으로 하여 구조화하고 있는 속담이다. 벼농사를 기본 토대로 하는 우리나라 농경문화에서는 '소(cow)'가 농사에 반드시 있어야 할 가축인 것처럼('소 잃고 외양간 고친다.') 목축업이 발달한 영어 문화권에서는 '말(horse)'이 중요한 역할을 한다. 예전에는 사람과 같이 생활하며 더불어 살아가는 동물을 사람들은 즐거움을 얻기 위해 가까이 두고 귀여워하며 '애완동물'로 길렀다. 하지만 요즈음에는 인생의 반려자로서 심리적으로 친밀감과 안정감을 주는 짝, 친구 그리고 더 나아가 가족과 같은 존재라는 의미의 '반려동물'이 되었다. 반려동물과 함께 현대인의 심리적인 안정감과 자신감, 사회성, 감성, 그리고 공감력이 증대되고 있다.

- [사람은 식물이다. HUMAN IS A PLANT]
  - 농경문화('식물/농작물: 정착 생활')

  "As a man sows, so he shall reap." ('뿌린 대로 거둔다.')

  "As a tree falls, so shall it lie." ('나무가 쓰러지면, 그 방향으로 드러눕는다.')

  "As easy as rolling off a log." ('통나무를 굴리는 것만큼 쉽다.')

  식물의 성장 과정, 즉 식물이 자라고(씨), 성숙하고(열매) 시들어 죽는 일련의 전개 과정이 사람의 인생 과정에 그대로 반영되어 나타나고 대응된다. 이와 같은 식물에 사람을 사상(mapping)하고 있는 은유 개념을 통해 농경문화에 삶이 뿌리를 내리고 있음을 알 수 있다.

- [여성은 악하고, 미천한 존재이다. A WOMAN IS AN EVIL AND HUMBLE]
  - 불평등 문화('성차별')

  "It is a sad house where the hen crows louder than the cock."

  ('아내의 목소리가 남편보다 큰 집은 불행하다.')

  "A woman's hair is long, her tongue longer."

  ('여성의 머리는 길지만, 그 혀는 더 길다.')

여성은 남성을 피곤하게 만들고 불행하게 하는 존재로서 인식되고 있으며 다른 한편으로는 남자를 보조하고 위로하는 역할로 서술되는 등 여성의 존재가 그다지 높이 평가되고 있지 않다. 이와 같은 인식 기저에는 남성 존중의 문화, 남성 중심의 가치관과 태도가 바탕이 되어 있음을 말해준다.

- [근면, 노력은 위, 게으름은 아래 DILIGENCE, EFFORT ARE UP, IDLENESS IS DOWN]
  - 기독교 문화('청교도 사상')
  "Diligence outstrips poverty."('근면은 가난을 물리친다.')
  "Labor overcomes all things."('근로는 모든 것을 극복한다.')
  "Idleness is the root of all evil."('할 일이 없는 것은 모든 악의 근원이다.')

신이 인간으로 노동하게 한다는 사상과 노동을 부정하는 악마의 영향을 표현한 사람들의 노동관으로 근면과 게으름은 선과 악, 성과 속 그리고 옳은 행위와 옳지 못한 행위로 나타나고 있다. 부지런함과 게으름을 신과 악마가 서로 대립하는 관계로 보고, 인간에게 미치는 영향력을 이분법적 사고방식으로 표현한 속담으로 청교도 사상에 뿌리를 두고 있다. 부지런하면 그에 따른 대가를 받아서 부지런한 부자가 부유한 것을 당연하다고 받아들이는 영어 속담과는 반대로, 부자에 대한 부정적인 견해가 한국 속담에서는 많다. 이는 권력층에 저항 한번 제대로 하지 못하고 노동력착취와 이용만 당한 서민들의 증오심이 반영된 것이라 할 수 있다.

- [희망은 위, 좌절은 아래 HOPE IS UP, FAILURE IS DOWN]
  - 기독교 문화('거룩한 하늘, 속세의 땅')/자적 문화('즐기는 삶/낙관주의')
  "Hitch your wagon to a star."('자신의 마차를 별에다 묶어둬라.')
  "Hoist your sail when the wind is fair."('순풍이 불 때 맞춰서 닻을 올려라.')
  "Hope springs eternal in the human breast."
  ('희망은 인간의 가슴 속에서 끊임없이 샘솟고 있다.')

상향 지향(위쪽)은 긍정적인 평가(희망/가망)와 조화를 이루는 특성이 있는 반면에 하향 지향(아래쪽)은 부정적인 평가(좌절/실패)와 연관되어 있음을 말해준다. 예문을 통해 살아 있음의 가치를 죽음보다 높게 평가하고 있으며 목표를 높게 잡고 긍정적으로 살 것을 권유하고 있다. 인생을 될 수 있는 한 즐겨야 함을 간접적으로 암시하고 있는 개념적 은유이다.

- [우정은 식물이다. FRIENDSHIP IS A PLANT]
  - 이성주의 문화('논리/진실')/개인주의 문화('느슨한 유대')
  "The only rose without thorns is friendship."('유일하게 가시가 없는 장미는 우정이다.')
  "Old friend and old wine are best."('오래된 친구와 오래된 와인이 좋다.')
  "Little intermeddling makes a good friend."('우정을 유지하기 위해 간섭을 적게 해라.')

우정의 중요함과 필요성을 식물에 빗대어 나타낸 속담으로 친구 선택과 교제가 상당히 이성적으로 나타난다. 친구란 존재의 의미와 친구를 사귀는 방법에 대해서도 잘 표현하고 있다.

- [감정은 신체이다. EMOTION IS BODY]
  - 이성주의 문화('논리/진실')

  "Hatred is blind as well as love." ('미움은 사랑과 마찬가지로 맹목적이다.')

  "Envy will merit as its shade pursues."

  ('질투는 그림자처럼 따라다니며 값을 치르게 한다.')

  "Envy shoots at others and wounds herself."

  ('질투는 다른 사람을 쏘지만, 자기 자신을 상하게 한다.')

미움 또한 사랑처럼 맹목적이라는 표현을 통해, 별다른 일이 아닌 것을 마음에 담아두고 쉽게 풀지 못하는 사람들의 어리석음을 암시하고 있다. 또한 다른 사람을 질투하면 질투한 자신에게 다시 화로 되돌아와 상처를 주기 때문에 그렇게 하지 말 것을 충고하고 있다.

- [감정은 기계이다. EMOTION IS MACHINERY]
  - 이성주의 문화('논리/진실')

  "A little pot is soon hot." ('작은 냄비는 금세 뜨거워진다.')

  "A broken hand works, but not a broken heart."

  ('부러진 손은 고쳐도, 상처 난 마음은 못 고친다.')

  "Kindness is the noblest weapon to conquer with."

  ('친절이 상대를 다스리는 가장 고귀한 무기다.')

쉽게 화를 내는 사람을 소인('a little pot')으로 표현하면서 분노와 같은 감정을 쉽게 나타내는 행동을 조심하고 삼가도록 가르침을 주고 있으며 상처받은 마음은 시간이 지나도 쉽게 치유되지 않음을 말하고 있다. 이성을 무기로 해서 기계처럼 금세 뜨거워지고 고장이 나고 무기도 될 수 있는 우리 감정을 잘 다스릴 수 있다고 밝히고 있다.

- [현상은 돈이다. EVENT IS MONEY]
  - 상업 문화(소재: money, 물질만능주의)/이성주의 문화('현명한 지혜: 논리/진실')

  "Money talks." ('돈이면 만사형통.')

  "Penny-wise and pound-foolish." ('푼돈을 아끼다가 큰돈을 잃는다.')

  "The love of money is the root of all evil." ('돈을 사랑함은 모든 악의 근원이다.')

  일찍이 산업화가 일어났던 영미 문화권에는 금전에 대한 속담 표현들이 많아 '돈이면 만사형통.'이라는 물질만능주의 사상이 기저에 깔려있으며, 동시에 '돈은 모든 악의 근원이다.'라고 말할 정도로 돈이 가지고 있는 위험성에 대해서도 경고하는 현명한 지혜를 시사하고 있다.

- [마음은 종교이다. HEART IS RELIGION]
  - 기독교 문화('소재: God/religion')/남성적 문화('강인한 종교')
    실용주의 문화('형식 지양')/평등 문화('평등한 사랑')

  "God heals and the doctor talks the fee."

  ('신은 고치시고, 의사는 치료비에 대해 이야기한다.')

  "Religion is in the heart, not in the knee." ('종교는 마음에 있지, 무릎에 있지 않다.')

  "The mill of the God's grinds slowly, but it grinds fair."

('신이 내리는 벌은 늦어도 반드시 온다.')

신(God)을 중심으로 종교에 관한 표현은 형상화되는데 하나님이 인간보다 우위에 있으며(거룩한 하늘, 속세의 땅) 인간들이 신을 허례허식과 형식을 지양하고 진심으로 믿도록 권하고 있다. 또한 하나님의 평등한 사랑이 인간의 모든 일상생활의 성공과 실패를 좌우하고 있음을 알 수 있다. 종교에 관한 표현을 살펴보면 영어 속담과는 다르게 한국 속담에서는 해학적이고 풍자적인 표현들이 많이 나타나고 있으며(불평등 문화) "부처님 공양 말고, 배고픈 사람 먹여라."에서 보듯이 신앙생활 강요로 인한 고통보다 선한 행동을 실천하는 것이 더 중요하다는 것을 나타내고 있다. 즉 인간을 신앙심의 강요 아래에 두지 않고 인간을 중심으로 삼고 있다(불교 문화, 여성적 문화).

- "A change is as good as a rest, but there is nothing permanent except change."
  – 불확실성 회피 문화('보수주의: 전통 유지')
    불확실성 수용 문화('자유주의: 변화에의 적응력')

"변화하는 것 같지 않아도 같은 물건은 없다"라는 영국 속담은 영국인은 보수주의적이며 과거를 존중하는 전통을 잘 유지하는 반면에 또한 변화에의 적응력도 뛰어난 민족이라는 장점을 잘 반영하고 있다. 보수주의적 성향이 강한 사회와 자유주의적 경향의 사회를 Hofstede et al(2010/2018: 253)은 각자 불확실성 회피 문화와 불확실성 수용 문화로 분류하고 있다. 이와 비교해 다음에서 미국문화의 일면을 살펴본다.

- 미국의 소수민족과 다원주의(이민의 나라)

  – 불확실성 수용 문화('포용력: 다원주의 정책')/개인주의 문화('개인의 권리/존엄성')

  이민의 나라인 미국 사회는 여러 인종이 함께 어울려 살면서 조화와 융화를 이루고 있음을 강조한 Melting Pot 또는 소수민족이 자신들의 개별문화를 간직한 채 궁극적으로는 하나가 될 수 없음을 강조한 Salad Bowl이라 부른다. 미국 정책은 소수민족들의 문화와 역할에 대해 전체적인 문화로의 동화(assimilation)를 해야 한다는 정책이 지배적이었는데 1990년대를 전후해 소수민족의 문화적 특성을 전체적인 문화에 이바지하도록 하는, 소위 문화의 다양성을 살리는 다원주의 정책(Multiculturalism)이 대두되었다. 이러한 다원주의 정책은 개인의 권리와 존엄성을 인정하는 민주주의 근본정신과 일치한다는 점에서 개인주의 문화의 일면을 보인다. 타인에 대한 긍정적 태도를 유지하는 자유주의적 경향의 사회를 Hofstede et al(253)은 불확실성 수용 문화로 분류하고 있다.

part Ⅲ

맺는말(활용방안)

전체 8개 언어영역을 매개로 한 한국어와 영어가 반영하고 있는 문화 차원은 남성적 문화/여성적 문화, 단기지향 문화/장기지향 문화와 관련하여서는 큰 차이를 보이지 않는다. 큰 차이를 보이는 경우는 평등 문화/불평등 문화, 개인주의 문화/집단주의 문화, 불확실성 회피 문화/불확실성 수용 문화, 감성주의 문화/이성주의 문화, 형식주의 문화/실용주의 문화, 유교 문화/기독교 문화와 농경문화/유목·상업 문화와 관련된 문화에서다. Hofstede et al(2010/2018: 84, 122, 129, 223-224)에 따르면 한국 사회는 높은 권력거리 지수와 낮은 개인주의 지수, 그리고 높은 불확실성 회피 지수의 집단에 속하고 영/미 사회는 권력거리 지수가 낮고 개인주의 지수가 높으며 불확실성 회피 지수가 낮은 집단에 속한다. 이와 유사하게 한국어는 많은 경우에 불평등 문화와 집단주의 문화, 불확실성 회피 문화를, 영어는 평등 문화와 개인주의 문화를 나타내는 특성을 보인다. 특이한 점은 한국어에도 불확실성 수용 문화의 성격이, 그리고 영어에도 불확실성 회피 문화의 성격이 상당히 나타나고 있는 점이다.

한편 한국어는 감성주의 문화, 형식주의 문화, 유교 문화, 농경문화와 그리고 영어는 이성주의 문화, 실용주의 문화, 기독교 문화, 유목·상업 문화와 많은 상관관계를 보인다. 큰 차이는 아니지만, 예상대로 한국어에는 장기지향 문화와 상관관계를 보이고 있으며 반면에 영어는 남성적 문화의 경향을 보인다. 특이한 점은 한국어에도 남성적 문화와 단기지향 문화, 그리고 영어에도 고맥락 문화와 장기지향 문화의 성격이 상당히 나타나고 있는 점이다.

언어와 문화에 대해 이해하는 것은 소통을 위한 이해이며 소통을 통한 인간사회에 능동적으로 대처할 수 있는 공감력, 글로벌한 소통과 마인드를 바탕으로 도전정신, 문제해결력 그리고 창의력을 함양할 수 있다. 본 연구를 통해 각 언어 유형들의 외연적인 의미 설명으로 끝나지 않고 그 언어에 내재한 함축된 문화적인 의미를 탐구함으로써 언어적 표현으로부터 일상생활 문화 그리고 신념, 가치관을 포함하는 가치 문화를 추론해 보고 다른 언어 및 문화(한국문화, 영미문화, 독일문화)와 비교하는 등의 효과적인 언어교육 방안을 수단으로 문화 교육의 효과를 높일 수 있다.

본 저서에서 다양한 8개의 개별 언어영역에 걸쳐 언어(특성)와 문화의 관계를 살펴보고 또한 한국어(문화)와 영어(문화)에 나타나는 공통점과 차이점을 비교·분석하였다. 이에 따라 이제 여기에서 다루어진 한국어와 영어의 각 개별영역에서 나타나는 언어와 문화의 관계를 더 많은 다양한 자료를 바탕으로 상세히 분석하는 문제와 위에 언급한 8개 이외의 언어영역에 있어서 언어와 문화의 관계에 대한 분석, 또한 이들 각자에 대한 한국어(문화)와 영어(문화) 나아가서 유럽어(문화)와의 비교·분석 그리고 본 저서에서 다루지 않은 다른 학자들의 문화 차원(F. Trompenaars, S. H. Schwartz, P. B. Smith, Chinese Culture Connection)을 활용한 연구 등은 후속 연구과제로 남겨놓고자 한다.

| 참고문헌 |

강영웅. 2015. 한국어와 영어의 금기 · 완곡 표현의 사용 양상 대조 연구. 연세대학교 석사학위 논문.

강현석 외. 2014. 『사회언어학: 언어와 사회, 그리고 문화』. 글로벌 콘텐츠.

곽면선. 2019. SNS 커뮤니케이션에서 영어와 한국어에 나타난 세대 간 언어의 격차 분석: 화용론적 관점에서. 《언어연구》35-2, 161-183.

고두현 외. 2014. 『한국문화 유전자 지도』. 스토리하우스.

김낭예. 2016. 상징을 활용한 한국어 비유 교육 내용 연구. 《우리말글》70, 239-271.

김낭예. 2017. 상징을 활용한 한국문화 교육 연구. 경희대학교 박사학위 논문.

김민경 · 한은미 편역. 2006. 『색깔의 수수께끼』. 서프라이즈 정보.

김민수. 1996. 남북언어의 비교: 통일 후의 한 민족어 교육을 위한 제언 《강남어문》9, 53-67.

김성곤. 2005. 『영화로 보는 미국: 할리우드 영화의 문화적 의미』. 살림.

김열규. 1997. 『한국의 문화 코드 열다섯 가지』. 마루.

김영덕. 2008. 『영화로 본 미국문화』. 신아사.

김종대. 2001. 『33가지 동물로 본 우리 문화의 상징 세계』. 다른 세상.

김종수. 2004. 언어에서의 성차별과 해결방안 – 독일어와 영어를 중심으로. 《독일어문학》26, 227-249.

김중섭 외. 2014. 『경희 한국어』3(말하기/듣기/읽기/쓰기/문법). 도서출판 하우.

김진우. 2004. 『언어』. 개정판. 탑출판사.

김한종 외. 2015. 『한국사 사전』. 책과 함께.

김현숙. 2016. 문화 교육을 위한 속담의 특징 고찰. 《어문연구》 87, 251-276.

김희정. 2015. 한영 속담 속 은유 비교 연구. 목포대학교 석사학위 논문.

나은영. 2013. 『행복 소통의 심리』. 커뮤니케이션북스

류관수. 2004. 비교문화 관점에서 본 한미의 언어문화와 공손 표현에 대한 탐색. 《비평
　　　문학》 18, 117-140.

류춘희. 2000. 文化的 價値가 英語에 미치는 影響 : 禁忌를 中心으로. 인천대학교 박사
　　　학위 논문.

박명석. 1990. 이질 문화 상호 간의 커뮤니케이션 연구. 《단국대학교논문집》 24, 11-45.

백두현 외. 2019. 『한국어로 보는 한국문화』. 한국문화사.

변길자. 2017. 한국어와 영어 문자 메시지 유형 비교 및 분석. 《언어학 연구》 22-2, 71-
　　　95.

서진영. 2014. 신비한 수 1, 행운의 수 3과 7… 숫자를 알면 지혜가 생긴다. 《동아비즈니
　　　스 리 뷰》 165호.

연세대학교 한국어학당 편. 2013. 『연세 한국어』 3-1~6-2. 연세대학교 출판부.

오새내. 2006. 현대국어의 형태 음운론적 변이현상에 대한 사회언어학적 연구. 고려대
　　　학교 박사학위 논문.

이경명. 2010. 『WTF 태권도 용어정보 사전』. 세계태권도연맹.

이성하 외. 2016. 『세계 언어 백과』. 한국외국어대학교 세미오시스 연구센터.

이은숙. 2008. 문화적 차이에 따른 한 · 영 언어 비교 연구. 《언어학연구》 13, 127-154.

이정복 2006. 국어 경어법에 대한 사회언어학적 접근. 국어학회. 《국어학》 47, 407-448.

이정복. 2007 한국어 사전에 나타난 성차별 언어연구. 한국어학회. 《한국어학》 34, 257-
　　　300.

이정복. 2011. 인터넷 통신언어 실태와 세대 간 의사소통의 문제. 《배달말》 49, 29-69.

이정복. 2012. 스마트폰 시대의 통신언어 특징과 연구과제. 《사회언어학》 20-1, 177-
　　　211.

이정복 외. 2006.『인터넷 통신언어와 청소년 언어문화』. 한국문화사.

이정희 외. 2015.『경희 한국어』4~6(말하기/듣기/읽기/쓰기/문법). 도서출판 하우.

이주행. 1999. 한국 사회계층별 언어 특성에 관한 연구.《사회언어학》7-1, 51-76.

이진성. 2013. 영어 통신언어의 표기 특성과 한국어 통신언어와의 의사소통 전략의 차이.《사회언어학》21-3, 221-247.

이홍우, 오만석. 1973.『인지 훈육적 관점에서 본 육아 방식의 상관 변인』. 한국 행동과학 연 구소.

전혜숙. 2007. 반촌 언어의 세대 차에 따른 언어 변화 고찰.《방언학》5, 103-137.

전혜영. 2004. 남자와 여자의 언어, 어떻게 다른가.《새국어생활》14-4, 25-43.

정성호. 2006. 20대의 정체성.『살림지식총서』제235권. 살림출판사.

정혜진. 2010. 한국문화 교육을 위한 속담 연구: 한 · 영 속담 비교를 중심으로. 한국외국어 대학교 석사학위 논문.

정호정. 2001. 공손 어법의 언어문화 특수성과 번역.《통번역학연구》5, 169-192.

조문현. 1979. 兒童의 言語的 表現과 社會階層에 關한 硏究. 이화여자대학교 석사학위 논문.

조성식 외. 1990.『영어학 사전』. 신아사 .

조영수. 2017.『색채의 연상: 언어와 문화가 이끄는 색채의 상징』. 가디언.

조항범. 2009.『정말 궁금한 우리말 100가지』. 예담.

조혜진. 2011. 스페인어와 한국어 욕설의 비유와 상징 비교 연구.《스페인어문학》59, 177-203.

조흥식 외. 2010.『매듭의 여왕 묶음의 달인』. 예조원.

종린. 1998.『악필서생1』. 에피루스.

주영하 외. 2012.『한국인의 문화 유전자』. 아모르문디.

천소영. 2000.『우리말의 속살』. 창해.

천소영. 2006. '된소리 발음과 극단적 표현'.《새국어생활》, 2006년 제16권 제4호 겨울

최기호. 2009.『어원을 찾아 떠나는 세계 문화여행』. 박문사.

최병현 외. 2004.『미국문화와 사회』. 대우 문화사.

최영승. 2008. 『영미 지역과 문화』. 동아대학교 출판부.

최용선. 2001. 언어와 성에 관한 연구의 비평적 개관. 《사회언어학》 9-2, 157-186.

최윤희. 2013. 『문화 간 커뮤니케이션』. 커뮤니케이션북스.

최준식. 1997. 『한국인에게 문화는 있는가』. 사계절.

최준식. 2010. 김치 - 한국의 대표 음식. 《네이버 지식백과》(위대한 문화유산).

최현욱. 1991. 『영어교육의 실제 - 영어교육을 위한 한미문화의 비교』. 한국문화사.

최희섭. 2009. 『미국문화 바로 알기』. 동인.

한국문화상징사전 편찬위원회. 1992. 『한국문화상징사전』 (1). 두산동아출판사.

한국문화상징사전 편찬위원회. 1995. 『한국문화상징사전』 (2). 두산동아출판사.

한국의 언어문화 편찬위원회. 2004. 『한국의 언어문화』. 경북대학교 출판부.

허균. 2010. 『십이지의 문화사』. 돌베개.

허세립, 천소영. 2014. 『한 · 중 언어문화론: 어원에 담긴 한 · 중 민족의 삶과 뿌리』. 대원사.

홍종열. 2015. 『문화지능이란 무엇인가』. 커뮤니케이션북스.

황보연 외. 2014. 재미있는 동물 이야기. 《네이버 지식백과》(반려동물).

황병순. 2019. 『한국문화론: 말은 문화이다. 한국어는 한국문화이다.』. 박이정.

Bernstein, B. 1971. *Class, Codes and Control Vol. I.* London: R.K.P.

Bonvillain, N. 1993. *Language, Culture, and Communication: The Meaning of Messages.* Prentice Hall (문화와 의사소통의 사회언어학. 한국사회언어학회 역. 2002).

Broom, L. and P. Selznick. 1970. *Principle of Sociology.* N.Y.: Harper and Row Pub. Inc.

Brown, P. and S. Levinson. 1987. Universals in Language Usage: Politeness Phenomena. In E. N. Goody, ed., *Questions and Politeness: Strategies in Social Interaction*, 56-289. Cambridge University Press.

Cheshire, Jenny. 1982. Linguistic variation and social function. In *Sociolinguistic Variation in Speech Communities*, ed. S. Romaine. London: Edward Arnold, 153-166.

Cowie, A., R. Mackin and I. McCaig. 1983. *Oxford Dictionary of Current Idiomatic*

English, Oxford University Press.

Craig, D. 2003. Instant messaging: The language of youth literacy. *The Boothe Prize Essays*, 118-119.

Crystal, D. 2008. *Txting: The Gr8 Dn8*. Cambridge: Cambridge University Press.

Dansieh, S. A. 2008. SMS testing and its potential impacts on students' written. *International Journal of English Linguistics* 223-1, 222-229.

Deignan, Alice. 1995. *Collins Cobuild: English Guides 7: Metaphor*. Harper Collins Publishers Ltd, 36-51.

Dobrovol'skij, D. and E. Piirainen. 1997. Symbole in Sprache und Kultur. Studien zur Phraseologie aus kultursemiotischer Perspektive. *Studien zur Phraseologie und Parömiologie* 8. Bochum.

Fasold, R. 1990. *Sociolinguistics of Language*. Oxford: Basil Lackwell, Ltd. (사회언어학, 황적륜 외 공역. 1999)

Fischer, J. 1958. Social influences on the choice of a linguistic variance. *Word* 14, 47-56.

Guentherodt, I. et al. 1980. Richtlinien zur Vermeidung sexistischen Sprach gebrauchs. In *Lingui-stische Berichte* 69, 15-21.

Hall, E. 1976. *Beyond Culture*. Anchor Press (문화를 넘어서. 최효선 역. 2017).

Hall, E. 1983. *The Dance of Life: The Other Dimension of Time*. Anchor Press/Doubleday (생명 의 춤: 시간의 또 따른 차원. 최효선 역. 2000).

Hall, E. and W. Whyte. 1979. Intercultural Communication. In C. D. Mortenson, ed., *Basic Readings in Communication Theory*. New York: Harper and Row.

Hickey, L. 2000. Politeness in Translation between English and Spanish. *Target* 12-2, 229-240.

Hofstede, G., G. J. Hofstede and M. Minkov. 2010. *Cultures and Organizations. Software of the Mind*. Maidenhead: McGraw-Hill Education (세계의 문화와 조직: 문화간 협력과 세계 속 에서의 생존. 차재호, 나은영 역. 2018).

Holmes, J. 2008. *An Introduction to Sociolinguistics*. third edition. Pearson Education Limited.

Hymes, D. 1972. On Communicative Competence. In J. B. Pride and J. Holmes, Eds., *Sociolinguistics*. Harmondsworth: Penguin, 269-293.

Im, Sungchool. 2008. Animal Metaphors in English and Korean: Analysis and Connotation. *The Linguistic Science Society* 46.

Kasper, G. 1990. Linguistic politeness: Current research issues. *Journal of Pragmatics* 14, 193-218.

Klein, J. 1965. *Samples from English Cultures*. London: R.K.P.

Labov, W. 1966. *The Social Stratification of English in New York City*. Washington DC: Center for Applied Linguistics.

Labov, W.1972. *Sociolinguistic Patterns*. Philadelphia: University of Pennsylvania Press.

Lakoff, R. 1975. *Language and Woman's Place*. New York: Harper & Row.

Lee, M. 2012. *A Comparative Study on Animal Figurative Speech in English and Korean*. Master's thesis, Kyungpook University.

Lee, Bo Young and Issac. 2002. *Talk about Animals*. Seoul: Nexus.

MacClancy, J. 1992. *Consuming Culture*. New York: Chapmans Publishers, Ltd.

Stubbs, M. 1983. *Discourse Analysis: The Sociolinguistic Analysis*. Oxford: Basil Blackwell

Tannen, D. 1990. *You Just Don't Understand: Women and Men in Conversation*. New York: Ballantine Books.

Ting-Toomey, S. 1992. *Cross-Cultural Face-Negotiation: An Analytical Overview*. Paper presented at Pacific Region Forum on Business and Management Communication, Harbour Centre, Canada.

Trompenaars, F. 1993. *Riding the Waves of Culture*. Irwin.

Trudgill, P. 1974. *Sociolinguistics*. New York. Penguin.

Urdang, Laurence., Walter W. Hunsinger and Nancy La Roche. 1985. *Picturesque Expressions: A Thematic Dictionary*. Second Edition. Gale Research Company.

■ 참고 사전/웹사이트

국립국어원(표준국어대사전/우리말샘/온라인가나다) https://www.korean.go.kr/

네이버 국어사전 https://ko.dict.naver.com/#/main

네이버 영어사전 https://en.dict.naver.com/#/main

두산백과 http://www.doopedia.co.kr

디지털거창문화대전 http://geochang.grandculture.net/geochang

디지털안동문화대전 http://andong.grandculture.net/andong

문화재청 웹진 문화재사랑 http://www.cha.go.kr

민중국어사전 Hancom Office 2022

위키백과 https://ko.wikipedia.org

천재학습백과 https://koc.chunjae.co.kr

한국민족문화대백과 http://encykorea.aks.ac.kr/

한국콘텐츠진흥원 www.kocca.kr

한국향토문화전자대전 www.grandculture.net

YBM 올인올 영한사전 www.ybmallinall.com

Collins Cobuild English Dictionary-Helping learners with real English. 1995. London: HarperCollins Publishers.

Longman Dictionary of English Language and Culture. 1998. Addison Wesley Longman.

Merriam-Webster Online Dictionary. www.m-w.com.

"My English Teacher" https://www.myenglishteacher.eu/blog/social-media-vocabulary-list-and-ph rases/

Nielsen Online. 2009. Global Faces and Networked Places. A Nielsen report on Social Networking's New Global Footprint. http://blog.nielsen.com/nielsenwire/wpcontent/uploads/2009/03/nielsen_globalfaces_mar09.pdf.

저자소개

고려대학교 독어독문학과 졸업, 독일 괴팅엔 대학교 독어독문학과(박사: 독어학, 영어
학, 독문학), 계원 예술대학 겸임교수 및 한국텍스트언어학회 편집이사 역임, 고려대학
교/한양대학교/전북대학교/동덕여자대학교 등에서 30여 년간 강의/연구.

논문 및 저(역)서
일간신문과 대중신문의 표제어 생략 현상, 독일어 공손 형태 연구, 의존문법에 의한 독
일어 문장구조분석, Probleme der Dependenzgrammatik, Spracherziehung und Pra-
positionalkonstruktion, Zur Entfaltung der Rechtsproblematik im Werk Heinrich von
Kleists 『Der zerbrochne Krug』, 이해와 번역(공동 번역) 등 다수.

언어와 인간문화

한영 비교 연구

초판인쇄 2022년 10월 21일
초판발행 2022년 10월 21일

지은이 이선묵
펴낸이 채종준
펴낸곳 한국학술정보(주)
주 소 경기도 파주시 회동길 230(문발동)
전 화 031-908-3181(대표)
팩 스 031-908-3189
홈페이지 http://ebook.kstudy.com
E-mail 출판사업부 publish@kstudy.com
등 록 제일산-115호(2000. 6. 19)

ISBN 979-11-6801-771-9 93700